■ 面向“十二五”教学课程改革立项教材
会计与财务管理专业规划系列教材

成本会计

CHENGBEN KUAIJI

主　编　张世体　孙和明
副主编　闫　堃　刘兰兰
参　编　钟　蕾　黎小长　王　霞

中国商业出版社

图书在版编目(CIP)数据

成本会计/张世体,孙和明主编.—北京:中国商业出版社,2015.1

ISBN 978-7-5044-6145-2

Ⅰ.成… Ⅱ.①张…②孙… Ⅲ.成本会计 Ⅳ.F234.2

中国版本图书馆 CIP 数据核字(2008)第 058476 号

责任编辑:孙锦萍

中国商业出版社出版发行

(北京广安门内报国寺 1 号 100053)

新华书店总店北京发行所经销

北京高岭印刷有限公司印刷

* * * * *

787×1092 毫米 16 开 15.75 印张 350 千字

2015 年 1 月第 1 版 2015 年 1 月第 2 次印刷

定价:35.00 元

* * * *

(如有印装质量问题可更换)

总　序

当今世界科学技术在高速发展,随着我国新会计准则、新税法的颁布和实施,我国的会计与国际会计惯例基本接轨,我国即将建立起社会主义经济体制和与它相适应的中国会计核算规范体系。从会计教育改革与发展的大环境考虑,现在许多老版的会计教材都不能适应当前教学所需,改革和建立会计教育的教学内容与课程体系,不仅非常紧迫而且十分重要,它关系到我们应培养什么样的会计人才,才能适应我国快速发展及对世界开放不断扩大的需要。为此,我们及时组织全国三十多所会计专业教学实力比较强的院校代表齐聚北京,针对当前会计人才的需求,对会计专业职业教育进行了研讨,与会代表决定就中小企业人才需要的教育目标和人才培养定位编写了这套教材。本套教材的突出特点是:

第一,“新”:该套系列教材,在内容和体系上立意新、整体性强,不仅是按新会计准则编写,而且又专门针对中小企业会计的需要设计了一门课程——《中小企业会计实务》,这是过去会计类教材很少有的。

第二,“强”:该套教材具有较强的前瞻性,由于中国经济改革越来越深入,金融、证券等资本市场越来越规范,财务与会计改革的节奏日益加快,会计专业教材的“经济寿命”越来越短的因素影响,本套教材在课程设计时,尽量使课程之间相互递进、相得益彰,符合教学规律,并且有一定的后续性。

第三,“巧”:该套教材总体结构比较巧妙,本着“必需、够用、可教、可学”的原则构思,以案例模块的方式编写,同时穿插具有趣味的会计小知识,力求改变会计教学中的“数字教学”方式,提高学生的学习兴趣,丰富教学内容。

新会计专业教材编写组

编写说明

《成本会计》是会计学科中的专业课程,也是经济管理专业的主干课程。为了适应财经类各专业和会计学专业教学需要,顺应综合素质型人才培养的目标,我们组织编写了《成本会计》一书。该书是以成本会计的基本理论方法、程序、原则、法律法规和实用技术为主线编写而成的。在编写过程中,以财政部最新颁布的企业会计准则为编写依据,全面系统地阐述企业成本会计的基本原理和基本方法,注重规范性和实用性。为了使学生更好地掌握实用的基础理论、扎实的专业知识和较好的专业技能,我们在编写过程中注意研究、吸收目前国内出版的同类教材的优点,并努力做到:结构合理、条理清楚、通俗易懂、好教易学。

全书共分:总论、成本核算概述、生产费用的核算、产品成本计算的基本方法、其他企业成本费用的核算、成本报表、企业成本分析等。为了适应教学需要,在每章内容之后,列有相应的思考与练习题。它是职业技术院校的理想教材,同时也可作为广大财会审计人员学习、考试的参考资料。

本书由济南铁道职业学院张世体(第一、二、七章)、北京市供销学校孙和明(第三、六章)主编,山东轻工业学院金融职业技术学院闫堃(第五章)、北京信息职业技术学院刘兰兰(第八章)副主编,海南省商业学校钟蕾(第九章)、海南琼州大学黎小长(第四章)、兰州商业学校王霞(第十章)参编。

由于时间仓促,水平有限,本书错漏和欠妥之处在所难免,恳请读者提出批评和意见,以便再版时修改。

编 者

2015 年 1 月

目　录

第一章 总 论

【内容提示】

本章主要讲授成本会计的基本概念。通过本章的学习，要求学生了解成本会计的概念、内容，成本会计的职能、任务，成本会计机构的设置、人员的配备、法规制度等，为学习以后章节打下基础。

第一节 成本会计概述

一、成本会计的概念

人们在从事物质资料生产和经营活动的过程中，必然要发生一定的人力、物力和财力的耗费，这些耗费或为取得收入而发生，或为制造产品而发生，或为经营管理而发生，或为以后期间取得收入而发生。这些人力、物力和财力耗费的货币表现称为费用。而把费用落实到具体的对象上去，就称为这一对象的成本。可以说，成本就是对象化了的费用。

成本遍及各行各业的各项活动，但这并不意味着所有活动的成本都需要通过会计来核算和考核，这是由活动特点和管理需要来决定的。例如，国家机关和全额预算的事业单位在发挥其作用的过程中也会发生耗费，但它不是靠自身创造的收入来补偿，而是通过国家财政预算拨款补偿的，因而在管理上并不要求核算其成本，而仅仅是通过计划或预算来约束。而从事物质资料生产和经营活动的部门，其在生产经营或业务活动中所发生的人力、物力和财力的耗费，必须通过实现的收入来补偿，以保证经济活动的持续进行。本书所讲的成本特指物资生产部门为制造产品而发生的成本，即产品生产成本。

如前所述，工业企业在一定时期（如1个月）内发生的、用货币表现的生产耗费，就是生产费用。企业为生产一定种类、一定数量的产品所支出的各种生产费用的总和，就是这些产品的生产成本。

作为会计学的一个重要分支，成本会计是以成本和生产经营过程中发生的各项费用为对象，以货币为主要计量单位，全面、连续、系统地核算和监督生产经营过程中发生的各种耗费，计算总成本和单位成本的一门专业会计。同时，成本会计又是成本管理的重要组成部分，是对成本进行管理的一种活动。成本会计对生产经营过程中发生的各种费用进行归集、分配，并加以分析与考核，参与成本费用管理的全过程，包括成本预测、成本决策、成本计划、成本控制、成本分析和成本考核等几项管理活动。

二、成本会计的核算内容

物资部门制造产品的过程同时也是物化劳动和活劳动（即人力、物力、财力）的消耗过程，在市场经济条件下，产品的价值决定于它在生产上所耗费的必要劳动，即包括三个部分：①已耗费的生产资料（物化劳动）转移的价值（c）；②劳动者（活劳动）为自己劳动所创造的价值

(v);③劳动者(活劳动)为社会劳动所创造的价值(m)。从理论上讲，上述的前两部分，即c+v，是产品成本中最基本的内涵，是补偿商品生产中价值耗费的价值尺度，它构成了商品的理论成本。

在实际工作中，成本开支范围是由国家通过有关法规制度来加以界定的，所以实际成本的内容与理论成本包含的内容有一定的差别。在实际工作中，为了促使企业加强经济核算，减少资金占用，节约生产耗费，减少生产损失，劳动者为社会创造的某些价值，以及不形成产品价值的损失(如工业企业的废品损失、停工损失)，也计入产品成本。此外，工业企业为销售产品而发生的销售费用、为组织和管理生产经营活动而发生的管理费用，以及为筹集生产经营资金而发生的财务费用，大多按时期发生，难以按产品归集，为了简化成本核算工作，将这三项费用作为期间费用处理，直接计入当期损益，从当期利润中扣除，不计入产品成本。因此，实际工作中的产品成本，亦称制造成本，是指产品的生产成本，而不是指产品所耗费的全部成本。

需要说明的是，工业企业在产品生产过程中，发生的产品销售费用、管理费用和财务费用(可以总称为工业企业的经营管理费用)是服务于生产的，没有这些费用的支出，产品就不可能正常生产。因此，为了促使企业节约费用，增加利润，这些经营管理费用也应作为成本会计的核算对象。

由此可见，工业企业成本会计的核算内容包括产品的生产成本和经营管理费用。

商品流通企业的基本经济活动是商品的采购和销售，为此，要耗费商品的采购成本和销售成本，还要发生销售费用、管理费用和财务费用，这些费用总称商品流通费用。商品流通费用也不计入商品的采购和销售成本。施工企业的基本经济活动是进行建筑工程的施工。工程施工要耗费工程成本，施工企业发生的管理费用和财务费用不计入工程成本，等等。这些行业企业的销售费用、管理费用和财务费用，也可以总称为经营管理费用，属于期间费用。

综上所述，成本会计的核算内容可以概括为:各行业企业经营业务的成本和有关的经营管理费用，简称成本费用。因此，成本会计实际上是成本、费用会计。

随着商品经济的不断发展，成本概念的内涵和外延也处于不断的变化之中。在西方国家流行的成本定义是指为了一定的目的而支付或应支付的用货币测定的价值牺牲。该定义的外延相当广泛，远远超出了产品成本概念的范围，引入了诸如劳务成本、质量成本和资金成本等内容。另外，现代成本还逐渐与管理相结合，出现了变动成本、固定成本、标准成本、责任成本等，从而组成了一个多元化的成本概念体系。现代成本会计是成本会计与管理的直接结合，它根据成本核算和其他资料，采用现代数学和数理统计的原理和方法，针对不同业务，建立起数量化的管理技术，用来帮助人们按照成本最优化的要求，对企业的生产经营活动，进行预测、决策、控制、分析、考核，促使企业的生产经营实现最优运转，从而大大提高企业的竞争和适应能力。在我国目前的CPA考试中，“财务成本管理”这一科目的设置体现了这样一个融合的趋势和要求。

三、成本会计的产生及发展

成本会计作为现代会计的一个分支，是社会经济发展到一定历史阶段的产物，它的产生及发展大体经历了早期、近代和现代三个阶段，并逐步成长完善。

（一）早期形成阶段

资本主义初期，企业为了确定经营盈亏，就试图计算成本。起初计算成本只是估计一个大概值，后来逐渐用统计方法去计算成本，但准确性较差。

19 世纪产业革命后，企业数量增多、规模逐渐扩大，企业之间出现了竞争，生产成本受到了重视。英国会计界为了适应这种管理的需要，经过探索后，将成本的记录与计算和普通会计工作结合起来，成本计算的一系列方法便应运而生。当时，部分行业开始采用分批法和分步法计算成本，会计人员开始研究成本的性质，将产品成本划分为主要成本、车间经费和一般管理费用。主要成本包括材料耗用、直接工资和其他直接费用，并制定了人工成本的归集及分配方法，通过"时间卡"、"记时簿"记录职工的出勤时间和完成的工件数，以控制工资开支和正确计算人工成本。有些企业形成了一套材料核算与管理方法，建立了"永续盘存制"、"先进先出法"等，从而形成了成本会计。

（二）近代发展阶段

从 20 世纪 20 年代到第二次世界大战以前，随着资本主义经济的进一步发展，成本会计有了很大发展。随着泰勒制度在管理上的实行，在成本会计中产生了标准成本制度，采用了标准成本、差异分析和预算控制等技术方法，扩大了成本会计的范围，它不仅是会计核算与成本计算的结合，而且还包括了预算和控制等内容。此时，成本会计的理论和方法有了进一步的完善和发展，并将成本会计账户纳入了复式会计账户体系，通过成本会计解决了间接费用的分配。成本计算渗透到各个行业和企业内部的各个部门，这时成本会计相对财务会计而言，已经具有一定的独立性。

（三）现代发展阶段

第二次世界大战以后，随着科学技术的迅猛发展和生产力水平的进一步提高，企业规模日益扩大，跨国公司不断涌现，企业之间的竞争更加激烈。企业为了在竞争中处于有利地位，一方面积极依靠科学技术开发新产品，拓宽市场；另一方面注重企业管理，挖掘内部潜力，把目光集中在成本上，控制和降低成本，以低成本、高质量来求生存。因而，成本管理就成为企业管理中的一个重要组成部分。在实践中人们意识到，要大幅度地降低成本，必须在生产之前对产品的设计、工艺、生产组织进行精心规划，制定各种不同方案，通过预测选取最优方案，用最优方案指导生产、控制生产，使企业取得最佳的经济效益；同时，还注重成本的事后分析和反馈。成本会计中的预测、决策、控制、分析、考核等一系列技术方法便由此产生。随着成本形态的日益增多，在产品完全成本的基础上，初步形成了内部控制、经营决策、技术经济三个系列的成本形态。成本形态的发展，使成本会计的方法也得到相应的发展。成本会计的应用范围也由原来的工业企业扩大到商业企业、公用事业、农场、银行、医院、饭店等各个领域。

四、成本会计与财务会计的关系

成本会计和财务会计都是会计的分支系统，两者既有联系又有区别。

（一）成本会计与财务会计的联系

成本会计与财务会计的联系主要表现在：

1. 两者都以货币单位作为基本计量尺度，都以提供货币信息为主。

2. 两者都以同一会计主体为核算基础。

3. 两者对于同一经济事项的处理是相互关联的，成本费用的发生与资产的减少或负债的增加相关。资产负债的正确计价影响到成本费用的正确核算；反过来，成本核算的准确性也影响到资产负债的正确计价。

(二)成本会计与财务会计的区别

成本会计与财务会计的区别主要表现在：

1. 两者核算的目标不同。财务会计核算的目标是同时提供有关资产、负债、所有者权益及收入、费用、利润等多方面的综合财务信息。成本会计核算的目标只是提供有关的成本费用信息。

2. 两者服务的对象不同。财务会计服务的对象主要是企业外部各利益相关者。成本会计服务的对象主要是企业内部管理者。

3. 两者遵循的规则不同。由于财务会计主要是为企业外部利益相关者提供信息，所以其会计处理必须遵循公认会计原则。而成本会计，由于其主要是向企业内部管理者提供信息，各企业可根据自身的生产经营特点和管理要求进行会计处理，无公认原则可循。

4. 两者对于成本信息的处理程度不同。虽然财务会计和成本会计都要求对成本信息进行处理，但两者要求处理的程度不同。财务会计仅限于对实际成本的确认和计量。而成本会计则要求在实际成本确认和计量的基础上，更进一步进行加工处理，以利于成本的预测和决策。此外，成本会计除要求进行成本核算外，还要求实施有效的成本控制、分析和考核。综上所述，成本会计与财务会计既相互联系，又相互区别。成本会计在整个会计系统中，具有财务会计不可取代的地位，发挥着重要的作用。

第二节　成本会计的职能和任务

一、成本会计的职能

成本会计的职能是指成本会计本身所固有的功能，成本会计作为会计的一个重要分支，具有核算和监督两大基本职能。但从成本会计产生和发展的历史看，随着生产过程的日趋复杂，生产、经营管理对成本会计不断提出新的要求，因而成本会计的职能也在不断扩大，其主要职能是成本预测与决策、成本计划与控制、成本核算与计算、成本分析与考核。

(一)成本预测与决策

成本预测是根据与成本有关的各种数据、可能发生的变化和将要采取的各种措施，运用一定的技术方法，对未来成本水平及其变动趋势作出科学估计的活动。通过成本预测，可使成本管理工作更加符合客观规律的要求，为成本决策、成本计划、成本控制等提供有效的信息，提高成本管理的科学性和预见性。

在实际工作中，成本管理的许多环节都存在预测问题。例如，工业企业在厂房建造、扩建、改建，产品设计时的成本预测；编制成本计划前对成本降低幅度的预测；计划执行过程中对成本发展趋势的预测等等。其基本内容包括：①预测计划期的目标成本；②预测计划期中成本计划的完成情况及完成程度；③预测计划期末单位产品成本水平及其变动趋势；④预测各项技术工作的经济效果。

成本决策是在成本预测的基础上，运用一定的方法，在若干个与生产经营和成本有关的方案中，选择最优方案，决定应该达到的目标成本及实施步骤的活动。进行成本决策，是制定成本计划的前提，是降低成本、提高经济效益的重要途径。

（二）成本计划与控制

成本计划是根据成本决策所确定的目标成本，规定在一定期间内企业为完成生产任务所必需的生产费用额，并确定各种产品的成本水平，以及所应采取的各项措施的活动。成本计划是降低成本费用的具体目标，也是进行成本控制、成本分析和成本考核的依据。工业企业的成本计划通常包括生产费用预算、期间费用预算、主要产品单位成本计划、商品产品成本计划、可比产品成本的降低额和降低率。成本计划一经确定，对企业各个生产单位和职能部门都有约束作用。它是企业进行成本控制、成本分析和成本考核的重要依据。

成本控制是在产品成本的形成过程中，根据成本计划，对影响成本的各种因素和条件施加主动的影响，以实现最低成本的一种活动。成本控制的内容包括：各种费用开支，人力、物力消耗，各种生产经营活动。成本控制的程序是：确定成本目标或标准；将实际与标准进行比较；分析差异并确定发生差异的原因；采取措施，予以纠正。

（三）成本核算与计算

成本核算与计算是生产费用核算与产品成本计算的总称，是对企业生产经营过程中费用的发生和产品成本的形成所进行的核算。它对生产经营过程中所发生的各项费用，按照一定的对象进行归集和分配，以确定各该对象的总成本和单位成本。成本核算既是对产品实际生产耗费的反映，也是对生产费用实际支出的控制过程。成本核算的主要任务是：反映和监督各项生产费用的支出；归集和分配各项生产费用；计算产品的总成本和单位成本；反映和监督成本计划的完成情况。

成本核算的内容包括：确定成本计算对象，进行生产费用核算，计算产品成本和编制成本报表。

（四）成本分析与考核

成本分析是根据成本计划和成本核算资料，运用一系列的技术方法，揭示影响产品成本水平变动的各种因素，以及各种因素变化对费用预算和产品成本计划完成情况的影响程度，以挖掘企业降低成本、节约费用的潜力的活动。通过成本分析可以全面了解成本变动情况，研究影响成本变动的各种因素及其原因，寻求降低成本的途径，以达到改善经营管理、节约劳动耗费、降低产品成本、提高经济效益的目的。成本分析包括：①成本计划完成情况的分析；②技术经济指标对产品成本影响的分析；③不同企业间同类型产品成本对比分析；④车间班组成本分析，等等。成本分析的形式，根据企业生产组织的特点和成本管理的要求，可采取多种不同的形式进行。

成本考核是在成本分析的基础上，以各成本责任者作为考核对象，对成本计划指标的完成情况进行定期考察、审核，以评价成本管理工作业绩的活动。成本考核要以各个责任者（单位或个人）为对象，以责任者可以控制的成本为界限，并按责任归属来核算和评价其工作业绩。成本考核要与奖惩制度结合起来，以充分调动各个责任者完成预定目标的积极性。

上述成本会计的各项职能相互联系、相互依存，从而形成一个有机整体。成本预测是成本决策的前提，成本决策又是成本预测的结果，成本计划是成本决策所确定目标的具体化，成本控制是对成本计划的实施进行监督和保证决策目标的实现，成本核算是对成本计划是否实现的检验，成本分析是表明计划结果理想与否的原因，成本考核是实现决策目标的重要手段。

二、成本会计的任务

成本会计的任务是成本会计职能的具体化。成本会计作为成本管理的重要内容和手段，其主要任务包括以下几个方面。

（一）进行成本预测，编制成本计划和费用预算

在市场经济条件下，成本会计作为一项综合性很强的价值管理工作，必须充分发挥其在成本管理中的作用。为了使企业成本管理工作有计划地进行，并对费用开支进行有效的控制，就必须根据企业的生产财务计划、历史成本资料、市场调查情况以及其他有关资料，采用科学的方法对未来的成本进行预测，拟定各种降低成本的方案，供领导和有关部门比较分析，作出决策，然后根据目标成本及成本预测的资料，编制成本计划与费用预算，以此作为对成本实行计划管理，建立成本管理责任制，开展经济核算和控制费用支出的基础。

（二）组织产品成本和期间费用的核算

正确、及时地组织成本核算，是成本会计的核心内容，也是对成本会计工作最基本的要求。成本会计必须从管理的要求出发，正确地核算产品成本和期间费用，及时提供管理所必需的各类成本信息；必须以国家有关成本费用开支范围和开支标准，以及企业的有关计划、预算为依据，严格控制各项费用的开支，监督企业内部各个部门严格按照计划、预算和规定办事；必须积极探求节约开支、降低成本的途径和方法，以促进企业经济效益的不断提高。

（三）进行成本分析

成本是一项综合性的经济指标，其计划的完成情况是诸多因素共同作用的结果。成本会计必须全面地开展成本分析工作，通过成本分析及时发现差距，寻找影响成本升降的原因及影响程度，以便正确评价企业以及企业内部各有关部门在成本管理中的业绩，揭示企业成本管理工作中的问题，从而促进成本管理工作的改善，提高企业的经济效益。此外，企业在进行新产品开发、新设备投资、老产品更新换代、产品制造方法和工艺改进等有关决策时，成本会计应从成本管理角度，对它们进行综合分析和研究，提出有关成本资料，并参与决策工作。

成本分析是对成本的一种事后控制。由于企业生产是连续不断进行的，所以成本分析既是对前期成本计划执行结果的事后评价，又是对下期成本预测和决策的重要信息反馈。

综上所述，成本会计的任务包括成本的预测、计划、核算与计算、控制、考核和分析等内容，并参与生产经营决策工作。其中，进行成本核算、提供实际成本核算资料，是成本会计最基本的任务，是成本会计的中心环节。这是因为，对各项费用支出的监督与控制，主要是在成本的核算过程中利用有关核算资料来进行的。成本预测、计划、考核、分析等也是以成本核算所提供的成本资料为依据的。本书重点介绍成本核算的方法。

第三节 成本会计工作的组织

为了充分发挥成本会计的职能作用，完成成本会计的任务，必须科学地组织成本会计工作。为此，必须在企业中设置成本会计机构，配备成本会计人员，并且按照与成本会计有关的各种法规和制度进行工作。企业在组织成本会计工作时，应该考虑到自身规模的大小、企业机构的设置和生产经营业务的特点等具体条件；应该在保证成本会计工作质量的前提下，尽量节约成本会计工作的时间和费用，提高成本会计工作的效率。

一、成本会计工作组织的原则

一般说来，企业在组织成本会计工作时，应该考虑到自身规模的大小、企业机构的设置、生产经营特点及成本管理的要求等具体情况。具体说来，成本会计工作组织应遵循以下两项主要的原则。

（一）成本会计工作应当与经济责任制及技术相结合，以便更好地发挥其作用

成本是一项重要且综合的经济指标，它受多种因素的影响。其中，产品的设计、加工等技术是否先进，在经济上是否合理都会对成本的高低产生影响。而经济责任制推广应用的范围及深度也会对各部门、各车间及各产品生产线的成本产生不可忽视的影响。在传统的成本会计工作中，人们往往对产品加工中的耗费重视过多，而对由于产品设计、加工工艺、产品质量及生产人员责任心所造成的成本耗费关注不够。这种成本会计工作，使得企业在降低产品成本方面的渠道受限，成本会计工作也往往仅限于“秋后算账”，失去了其应有的作用。因此，为了在提高产品质量的同时不断降低成本、提高企业经济效益，成本会计工作的组织应当与经济责任制及技术相结合，不仅要求会计人员了解技术、生产人员了解成本，也要求技术人员了解成本知识、树立成本意识，并在此基础上制定更为合理的经济责任制，做到责、权、利的统一。只有这样，才能使成本会计工作真正发挥其应有的作用。

（二）成本会计工作应当有广泛的群众基础，并做到领导人员、专业人员与职工群众相结合

不断挖掘潜力，努力完善成本管理是成本会计工作的根本性目标。但各种耗费是在生产经营的各个环节发生的，成本的高低取决于各部门、各车间、各班组和各职工的工作质量。一方面，在成本会计工作中，领导的参与、重视程度是非常重要的。例如，世界500强企业之一的百安居集团2004年营业额达32亿元、利润达7 000万元，但其华北区总经理办公室却简陋得让人不可想像：一张仅能容纳6人的会议桌、毫无档次的文件柜、没有扶手的普通椅子、1.5元一支的签字笔。正是由于领导的以身作则，全公司“节俭”成风，营运费用远远低于同行。另一方面，各部门、各岗位职工最熟悉生产经营情况，最了解哪里有浪费，哪里还能节约。因此，要加强成本管理，不能仅靠几个人，必须做到领导人员、专业人员与职工群众相结合，增强广大职工群众的成本意识和参与意识，把成本工作建立在广泛的群众基础上。

二、成本会计的机构

企业的成本会计机构，是指在企业中直接从事成本会计工作的机构。由于成本会计工作是会计工作的一部分，因而企业的成本会计机构一般是企业会计机构的一部分。以工业企业为例，厂部的成本会计机构一般设在厂部会计部门中，是厂部会计处的一个科，或者厂部会

计科的一个组。厂部供、产、销等职能部门和下属生产车间等，可以设置成本会计组或者配备专职或兼职的成本会计或成本核算人员，这些成本会计机构或人员，在业务上都应接受厂部成本会计机构的指导和监督。

成本会计机构内部的组织分工，可以按成本会计的职能分工，如将厂部成本会计科分为成本预测决策组、成本计划控制组、成本核算组和成本分析考核组。也可以按成本会计的对象分工，如分为产品成本组、经营管理费用组和专项成本组。为了科学地组织成本会计工作，还应按照分工建立成本会计岗位责任制，使每一项成本会计工作都有人负责，每一个成本会计人员都明确自己的责任。

企业内部各级成本会计机构之间的组织分工，有集中工作和分散工作两种方式。

集中工作方式是指成本会计工作中的预测、决策、计划、控制、核算、分析和考核等各方面的工作，主要由厂部成本会计机构集中进行；车间等其他单位中的成本会计机构或人员只负责登记原始记录和填制原始凭证，对它们进行初步的审核、整理和汇总，为厂部进一步开展工作提供资料的方式。在这种方式下，车间等其他单位大多只配备专职或兼职的成本会计或核算人员。

采用集中工作方式，厂部成本会计机构可以比较及时地掌握企业有关成本的全面信息，便于集中使用计算机进行成本数据处理，还可以减少成本会计机构的层次和成本会计人员的数量。但不便于实行责任成本核算，不便于直接从事生产经营活动的各单位和职工及时掌握本单位的成本信息，因而不利于调动他们自我控制成本费用、提高经济效益的积极性。

分散工作方式亦称非集中工作方式，是指成本会计工作中的计划、控制、核算和分析工作由车间等其他单位的成本会计机构或人员分别进行，成本考核工作由上一级成本会计机构对下一级成本会计机构逐级进行的方式。厂部成本会计机构负责对各下级成本会计机构或人员进行业务上的指导和监督，并对全厂成本进行综合的计划、控制、分析和考核，以及对全厂成本进行汇总核算。成本的预测和决策工作一般仍由厂部成本会计机构集中进行。

分散工作方式的优缺点与集中工作方式的优缺点恰好相反。

企业应该根据规模大小、内部各单位经营管理的要求，以及这些单位成本会计人员的数量和素质，从有利于充分发挥成本会计工作的职能、提高成本会计工作的效率出发，确定采用哪一种工作方式。大中型企业一般采用分散工作方式，中小型企业一般采用集中工作方式。为了扬长避短，也可以在一个企业中结合采用两种工作方式，即对某些单位采用分散工作方式，而对另一些单位则采用集中工作方式。

成本会计机构的工作与直接从事生产经营活动的各单位的工作有着密切的联系。成本会计机构要做好成本会计工作，必须加强同这些单位的协作，依靠有关单位的职工，执行成本会计的法规和制度，正确、及时地填制有关的原始凭证和原始记录，做好各项基础工作；应该组织职工群众管好、用好财产物资，充分发挥机器设备的效能，提高劳动效率，结合本职工作厉行节约，降低成本、费用，提高经济效益。企业内部各单位也应遵守有关的法规和制度，协助和配合各级成本会计机构做好成本会计工作，支持本单位中的成本会计人员做好本职工作。

为了充分发挥成本会计机构的职能作用，企业的总会计师和会计主管人员应该加强对成本会计机构的领导，经常研究成本会计工作，督促和检查成本会计机构做好各项业务工作，支持成本会计人员履行职责，帮助解决工作中存在的问题，并且以身作则，遵守有关的规章、制度。

三、成本会计人员

在企业的成本会计机构中，配备适当数量的、政治上和业务上合格的成本会计人员，是做好成本会计工作的决定性因素。为了充分调动会计人员的积极性，国家规定了会计人员的技术职称以及会计人员的职责和权限。这些规定对于成本会计人员也完全适用。

为了提高成本会计工作效率，保证成本会计信息质量，在成本会计机构内部和会计人员中应当建立岗位责任制，定岗、定编、定责，分工明确、各司其职，企业还应当重视对成本会计人员进行职业道德教育和业务培训，让每一位成本会计人员都明确自己的职责和权限，拥有胜任工作的职业技能。

成本会计人员应该通过成本会计的各种职能，充分挖掘企业降低成本、费用的潜力，促使企业不断地降低成本、费用；应该从降低成本费用、提高经济效益出发，参与制定企业生产经营的决策，提出改进企业生产经营管理的建议，当好企业负责人的参谋。

企业成本会计机构的负责人，是企业成本会计工作的领导者和组织者，应该在企业总会计师和会计主管人员的领导下，按照有关的法规和制度，结合本企业的实际情况，拟定本企业的成本会计制度或办法，并督促成本会计人员和有关职工贯彻执行；应该经常总结经验，不断改进工作，使企业的成本会计工作更好地适应我国市场经济的需要；还应该组织成本会计人员学习有关的业务理论和业务技术，不断更新专业知识，并对成本会计人员进行定期的考核，按其能力进行任用和调配。

成本会计人员有权要求企业有关单位和职工认真执行成本计划，严格遵守有关的法规和制度；有权参与制定修正企业生产经营计划和各项定额，参与与成本有关的生产经营管理的会议；有权督促检查企业内部各单位对成本计划和有关法规、制度的执行情况。

成本会计人员应该认真履行自己的职责，正确行使自己的职权。既要从国家利益和企业降低成本费用、提高经济效益出发，坚持原则，执行有关的法规和制度，又要结合实际向有关人员宣传、解释国家有关的方针、政策、法规和制度，防止主观臆断、滥用职权。此外，还应以身作则，模范地遵守这些法规和制度。为此，成本会计人员应该努力学习建设有中国特色社会主义理论，以及国家有关的政策、法规和企业有关的制度，刻苦钻研业务，不断提高自身的理论水平和业务能力。

四、成本会计的法规和制度

成本会计的法规和制度是组织和从事成本会计工作必须遵守的规范，是会计法规和制度的重要组成部分。制定和执行成本会计的法规和制度，可以使企业在成本会计工作中贯彻执行国家有关的方针、政策，保证成本会计资料真实、规范、及时、有用。

(一)制定成本会计的法规和制度的原则

成本会计法规和制度应该按照统一领导、分级管理的原则制定。全国性的成本会计法规和制度，应由国务院和财政部统一制定。每一个企业的成本会计制度或办法，应由企业根据国家的有关规定，结合企业的实际情况制定。

成本会计法规和制度的制定，既要满足企业成本管理和生产经营管理的要求，又要满足国家宏观经济管理的要求，还应力求做到简明实用，以便贯彻执行，从而节约成本会计工作的人力和财力。成本会计的法规和制度，应该随着经济的发展、经济体制改革的深入，以及会计法规和制度的改革，进行相应的改革。成本会计法规和制度的改革，应该既吸收国际先进经验，与国际惯例趋同，又要考虑我国国情，从实际出发。

（二）成本会计法规和制度的种类

与成本会计有关的法规和制度，可以分为以下四类：

1.《中华人民共和国会计法》。《中华人民共和国会计法》由全国人民代表大会常务委员会颁布，是我国会计工作的基本法，有关会计包括成本会计的一切法规、制度，都应按照它的要求制定。《中华人民共和国会计法》用法律形式确定了会计工作的地位和作用，有助于提高人们对会计工作的认职权不受侵犯的认识，使会计人员更加敢于坚持原则，遵守制度，履行职责。

2.《企业会计准则》、《企业财务通则》。《企业会计准则》和《企业财务通则》是经国务院批准，由财政部发布的企业财务、会计工作的基本准则。其制定和实施，可以使企业的财务和会计工作适应市场经济的需要，规范企业包括成本会计工作在内的财务和会计工作，提高财务和会计工作的水平，并与国际会计惯例趋同，有利于企业加强经营管理，有利于吸收外资、对外开放。

财政部根据《企业会计准则》的基本要求，制定了一系列对企业各类经济业务进行会计处理的具体准则。其中，与成本会计有关的具体准则，也是规范成本会计工作的重要法规。

3.《企业会计制度》。财政部为了规范企业的会计核算，真实、完整地提供会计信息，根据《中华人民共和国会计法》及国家其他有关法律和法规制定了《企业会计制度》。根据财政部规定，自2007年1月1日起执行新的《企业会计准则》和《企业财务通则》的企业，不再执行现行准则、《企业会计制度》和《金融企业会计制度》，但《小企业会计制度》依然适用。

4.企业的成本会计制度、规程或办法。企业应当根据有关会计法律、行政法规和制度的规定，结合本企业的生产经营的特点和管理的要求，具体制定适合于本企业的成本会计制度、规程或办法。它是企业进行成本会计工作的具体的直接的依据。一般包括：①成本会计工作的组织分工及工作权限；②成本定额、成本计划和费用预算的编制方法；③成本核算的具体规定，包括成本计算方法、成本计算对象的确定，成本项目的设置，生产费用的归集与分配方法、在产品计价方法的确定等；④成本预测、决策制度；⑤成本控制制度；⑥成本分析制度；⑦成本报表制度，包括报表的种类、格式、指标体系、编报方法、报送对象及日期等；⑧其他有关成本会计的制度。

企业的成本会计制度、规程或办法，是一项严肃的工作，必须积极、慎重。在制定之前，要深入实际进行调查研究，并要反复试点，在总结经验的基础上加以制订。企业的成本会计制度、规程或办法一经制订，就要认真执行，并遵循与时俱进的原则不断地进行补充修正。

企业的成本会计机构和成本会计人员，应该在总会计师和会计主管人员的领导下，按照上述各种法规和制度的规定，分工协作、互相配合，并且组织职工群众，共同做好成本会计工作，充分发挥成本会计的各种职能作用。

● 思考与练习

一、单选题

1. 成本这种耗费，是相对于(　　)而言的。

A. 一定对象　　B. 一定时期　　C. 一个单位　　D. 一个企业

2. 产品成本，从理论上来讲，是商品价值中的(　　)部分。

A. C + M　　B. C + V　　C. V + M　　D. C + V + D

3. 成本会计工作中的计划、控制、核算和分析工作由车间等其他单位的成本会计机构或人员分别进行，成本考核工作由上一级成本会计机构对下一级成本会计机构逐级进行的工作方式是指(　　)。

A. 分散工作方式　　B. 集中工作方式　　C. 专项工作方式　　D. 以上均不正确

4. 成本会计的基本任务是(　　)。

A. 进行成本预测　　B. 编制成本计划和费用预算

C. 进行成本分析　　D. 进行成本核算、提供实际成本核算资料

5. 对生产经营过程中发生的各项费用，按照一定的对象进行归集和分配，以正确计算各该对象的总成本和单位成本。这是指(　　)。

A. 成本分析　　B. 成本控制　　C. 成本核算与计算　　D. 成本决策

6. 集中工作方式和分散工作方式是(　　)。

A. 成本会计的对象　　B. 成本会计的职能

C. 企业内部各级成本会计机构之间的组织分工形式　　D. 成本会计的任务

7. 我国会计工作的基本法是(　　)。

A.《企业会计制度》　　B.《中华人民共和国会计法》

C.《宪法》　　D.《企业会计准则》

8. 下列有关成本会计与财务会计的联系的说法中，错误的是(　　)。

A. 两者核算的目标相同

B. 两者都以货币单位作为基本计量尺度，都以提供货币信息为主

C. 两者都以同一会计主体为核算基础

D. 两者对于同一经济事项的处理是相互关联的

9. 成本会计相对于财务会计，已经具有一定的独立性，始于(　　)。

A. 19 世纪产业革命后　　B. 20 世纪 20 年代至第二次世界大战前

C. 第二次世界大战以后　　D. 以上均不正确

10. 成本计划是(　　)所确定目标的具体化。

A. 成本预测　　B. 成本控制　　C. 成本考核　　D. 成本决策

11. 工业企业在一定时期内发生的，用货币表示的生产耗费，称为(　　)。

A. 产品成本　　B. 生产费用　　C. 经营管理费用　　D. 制造费用

12. 下列项目中不应计入生产经营管理费用的是(　　)

A. 短期借款利息　　B. 厂部管理人员的工资

C. 购买固定资产的支出　　D. 车间管理人员的工资

二、多选题

1. 期间费用，包括(　　)。

A. 销售费用　　B. 财务费用　　C. 管理费用　　D. 人工费用

2. 工业企业成本会计核算的内容包括(　　)。

A. 工程成本　　B. 产品的生产成本　　C. 经营管理费用　　D. 营业外支出

3. 成本会计的主要职能有(　　)。

A. 成本预测与决策　　B. 成本计划与控制

C. 成本核算与计算　　D. 成本分析与考核

4. 成本会计要遵循的法律法规是(　　)。

A.《中华人民共和国会计法》　　B.《企业财务通则》和《企业会计准则》

C.《企业会计制度》　　D. 成本会计核算办法

5. 成本会计与财务会计的区别(　　)。

A. 核算的目标不同　　B. 服务的对象不同

C. 遵循的规则不同　　D. 对于成本信息的处理程度不同

三、判断题

1. 成本是对象化了的费用。(　　)

2. 理论上的成本是由全部的物化劳动和全部的活劳动组成的。(　　)

3. 三项期间费用也计入产品成本。(　　)

4. 成本会计实际上是成本、费用会计。(　　)

5. 工业企业在一定时期(如一个月)内发生的，用货币表现的生产耗费，就是生产成本。(　　)

6. 实际成本的内容与理论成本的内容是完全一样的。(　　)

7. 成本会计与财务会计所遵循的规则完全相同。(　　)

8. 成本会计的中心环节是成本预测。(　　)

9. 采用分散工作方式，便于集中使用计算机进行成本数据处理。(　　)

10. 成本费用与期间费用是同一个概念。(　　)

11. 实际工作中核算的产品成本，就是理论成本。(　　)

12. 工业企业的生产费用是指企业在生产经营管理过程中发生的费用总额。(　　)

13. 在实际工作中，某些不形成产品价值的损失，也可作为生产费用计入产品成本。(　　)

14. 产品成本是指企业在一定时期内发生的、用货币表现的生产耗费。(　　)

15. 实际工作中，成本的开支范围必须与理论成本一致。(　　)

16. 成本会计的对象就是产品的生产成本。(　　)

四、简答题

1. 什么是成本会计？成本会计与财务会计的关系是什么？

2. 简述成本会计产生和发展的过程。

3. 简述成本会计的职能。

4. 成本会计的任务有哪些？

5. 简述成本会计工作组织的内容。

6. 说明在集中工作和分散工作两种方式下，企业内部各级成本会计机构之间的组织分工。

7. 什么是成本？什么是产品成本？

8. 产品成本和费用的区别是什么？

第二章　成本核算概述

【内容提示】

本章介绍了成本核算的要求、内容划分、账户体系、程序、基础工作等。通过本章的学习，要求学生掌握成本费用的范围、产品成本的核算账户，理解成本核算的一般程序和基础工作规范。

第一节　成本核算的要求

产品成本核算是成本会计的中心内容，是企业成本管理工作的重要组成部分。成本核算准确与否，不仅直接影响到成本的预测、决策、计划、分析、考核等工作，也会影响到企业产品的定价，从而对企业财务会计中的损益、所得税计算产生重大影响。成本核算的过程既是对生产经营过程中的各种耗费归类如实反映的过程，也是对企业成本计划的实施进行检验和控制的过程。因此，为了保证成本信息的质量，充分发挥成本核算的作用，在成本核算工作中应该贯彻实现以下各项要求。

一、加强费用开支的审核和控制

成本核算的目的，是节约消耗，降低费用，提高经济效益。为此，必须严格加强费用开支的审核和控制。要由专人负责，依据国家有关法律政策及企业内部制定的定额或标准等，对各项耗费进行及时的审核和控制，审核各项费用是否应该开支，应开支的费用是否应该计入产品成本或经营管理费用。不仅要对各项费用支出进行事后的核算，而且必须加强对各项费用支出事前、事中的审核和控制，防患于未然；并及时进行信息反馈，纠正偏差，确保成本决策目标的实现。具体包括两个方面：

1. 以国家有关法规制度及企业成本计划和相应的消耗定额为依据，对费用进行审核和控制，确定是否应该开支；对于应开支的，审核其是否应该计入生产经营管理费用；对于应计入生产经营管理费用的，审核其是否应该计入产品的成本。对于合理、合法、有利于提高企业经济效益的开支，要积极予以支持；对于不合理、不合法、不利于提高经济效益的费用支出，就要严格限制、坚决抵制。对于当时无法制止的，要追究责任，采取措施，防止以后再次发生；对于定额或计划脱离实际情况而产生的差异，要及时对计划和定额进行修订。

2. 在成本计算中，既要防止片面追求简化，不能为管理提供所需资料的做法，也要防止为算而算，搞繁琐哲学。成本核算应做到：分清主次，区别对待，主要从细，次要从简，简而有理，细要有用。

二、正确划分各种费用界限

为了正确地计算产品成本，必须严格掌握成本开支范围，正确地划分各种费用界限。

(一)正确划分生产经营管理费用与非生产经营管理费用的界限

企业的产品生产和经营管理过程，同时也是生产经营管理费用的耗费过程。企业在产品生产和经营管理过程中发生各种耗费的货币表现，称为企业的生产经营管理费用。

工业企业的经营活动是多方面的，费用支出的用途也是多种多样的。而不同的支出其列支项目应该不同。只有服务于产品生产和销售，用于组织和管理生产经营活动以及筹集资金的各种费用，才能计入生产经营管理费用。而对于企业购置和建造固定资产，购买无形资产，对外投资等支出，以及盘亏资产的损失费用、自然灾害等原因发生的非常损失等，都不是企业日常的生产经营活动，因此不应计入生产经营管理费用，应列入各项非生产经营管理费用。

国家对企业的成本开支范围作了规定，明确指出企业成本开支的具体内容。因此，企业应严格遵守国家有关成本、费用开支范围的规定，按照国家规定的成本开支范围计算产品成本，如实地反映企业的实际消耗水平。既要反对乱挤乱列，人为扩大成本费用、减少企业利润和国家财政收入，也要反对漏计少计，人为缩小成本费用、虚增企业利润，使企业成本得不到应有的补偿，从而影响企业生产经营活动的顺利进行。

(二)正确划分生产费用与期间费用的界限

按照国家有关会计法律、法规规定，工业企业的生产费用是进行产品生产而发生的，包括直接材料、直接人工、制造费用等。这些费用与特定产品生产有着直接联系，应计入产品成本。经营管理费用(即:期间费用，具体包括管理费用、财务费用和销售费用)与特定产品的生产无直接联系，而与一定会计期间联系更为密切，因此，应将其直接计入当期损益，从当期利润中扣除，而不计入产品成本。

因此，企业发生的应计入生产经营管理的各项费用支出，还要划清生产费用和期间费用的界限。凡为生产产品直接发生的材料、人工费用、为生产产品发生的间接制造费用，均应计入生产费用，并据以计算产品成本。企业行政管理部门为组织和管理生产经营活动发生的管理费用，企业为筹集生产经营资金而发生的财务费用，企业在销售过程中发生的销售费用，均作为期间费用，列入当期损益，而不应计入产品生产成本。正确划分生产费用和期间费用的界限，是保证正确计算产品成本和准确核算各期损益的基础，反对人为地混淆产品生产费用和期间费用的界限，任意调节各月产品成本和各月损益的错误做法。

(三)正确划分各个月份的费用界限

根据我国会计准则的规定，企业应按期进行成本、费用的核算，以便考核、分析成本和费用计划的执行情况和结果，因而必须正确划分各个期间的费用界限。企业必须在严格掌握成本开支范围的基础上，将应当计入产品成本的费用再进一步划清哪些应当计入本期生产费用和期间费用，哪些不应计入本期生产费用和期间费用，而应当由其他期间负担。

划清各期产品成本的依据是权责发生制和受益原则，某项耗费是否应计入本期存货成本以及应计入多少，取决于是否应由本期负担以及受益量的大小。某项耗费是否应计入本期产品成本，不取决于成本金额的大小，而取决于本期产品是否受益，只要受益，只要是本期产品受益的耗费，就应计入本期产品成本；只要是由本期与以后各月共同受益的耗费，就应在相关月内采用适当方法进行合理计量。

(四)正确划分不同产品成本的界限

为了分别计算各种不同产品的成本，分析各种产品成本计划的完成情况，还必须将应计入本期产品成本的费用，在各种产品之间进行划分。应计入产品成本的生产费用与各种产品的关系有两种情况：一种是能够直接分清由哪一种产品负担的直接费用，应直接计入该种产品的成本。如原材料按产品品种领用时，这种原材料费用就可以直接计入这种产品的成本。另一种是由几种产品共同耗用，无法直接分清由哪一种产品负担的间接费用，则应采用既简便又合理的分配方法，分配计入各产品成本。如同时生产几种产品时生产工人的工资等，这就要采用适当的方法在各种产品之间进行分配。企业应正确分析和考核各种产品成本计划或定额成本的执行情况，防止在盈利产品和亏损产品之间、可比产品与不可比产品之间任意转移产品费用，借以掩盖成本超支或以盈补亏的错误做法。

(五)正确区分完工产品成本和在产品成本的界限

各种生产费用经过上述划分以后，已经得出各种产品本期应负担的费用。月末计算产品成本时，如果某种产品月末没有在产品(即产品当月投产、当月全部完工)，那么，应计入该种产品成本的费用之和就是本期该种完工产品的总成本，总成本除以产量即为单位成本；如果某种产品全部处于加工过程，则计入某种产品的各项生产费用之和，就是该种产品的月末在产品成本；但如果月末某种产品有一部分完工，而另一部分尚在生产过程中，则计入该种产品的各项费用累计，还应当采用一定的方法，在完工产品和在产品之间进行分配，以分别确定本期完工产品和月末在产品的成本。同样道理，如果上月月末有在产品，那么，生产费用中也包括上月在产品的成本。这四项费用之间的关系是：

月初在产品成本 + 本期生产费用 = 本期完工产品成本 + 月末在产品成本

在完工产品与在产品之间分配费用的方法应准确、合理而又简便。防止任意提高或降低月末在产品成本，人为调节完工产品成本的错误做法。

上述五个方面费用界限划分的过程，也就是产品成本的计算和各项期间费用的归集过程。在这一过程中，应该贯彻受益原则，哪种产品受益，由哪种产品负担费用，何时受益，何时负担费用，产品负担生产费用的多少与受益多少成正比例的关系。

第二节　成本费用及其分类

成本费用是一定时期内企业为生产和经营管理而发生的各种耗费的货币表现。工业企业生产经营过程中的耗费是多种多样的，为了便于归集各项费用，正确地计算产品成本和期间费用，进行成本管理，需要对这些种类繁多的成本费用进行合理分类。成本费用可以按照不同标准分类，其中最基本的是按照费用的经济内容(性质)和经济用途分类。

一、按费用的经济内容分类

企业的生产经营过程，也是物化劳动(劳动对象和劳动手段)和活劳动的耗费过程，因而生产经营过程中发生的费用，按其经济内容分类，可划分为劳动对象方面的费用、劳动手段方面的费用和活劳动方面的费用三大类。在这一分类的基础上，再将费用分为若干要素，这些生产经营的构成要素称为费用要素。具体可以分为以下几项：

1. 外购材料。它是指企业为进行生产经营而耗用的一切由外部购入的原料及主要材料、半成品、辅助材料、修理用备件和周转材料（包括包装物、低值易耗品和其他周转材料）等。

2. 外购燃料。它是指企业为进行生产经营而耗用的一切从外部购入的各种固体、液体和气体燃料。

3. 外购动力。它是指企业为进行生产经营而耗用的一切从外部购入的电力、水力、蒸汽等各种动力。

4. 职工薪酬。它是指企业为获得职工提供的服务而给予各种形式的报酬以及其他相关支出。它是指企业为生产经营而发生的职工薪酬。

5. 折旧费。它是指企业按规定的固定资产折旧方法提取的折旧费用。

6. 修理费用。它是指企业为修理固定资产而发生的支出。

7. 摊销费。它是指企业按规定的摊销方法提取的无形资产等的摊销费用。

8. 利息支出。它是指企业计入期间费用等的借入款项的利息支出减利息收入后的净额。

9. 税金。它是指应计入管理费用的各种税金，如房产税、车船税、土地使用税、印花税等。

10. 其他支出。它是指不属于以上各要素的费用支出，如差旅费、租赁费、外部加工费以及财产保险费等。

将费用划分为若干要素进行核算，能够反映企业在一个时期内发生了哪些费用，数额各是多少，并用以分析企业各个时期各种费用的支出水平。由于这种分类反映了原材料和燃料的实际支出，因而可以为核定企业流动资金定额、计算工业净产值和国民收入提供资料。但这种分类不能说明各项费用的用途，因而不便于分析各项费用的支出是否合理和节约。

二、按费用的经济用途分类

成本费用按其经济用途的不同可以划分为生产成本（即制造成本）和期间费用两大类。

（一）生产成本

企业在生产经营过程中发生的费用，在生产过程中的用途是不一样的，如有的直接用于产品生产，有的则用于经营管理，因而还可以进一步划分为若干项目，计入产品成本的生产经营管理费用按其经济用途划分为若干项目，称为产品成本项目。工业企业的产品成本项目主要有以下几项：

1. 直接材料。它是指直接用于产品生产并构成产品实体的原料及主要材料、燃料、辅助材料、外购半成品，以及有助于产品形成的辅助材料。

2. 直接人工。它是指直接参加制造产品的生产工人的工资、奖金、津贴、补贴、职工福利费、五险一金、非货币性福利、因解除与职工的劳动关系给予的补偿及其他与获得职工提供的服务相关的支出等职工薪酬。

3. 制造费用。它是指企业各个生产单位（分厂、车间）为组织和管理生产而发生的各种费用，以及机器设备的修理费、折旧费等各项间接费用。包括生产车间管理人员薪酬、车间固定资产折旧费及修理费、办公费、水电费、机物料消耗、劳动保护费、季节性或修理期间的停工损失、周转材料摊销、取暖费、试验检验费、设计制图费、财产保险费等。

4. 废品损失。它是指生产中因出现废品而造成的损失。包括不可修复废品的净损失和可修复废品的修复费用。

当然，企业为了使成本项目更好地适应管理要求，也可以对上述成本项目进行适当调整，如将“燃料和动力”单设一成本项目；第(4)项废品损失可视企业的具体情况设置。但在确定或调整成本项目时，应结合企业情况考虑：①费用在管理上有无单列的必要；②费用在产品成本中所占比重的大小；③单列成本项目时所增加的核算工作量的大小。一般情况下，成本项目分为直接材料、直接人工和制造费用三项。

(二)期间费用

期间费用是指企业在生产经营过程中发生的、与产品生产没有直接关系，而是属于某一期间为组织和管理生产而发生的费用。这些费用容易确定其发生期间和归属期间，但不容易确定它们应归属的成本计算对象。所以，期间费用不计入产品生产成本，而是按照一定期间(月度、季度或年度)进行汇总，直接计入当期损益。

工业企业的期间费用包括：

1. 管理费用。它是指企业为管理和组织生产经营活动而发生的各项费用。包括公司经费、工会经费、职工教育经费、行政管理人员薪酬、劳动保险金、董事会费、咨询费、聘请中介机构费、诉讼费、排污费、税金、土地损失补偿费、技术转让费、研究费、无形资产摊销、业务招待费、企业在筹建期间发生的开办费以及其他管理费用。

具体说明如下：

(1)公司经费。公司经费包括企业行政管理部门人员的工资及福利费、差旅费、办公费、固定资产折旧费、修理费、物资消耗、低值易耗品摊销以及其他公司费用。

(2)工会经费。它是指按照企业规定计提并拨交给工会的经费。

(3)职工教育经费。它是指按职工工资总额的一定比例计提的，企业为职工学习先进技术和提高文化水平而支付的费用。

(4) 行政管理人员薪酬。它是指除工会经费和职工教育经费以外的厂部或其他行政管理人员的工资、奖金、津贴、补贴、职工福利费、五险一金、非货币性福利、因解除与职工的劳动关系给予的补偿及其他与获得职工提供的服务相关的支出等职工薪酬。

(5)劳动保险金。它是指企业按规定交纳的离退休统筹金，或企业支付给离退休职工的退休金、离退休人员参加医疗保险的费用(或企业支付给离退休职工的医药费)、职工退休金、6个月以上病假人员的工资、职工死亡丧葬补助费和抚恤费、按照规定支付给离休干部的各项经费等。

(6)董事会费。它是指企业董事会及其成员为执行职能而发生的各项费用，包括差旅费、会议费等。

(7)咨询费。它是指企业向有关咨询机构进行科学技术及经营管理咨询所支付的费用，包括聘请经济技术顾问、法律顾问等所支付的费用。

(8)聘请中介机构费。它是指企业聘请中介机构所支付的费用，如聘请会计师事务所进行查账验资以及资产评估所支付的费用等。

(9)诉讼费。它是指企业因起诉或应诉而发生的各项费用。

(10)排污费。它是指企业按规定交纳的排污费用。

(11)税金。它是指企业按规定交纳的应计入管理费用的房产税、车船税、土地使用税、印花税等。

(12)土地损失补偿费。它是指企业在生产经营过程中破坏的国家不征用的土地所支付的土地损失补偿费。

(13)技术转让费。它是指企业使用非专利技术而支付的费用。

(14)研究费。它是指企业研究开发新产品、新技术、新工艺所发生的不应资本化而计入"开发支出"的产品设计费、工艺规程制定费、设备调试费、原材料和半成品的试验费、技术图书资料费、未纳入国家计划的中间试验费、研究人员的工资、研究设备的折旧、与新产品试制和技术研究有关的其他经费、委托其他单位进行的科研试制的费用以及试制失败损失等。

(15)无形资产摊销。它是指企业专利权、商标权、土地使用权和非专利技术等无形资产的摊销费用。

(16)业务招待费。它是指企业为生产经营的合理需要，按规定支付的招待费用。

(17)其他。即企业没有包括在上述项目中的其他管理费用。

2. 财务费用。它是指企业为筹集资金而发生的各项费用。包括企业生产经营期间发生的利息净支出、汇兑净损失、银行及金融机构手续费、企业发生的现金折扣或收到的现金折扣等。

具体说明如下：

(1)利息净支出。它是指企业生产经营期间，各种负债的应计利息支出减去各项利息收入以后的净额。企业非流动负债的应付利息支出应分情况对待：若是生产项目等筹建期发生的，应计入开办费；若是生产经营期间发生的，应计入财务费用。若与固定资产有关的，在固定资产尚未达到预定可使用状态前所发生的借款利息应予以资本化；在固定资产已达到预定可使用状态后所发生的借款利息应计入财务费用。

(2)汇兑净损失。它是指企业生产经营期间发生的汇兑损失减去汇兑收益后的净额。汇兑损益是指因汇率变动而导致的外币账户结账时的人民币金额与账面人民币金额之间的差额。若在筹建期发生的或与固定资产有关的汇兑净损失，参照上述利息净支出处理。

(3)银行及金融机构手续费。它是指企业生产经营期间发生的，因筹集资金和办理各种结算业务而支付给银行和非银行金融机构等相关机构的各项手续费用。

(4)现金折扣。企业在销售产品后，为了促使客户尽快付款，企业往往采用一些鼓励措施，付款越早，得到的折扣越多。现金折扣的付款条件一般表示为"2/10，1/20，n/30"。客户提前付款所得的折扣可视为企业的一项融资费用，计入当期财务费用。企业因为购货提前付款而得到的现金折扣冲减当期的财务费用。

3. 销售费用。它是指企业在销售商品、产品、材料和提供劳务过程中所发生的各项费用。包括应由企业负担的因销售产品而发生的各项费用，如运输费、包装费、装卸费、保险费、销售佣金、代销手续费、广告费、展览费、租赁费、专设销售机构经费等。

成本费用按经济用途分类，便于了解企业产品成本构成情况和期间费用的具体组成，为企业考核成本计划的执行情况、寻找降低产品成本的途径提供依据和便利。

三、成本费用的其他分类方法

工业企业费用除了按其经济内容和经济用途分类以外，还有其他的分类方法。

(一)按费用计入成本的方法分类

按费用计入产品成本的方法划分，费用可分为直接费用和间接费用两类。

1. 直接费用。它是指可以根据原始凭证直接计入某种产品成本的费用。例如，原料及主要材料和生产工人的计件工资等。

2. 间接费用。它是指由于生产几种产品共同发生的费用。这些费用不能根据原始凭证直接计入某种产品的成本，而需要采用适当方法在有关产品之间进行分配。例如，同时生产几种产品的生产工人的计时工资和制造费用等。

要更好地理解直接费用和间接费用，还必须了解我们常说的另外两个概念：直接生产费用和间接生产费用。

在计入产品生产成本的费用中，凡直接用于产品生产的费用称为直接生产费用；间接用于产品生产的费用称为间接生产费用。直接生产费用大多是直接费用，间接生产费用大多是间接费用，但也不尽如此。例如，在生产一种产品的生产单位中，直接生产费用和间接生产费用都可以计入该种产品成本，因而都是直接费用；而在用同一种材料生产几种产品时，直接生产费用和间接生产费用都不能直接计入某种产品成本中，因而都是间接费用。

这种分类便于合理地分配生产费用，正确地计算产品成本。

(二)按费用与产品产量的关系分类

按照费用与产品产量的关系划分，费用可以分为固定费用和变动费用。

1. 固定费用。它是指费用总额不随产量的增减而变动的费用。例如，管理人员的基本工资、固定资产按使用年限法计提的折旧费等。固定费用总额是固定不变的，但就单位产品而言，这些费用是变动的，随着产品产量的增加，每单位产品应负担的费用数额将随之减少。

2. 变动费用。它是指与产品产量增减有直接联系的费用。例如，原材料、计件工资、产品包装材料等费用，这类费用与产量成正比例变动，每增加一个单位的产量，就增加一个单位的费用。变动费用总额是变动的，但就单位成本而言，这些费用是固定的，无论产量如何变动，单位产品应负担的费用不变。

划分固定费用与变动费用，是为了研究费用与产量之间的依存关系，寻找降低成本的途径。

(三)按费用与生产工艺的关系分类

按费用与生产工艺的关系划分，费用可以分为基本费用与一般费用。

1. 基本费用。它是指由于生产工艺本身引起的各项费用。例如，直接材料、直接人工、机器设备的折旧费等。

2. 一般费用。它是指车间为管理和组织生产而发生的各项费用。例如，管理人员薪酬、办公费用等。

划分基本费用和一般费用，有助于考察和分析企业的管理水平。管理水平愈高，产品成本中一般费用比重愈低。

第三节 成本核算的账户体系

为了核算产品成本，提供不同的成本资料，应当设置一系列的成本核算账户。

一、设置成本核算账户的原则

设置成本核算账户的原则是：

1. 便于全面地反映生产费用的发生、归集和分配，正确地计算产品成本。产品成本是反映企业生产技术、经营管理水平高低的一项综合性的质量指标。企业必须科学地设置一系列的账户，以满足成本核算的要求，为成本管理、控制、分析提供不同的成本资料。

2. 符合企业会计准则和企业财务通则的要求。企业设置成本账户要能保证其在一定范围内口径一致。

3. 成本账户所反映的内容应清楚、完整，账户之间要有科学联系，核算手续要简化。

二、主要账户的设置

为了归集、分配生产费用，计算产品的生产成本，一般需要设置“生产成本”、“制造费用”、“管理费用”等账户。以上这些账户构成了成本核算的账户体系。

（一）核算产品成本的账户

为了归集、分配生产费用，计算产品成本，应当设置“生产成本”、“制造费用”等账户。

1. “生产成本”账户。它用以核算企业进行工业性生产，包括生产各种产品（库存商品、自制半成品、提供劳务等）、自制材料、自制工具、自制设备等所发生的各项生产费用。

企业根据需要，可以将“生产成本”账户分设为“基本生产成本”和“辅助生产成本”两个二级账户进行核算。“基本生产成本”二级账户用以核算生产产品的基本生产车间所发生的费用；“辅助生产成本”二级账户用以核算动力、修理、运输等为基本生产服务的辅助生产车间所发生的费用。

“基本生产成本”二级账户应按产品品种、批别或生产步骤等成本计算对象设置明细账，账内按产品成本项目分设专栏或专行（其格式详见表6－11）。“辅助生产成本”二级账户应按辅助生产车间和生产的产品、提供的劳务分设明细分类账，账中按辅助生产的成本项目或费用项目分设专栏或专行进行明细登记（其格式详见表6－12）。

企业发生的各项生产费用，应按成本核算对象和成本项目分别归集。对生产过程中发生的直接材料、直接人工和其他直接支出等直接费用，应直接记入“生产成本——基本生产成本”和“生产成本——辅助生产成本”账户借方的有关成本项目。其他间接费用先在“制造费用”账户归集，月份终了，再按一定的分配标准，分配记入有关产品的“制造费用”账户的有关成本项目。辅助生产车间为基本生产车间、企业管理部门和对外提供的产品和劳务，月终，应按服务对象进行分摊。企业已完工并验收入库的库存商品及入库的自制半成品，月终应按实际成本从本账户的贷方转出。本账户的月末余额为尚未加工完成的各种在产品成本。

2. “制造费用”账户。它用以核算企业为生产产品和提供劳务而发生的各项间接费用，包括工资和福利费、折旧费、修理费、办公费、水电费、机物料消耗、劳动保护费、季节性和修理期间的停工损失等。发生的制造费用记入本账户的借方；月末按一定的分配标准分配计入有关的成本核算对象。本账户按不同的车间、部门设置明细分类账。除季节性生产企业外，本账户月末应无余额。

（二）核算跨期费用的账户

“长期待摊费用”账户用以核算企业已经发生的但应由本期和以后各期负担的分摊期限在一年以上的各项费用。如以经营租赁方式租入的固定资产发生的改良支出等。

企业发生的长期待摊费用，记入本账户的借方；按照费用的受益期分期摊销时，记入本账户的贷方；期末余额一般在借方，表示为尚未摊销的费用。本账户应按费用项目设置明细分类账户。

(三)核算废品损失的账户

单独核算废品损失的企业，应设置“废品损失”账户。凡是不可修复废品的生产成本和可修复废品的修复费用，都记入本账户的借方；废品残料收回的价值和应收的赔偿款，记入本账户的贷方；两方相抵后的差额即废品净损失，应由本期生产的同种产品成本负担，从本账户的贷方转出，本账户月末无余额。

“废品损失”账户应按车间设置明细分类账户，按产品品种和成本项目登记废品损失的详细资料。

为了简化核算工作，辅助生产车间通常不单独核算废品损失。

(四)核算停工损失的账户

单独核算停工损失的企业，应设置“停工损失”账户。凡是在停工期间发生的、应该计入停工损失的费用，都记入本账户的借方；应由过失人或保险公司赔偿的款项，记入本账户的贷方；两方相抵后的差额即停工净损失，应由本期生产的同种产品成本负担，从本账户的贷方转出，本账户月末无余额。

“停工损失”账户应按车间设置明细分类账户，按产品品种和成本项目登记停工损失的详细资料。

为了简化核算工作，辅助生产车间通常不单独核算停工损失。

(五)核算期间费用的账户

为了归集和结转销售费用、管理费用和财务费用，企业应该分别设置“销售费用”、“管理费用”和“财务费用”账户。

1.“销售费用”账户。企业在销售商品、产品和提供劳务等活动中发生的各项费用以及专设销售机构的各项经费，都称销售费用。销售费用的发生和结转是通过设置“销售费用”账户核算的。该账户的借方登记企业本期发生的各项销售费用，贷方登记期末转入“本年利润”账户的销售费用数额，期末结转后无余额。企业按费用项目设置销售费用明细分类账户。

2.“管理费用”账户。管理费用的发生和结转是通过设置“管理费用”账户核算的。该账户的借方登记企业本期发生的各项管理费用，贷方登记期末转入“本年利润”账户的管理费用数额，期末结转后无余额。企业按费用项目设置管理费用明细分类账户。

3.“财务费用”账户。财务费用的发生和结转是通过设置“财务费用”账户核算的。该账户的借方登记企业本期发生的各项财务费用，企业发生的应冲减财务费用的利息收入和汇兑收益等，用红字登记在借方，贷方登记期末转入“本年利润”账户的财务费用数额，期末结转后无余额。企业按费用项目设置财务费用明细分类账户。

第四节　成本核算的一般程序

进行成本核算，首先，应根据成本核算的要求和国家有关法律法规以及企业的成本计划、定额，对各项费用进行审核和控制，在此基础上正确地划分应计入产品成本和应计入期间费用的费用界限；其次，将发生的各项费用，按经济用途进行分类和归集，并将其中应该计入当月产品成本的费用，计入各种产品成本的有关成本项目；月末，如果既有完工产品又有在产品，还要将该种产品的生产费用，在完工产品和在产品之间进行分配，以计算完工产品的总成本和单位成本。因此，产品成本核算的一般程序包括以下几个步骤：

1. 对所发生的费用进行审核和控制，确定费用是否符合规定的开支范围，并在此基础上划分应计入本期产品成本的生产费用和应计入本期损益的期间费用数额。

在产品成本核算过程中，首先要对所发生的费用进行审核和控制。通过对当月发生的要素费用的审核，确定该费用该不该开支，对不合理的开支要进行控制；对应开支的费用要根据其用途确定其是计入产品成本还是期间费用。企业本期发生的材料费、人工费，折旧费等，在贷记“原材料”、“应付职工薪酬”、“累计折旧”、“银行存款”、“库存现金”等资产、负债类账户的同时，还应按费用的用途和所属期间分别记入有关账户。例如，产品生产中直接耗用的原材料、职工薪酬等，应记入“生产成本”账户的借方；生产单位（分厂、车间）的管理部门的物料消耗、职工薪酬、固定资产折旧、办公费等，应记入“制造费用”账户的借方；企业行政管理部门的物料消耗、职工薪酬、差旅费、办公费等，应记入“管理费用”账户的借方；销售过程中领用物品、专设销售机构的职工薪酬、办公费等，应记入“销售费用”账户的借方；本期为筹集资金所发生的费用等，应记入“财务费用”账户的借方；企业已发生并支付的，摊销期限在 1 年以上的费用，应记入“长期待摊费用”账户的借方。

2. 将应计入产品成本的生产费用，在各种产品之间进行归集和分配。

通过上一步，将各直接费用记入各种产品成本账户后，接下来要对间接费用，主要是本期归集的制造费用，按照受益原则，采用一定的方法分配给各种产品和劳务。即在记入“制造费用”账户贷方的同时，记入“生产成本”账户的借方，由各成本核算对象的成本负担。分配结转后，“制造费用”账户一般应无余额。

3. 期末将产品成本在完工产品和在产品之间进行分配和归集，计算出完工产品的总成本和单位成本。

计入产品成本的生产费用通过在各种产品之间的归集和分配，已形成按产品品种并分别成本项目反映的产品成本。在这种情况下，若某种产品没有期初、期末在产品，即本期投产的产品全部完工，则按产品品种归集的生产费用就是该种产品的完工产品总成本，将总成本除以产量就得到单位成本。若某种产品期末均未完工，则本期所发生的生产费用均为期末在产品成本。若某种产品一部分完工，一部分没有完工，存在着期末在产品，则应采用适当的方法，如约当产量法将期初在产品成本和本期生产费用在完工产品和期末在产品之间进行分配，从而计算出本期完工产品总成本和单位成本。

4. 将完工产品成本结转到“库存商品”、“自制半成品”账户。

期末，应将完工产品总成本结转到“库存商品”、“自制半成品”等账户中。结转本期完工入库库存商品成本，应记入“库存商品”账户的借方，同时记入“生产成本”账户的贷方；结转本期完工入库自制半成品成本，应记入“自制半成品”账户的借方，记入“生产成本”账户的贷方；结转本期辅助生产单位对外修理、运输等已实现销售的劳务总成本时，企业视自身情况，可记入“主营业务成本”或者“其他业务成本”账户的借方，记入“生产成本”账户的贷方。

5. 将生产费用和期间费用等结转到“本年利润”账户。

期末，应通过借记“本年利润”账户，贷记“主营业务成本”、“其他业务成本”、“管理费用”、“销售费用”、“财务费用”等损益类账户的账务处理，将已销商品成本、已提供劳务成本、三项期间费用等损益类账户中所归集的生产经营管理费用，转入“本年利润”账户。期末，这些损益类账户均无余额。

第五节 成本核算的基础工作

为了保证成本核算的准确性，加强成本管理，必须建立健全一系列成本核算的基础工作。这些基础工作包括：建立健全原始记录制度、定额管理制度、计量验收制度、厂内计划价格制度、岗位责任和权限等基础工作。这些基础工作是保证成本核算和管理工作顺利进行的前提条件。

一、建立、健全原始记录制度，做好原始记录工作

原始记录是对发生的经济业务进行记载的凭证，是进行成本核算的依据。企业必须建立、健全原始记录制度，做好原始记录工作，做到原始记录的数据可靠、内容完整、提供及时。

原始记录的内容一般包括：生产记录（以反映产品产量和质量），考勤记录（以反映劳动消耗），设备利用情况记录，原材料收发、领用记录，产品入库记录，产品销售记录等等。如生产通知书、入库单、废品报告单、领料单、退料单、材料盘盈盘亏报告单、考勤记录、工资结算单等。原始记录的填写必须按规定的项目，反映经济活动的时间、地点、内容、计量单位、数量、经办人和负责人等。同时，根据成本管理的要求，规定原始凭证的传递程序，并按照规定的程序，依次传递、审核和登记入账。此外，还要对原始凭证进行妥善保管，以保证原始凭证的安全和完整。

二、加强定额管理

定额是企业在正常生产条件下，对人力、物力和财力的配备、利用和消耗等所规定应遵守和达到的数量标准。各项定额是企业制定成本计划、控制成本和进行成本分析的重要依据。实行定额管理，是企业加强全面管理的基础。因此，企业必须建立、健全定额管理制度。

定额按其反映的内容不同，主要有工时定额、产量定额、材料消耗定额、费用定额、生产设备利用率等。定额按其制定的标准不同，主要有计划定额、现行定额。计划定额是反映计划期内应达到的平均水平定额，现行定额是反映工作进行时应达到的定额。一般在编制计划时，应采用计划定额；在进行成本计算时，要采用现行定额。定额的制定既要先进，又要合理、切实可行，定额也要随着生产技术水平的提高和管理的要求不断修订。

为了保证定额的贯彻执行，并为修订定额提供资料，企业还应加强对定额完成情况的检查、考核和分析，应从厂部到车间、班组建立定额管理制度。

三、做好各项财产物资的计量验收工作

计量验收是对各项财产物资的收、发、领、退进行正确的数量计算，并根据技术鉴定等确定其质量的方法。通过计量验收，一方面，能为成本会计工作提供准确的数据资料；另一方面，也能反映出企业各项财产物资的实际结存情况。

企业建立、健全计量验收制度，包括配备必要的计量器具，设置专职的质量检验机构，建立严密的财产物资收、发、领、退手续。同时，还要定期进行财产清查，盘点各项财产物资的

实存数，确定盈亏，分析原因，进行处理。

四、建立、健全厂内计划价格制度

内部计划价格又称内部结算价格，是指各种自制零部件、半成品和辅助生产部门提供的各种劳务在企业内各部门之间转账的价格。制定厂内计划价格是为了贯彻执行责任制，计算、控制和考核成本，全面开展厂内经济核算。制定厂内计划价格的依据，一般包括以下几个方面：

1. 以原材料、半成品、库存商品的计划成本为厂内计划价格。
2. 在计划成本的基础上，再加上一定的内部利润作为厂内计划价格。
3. 以近期的实际平均成本作为厂内计划价格。
4. 以市场价格作为厂内计划价格。

厂内计划价格是否合理、准确，直接关系到成本计算的正确性。厂内计划价格是考核企业内部各部门工作情况的依据。因此，厂内计划价格的制定必须切合实际，以利于调动各方面的积极性，厂内计划价格要保持相对稳定，不宜经常变动。

五、建立成本管理责任制

成本管理责任制是根据权责利结合的原则，按照部门（即成本的发生地点）对成本进行分级归口管理的制度。建立成本责任制，对于调动广大职工的劳动积极性、挖掘增产节约的潜力、降低成本具有重要的意义。

成本管理责任制的基本内容包括三个方面：

1. 有专职的成本管理机构和人员。
2. 有健全的分级归口管理制度。
3. 有良好的基础工作。

● 思考与练习

一、单选题

1. 下列各项属于产品成本项目的是（ ）。

A. 直接人工　B. 折旧费用　C. 期间费用　D. 利息支出

2. 费用要素，指的是按（ ）分类确定的。

A. 经济用途　B. 经济内容　C. 与生产工艺的关系　D. 与产品产量的关系

3. 下列费用中，不属于期间费用的是（ ）。

A. 管理费用　B. 销售费用　C. 制造费用　D. 财务费用

4. 本期已支付，但需要在一年以上分期摊销的费用，应计入（ ）账户的借方。

A. 管理费用　B. 制造费用　C. 销售费用　D. 长期待摊费用

5. 生产车间、分工厂的管理部门物料消耗、人员工资等在归集时，应借记（ ）账户。

A. 生产成本　B. 制造费用　C. 管理费用　D. 销售费用

6. 成本费用按其经济用途可分为（ ）。

A. 直接费用和间接费用

B. 固定费用和变动费用
C. 计入产品成本的费用和不计入产品成本的期间费用
D. 基本费用和一般的费用

7. 下列支出中能列入成本费用的是(　　)。
A. 罚款支出　B. 购置设备的支出　C. 捐赠支出　D. 购买材料支出

8. 下列账户中，年末可能有余额的是(　　)。
A. 长期待摊费用　B. 管理费用　C. 销售费用　D. 财务费用

9. 下列不能计入产品成本的费用是(　　)。
A. 期间费用　B. 生产工人工资　C. 车间管理部门办公费　D. 材料费用

10. 成本费用中应当按照受益原则分配的费用是指(　　)。
A. 间接费用　B. 直接费用　C. 固定费用　D. 变动费用

11. 下列各项中属于间接生产费用的是(　　)。
A. 生产工人工资　B. 机器设备耗用电费
C. 机器设备折旧费用　D. 车间厂房折旧费用

12. 下列各项中，属于工业企业生产经营管理费用的是(　　)。
A. 对外投资发生的支出　B. 固定资产盘亏损失
C. 季节性停工损失　D. 固定资产报废清理损失

13. 间接生产费用都(　　)。
A. 是间接计入费用　B. 是直接计入费用
C. 专设成本项目　D. 不专设成本项目

14. 由于生产车间发生的组织管理生产的费用和制造费用很难严格区分，为了简化核算工作，可将其先纳入(　　)。
A. 管理费用　B. 期间费用　C. 制造费用　D. 当期损益

15. 下列各项中属于直接生产费用的是(　　)。
A. 生产车间厂房的折旧费　B. 单一产品生产用设备的折旧费
C. 企业行政管理部门固定资产的折旧费　D. 生产车间的办公费用

16. 下列各项中，属于直接费用的有(　　)。
A. 生产车间厂房的折旧费　B. 两种产品共同耗用的原材料费用
C. 只生产一种产品的生产工人薪酬　D. 车间照明用电费

17. 下列属于成本项目的是(　　)。
A. 燃料　B. 直接人工　C. 职工薪酬　D. 外购材料

18. 下列费用中，属于直接材料成本项目的是(　　)。
A. 燃料　B. 辅助材料　C. 外购半成品　D. 周转材料

19. 下列各项中，不属于直接人工成本项目内容的是(　　)。
A. 装卸费　B. 车间主任薪酬
C. 生产工人薪酬　D. 退休工人工资

二、多选题

1. 核算产品成本的账户有(　　)。
A. 生产成本　B. 制造费用　C. 管理费用　D. 销售费用

2. 工业企业的产品成本项目一般包括(　　)。
A. 管理费用　B. 直接材料　C. 直接人工　D. 制造费用

3. 按费用计入成本的方法分类，可将成本费用分为(　　)。
A. 直接费用　B. 固定费用　C. 间接费用　D. 基本费用

4. 下列人员的薪酬应由产品成本负担的是(　　)。

A. 生产工人　　B. 车间管理人员　　C. 行政管理人员　　D. 销售人员

5. 在确定和调整成本项目时,应结合企业情况考虑(　　)。

A. 费用在产品成本中所占比值的大小

B. 费用在管理上有无单列的必要

C. 单列成本项目时所增加的核算工作量的大小

D. 以上均不正确

6. 成本会计的基础工作有(　　)。

A. 原始记录制度　　B. 计量验收制度

C. 定额管理制度　　D. 企业内部价格制度

7. 属于工业企业费用要素的是(　　)。

A. 原材料　　B. 外购材料　　C. 职工薪酬　　D. 折旧费用

8. 下列哪些项目是将费用按经济用途划分(　　)。

A. 制造费用　　B. 固定费用　　C. 直接材料　　D. 管理费用

9. 下列各项中应计入产品成本的费用有(　　)。

A. 专设销售机构人员的薪酬　　B. 车间管理人员的薪酬

C. 车间生产工人的薪酬　　D. 企业管理部门人员的薪酬

10. 下列属于成本项目的有(　　)。

A. 直接材料　　B. 直接人工　　C. 外购燃料　　D. 折旧费

三、判断题

1. 三项期间费用账户期末均无余额 。(　　)

2. 若某种产品没有期初在产品和期末在产品,则按该产品品种归集的生产费用就是该产品的完工产品总成本。(　　)

3. 产品完工入库时,借记“生产成本”账户。(　　)

4. 三项期间费用结转入“本年利润”账户时,应贷记“本年利润”账户。(　　)

5. 企业已经支付,但应由本期和以后各期分别负担,并且分摊期在一年以内的各项费用,用“长期待摊费用”账户核算。(　　)

6. 成本费用按经济内容分类,可划分为直接材料、直接工人和制造费用。(　　)

7. 直接生产费用能直接计入某种产品成本中。(　　)

8. 间接费用与间接生产费用含义相同。(　　)

9. 变动费用,就总额来说是随产量成本比例变动的,但就单位成本而言,是固定的。(　　)

10. 车间管理人员薪酬应归入“管理费用”账户中。(　　)

11. 间接生产费用是指需要分配计入产品成本的生产费用。(　　)

12. 直接费用是指可以直接计入某种产品成本的生产费用。(　　)

13. 由于原材料都是用于产品生产的,因此原材料都是直接生产费用。(　　)

14. 由于原材料都是用于产品生产的,因此原材料都是直接费用。(　　)

15. 要素费用反映企业在生产中发生了哪些费用,而成本项目反映这些费用到底用在了哪里。(　　)

16. 生产费用是产品成本形成的基础,产品成本则是生产费用的对象化。(　　)

17. 在实际工作中,某些不形成产品价值的损失,也可作为生产费用计入产品成本。(　　)

18. 直接生产费用都能直接计入产品成本。(　　)

19. 在只生产一种产品的工业企业或车间中，直接生产费用和间接生产费用都是直接计入费用。(　　)

20. 如果将生产经营管理费用误记为非生产经营管理费用，企业将虚增本期的利润。(　　)

21. 在成本核算中，应该正确划分完工产品与在产品的费用界限，防止任意提高或降低月末在产品费用，人为调节完工产品的成本。(　　)

22. 由于各生产企业的特殊性，因此国家并不统一规定各企业的成本开支范围。(　　)

四、简答题

1. 进行成本核算必须符合哪些要求?
2. 费用按不同的经济内容分为哪些类别?
3. 费用按经济用途是怎样分类的?
4. 成本核算应设置哪些账户? 它们分别核算什么内容?
5. 成本核算的一般程序是怎样的?
6. 为了保证成本核算的正确性，应做好哪些成本核算的基础工作?
7. 如何划分各种费用界限? 应注意避免哪些做法?

五、业务计算题

习题一

目的：练习成本费用的分类

资料：生产耗用原材料60 000元，辅助材料10 000元，燃料3 000元，水电费7 000元，生产工人薪酬20 000元，车间管理人员薪酬5 000元，车间办公费500元，电话费500元，购买生产设备借款利息20 000元。企业王会计将此费用分类如下：

生产经营管理费用 126 000元
生产费用　　　　100 000元
产品成本　　　　　5 000元
期间费用　　　　 21 000元

要求：请你用所学知识来评价王会计的分类是否正确，并说明理由。

习题二

目的：练习成本费用的分类及成本项目的划分

资料：某企业×月耗用从外部购进的原材料53 000元，辅助材料24 000元，周转材料3 000元。本期生产产品耗用外购材料50 000元，耗用自制材料10 000元，基本生产车间消耗材料15 000元。另本期发放职工薪酬40 000元，其中生产工人薪酬30 000元，基本生产车间管理人员薪酬5 000元，行政管理部门人员薪酬5 000元。

要求：(1) 计算生产费用要素：外购材料、职工薪酬的金额。
　　(2) 计算产品成本项目：原材料、职工薪酬、制造费用的金额。

习题三

目的：练习生产费用的划分

资料：某企业×月份发生费用如下：生产A产品耗用原材料10 000元，生产A、B产品共同耗用原材料30 000元，车间机器折旧费用3 000元，车间厂房折旧维修费用共7 000元，发放生产工人工资20 000元，其中生产A产品工人工资6 000元，车间管理人员工资5 000元，厂部管理人员工资10 000元。

要求：(1) 计算本期A产品直接费用；
　　(2) 计算本期直接生产费用。

第三章　生产费用的核算
——要素费用的核算

【内容提示】

本章主要介绍了生产费用，包括材料费用、人工费用、燃料和动力费用、折旧费用及其他费用。通过本章的学习，学生应该了解各项生产费用的构成内容，掌握生产费用的计算方法、账务处理等。

第一节　材料费用的核算

产品成本是以产品为对象归集生产费用的，其中既有材料的耗费、人工的耗费、燃料和动力的耗费，也有辅助生产部门提供产品或劳务的耗费，还有生产部门为组织和管理生产而发生的耗费等。这些费用构成了成本核算的主要内容。

一、材料的分类

材料是工业生产过程中的劳动对象，是工业生产过程中不可缺少的一个物质要素。凡在生产中直接取之于自然界的劳动对象(如各种矿石、原棉等)，都被称为原料；凡以经过工业加工的产品作为劳动对象的(如各种钢材等)，都被称为材料。在实际工作中把两者合并起来，称为原材料。

不同材料在产品生产过程中起的作用是不同的，有的经过加工后构成产品的主要实体，这种材料称为主要材料；其余各种材料，只在生产中起辅助的作用，称为辅助材料。材料按用途一般分为下列各类：

1. 原料及主要材料。它是指经过加工后构成产品盒要实体的各种原料和材料。例如，机械制造企业中使用的金属材料、炼铁企业中使用的矿石，以及纺织企业中使用的原棉和棉纱等。外购半成品对购入企业来说，同原材料一样都是劳动对象，在继续加工中构成产品的主要实体，因此也应列入此类。

2. 辅助材料。它是指在生产中不构成产品的主要实体，只起到一定的辅助作用的各种材料。它在生产中的作用是不同的，有的与产品主要材料相结合有助于产品的形成，如染料、漂白粉和油漆等；有的为劳动资料所消耗，如起润滑和防护作用的润滑油和防锈剂等；有的为正常劳动提供条件，如各种清洁用具和照明灯泡等。

3. 燃料。它是指在生产中用来燃烧发热的各种材料，包括固体燃料、液体燃料和气体燃料，如煤、汽油和注入容器的天然气等。燃料在生产中的作用不相同，有的直接用于工艺技术过程，如铸造车间用的燃料；有的用于生产动力，如发电车间用的燃料；有的用于一般用途，如取暖用的燃料等。

4. 修理用备件。它是指为修理本企业机器设备和运输工具所专用的各种备品、备件，如轴承、阀门等。修理用的一般零件属于辅助材料一类。

5. 包装材料。它是指为包装本企业产品，随同产品一起出售或者在销售产品时租给、借给购货单位使用的各种包装物品，如箱、桶、瓶、坛等。而对于各种包装用材料，如纸张、绳、铁丝等，不属于此类，应属于辅助材料一类。

在上述各类材料中，还可以再按其性能、技术特性和规格等标准进一步分类，以满足管理和核算的要求。

在实际工作中，对材料的日常核算可以采用实际成本计价，也可以采用计划成本计价。在材料的日常核算中，采用计划成本对材料进行计价，可以加速材料的计价和简化材料的日常核算工作，也可以剔除价格变动因素，考核车间、班组材料消耗情况；用材料实际成本与计划成本相比较的差异，反映供应部门的工作质量，能促进供应部门提高采购工作质量。

二、材料费用的计算

产品生产中消耗的各项材料物资的货币表现就是材料费用。材料费用是在消耗量与单位价格的基础上计算求得的，下面将分别介绍消耗量及其单位价格的计算。

（一）材料消耗量的计算

计算材料消耗量的方法有两种：

1. 连续记录法。它是指每次收入、发出材料时，根据原始凭证将其数量记入材料明细账，以其发出数量作为消耗量的方法。这是计算材料消耗量的基本方法，尤其对生产中消耗的主要材料更应采取这一方法。为了正确使用这种方法，必须建立完整的原始记录和计量验收制度，坚持材料收入和发出的凭证手续，并按规定程序及时传递，以便及时根据原始凭证记入材料明细账，提供材料消耗量，并计算出材料结存数量（期初结转量 + 本期收入量 − 本期发出量 = 期末结存量）。用账面结存数量同实物结存数量核对，可以检查材料保管工作的质量。

由于采用连续记录法，在明细账中能随时计算出结存数量，所以这种方法叫作永续盘存制。

目前，在实际工作中，基本上都是采用这种方法，虽在具体做法上有所差别，但道理是一致的。例如，有的企业把会计部门与材料库的明细账合并为一套，材料库负责数量核算，会计部门负责金额核算。为了保证核算质量，会计部门的材料会计员要定期到材料库进行稽核，并把材料收发凭证带回会计部门，根据账务处理与成本计算的要求，编制各种汇总表及分配表。这样，为成本计算所提供的材料消耗资料虽不是直接取之于账簿的，但是，通过同账簿之间的勾稽关系，同样保证了各种资料的准确性，这是符合连续记录法要求的。

2. 盘存计算法。盘存计算法也称以存计销法，是指当材料出库时不记录，而定期作实地盘存，将此盘存数量从结转数量与收入数量的合计中减去，以计算消耗数量的方法。其计算公式如下：

$$材料消耗量 = 期初结存 + 本期收入 - 期末结存$$

从上述公式可以看出，它是采用实地盘点结存数量倒轧消耗数量的方法，所以在会计核算中，又叫做实地盘存制。这种方法多在小型企业中采用，或者在其他企业对于某些大宗材料（如基本建设使用的砂石和一般企业使用的煤等）不便于随时办理领料手续的情况下，也可采用。采用这种方法计算消耗量，不能揭露盗窃、损坏和遗失的情况，而把短少的这部分原材料都包括在消耗量之中，显然不利于加强管理。因此，对于这种方法的采用，必须加以严格控制，对某些小型企业应从加强基础工作入手，加强材料出入库的监督检查；对一般企业中的大宗材料，应创造条件建立领料制度，一时做不到的亦应加强材料管理，防止盗窃等现象的发生。盘点工作的质量直接影响消耗量计算的准确程度，因此，应坚持定期(一般应每月盘点一次，当然对象不同，也应有所差别)盘点，并邀请有实际经验的人员参加，使盘存数额接近于实际。

(二)消耗材料的计价

材料的核算可以采用计划成本进行计价，在这种情况下，为满足计算产品实际成本的需要，应将材料的计划成本调整为实际成本。材料的核算按实际成本计价时，由于材料取得的来源和时间不同，即使是同一品种和规格的材料，其实际成本也很可能不一致，因此产生了消耗的材料应以什么价格计价的问题。在实际工作中，采用不同的方法解决这个问题，如可以采用先进先出法、加权平均法、移动加权平均法、个别认定法等。

1. 先进先出法。按先进先出法计算材料消耗价值时，在理论上是假定领用的材料是取自最先购入的批次，因而要按最先购入的成本价格计价(尽管实际领用的原材料不一定是先购入的)，这时处在储备状态中的材料的价值是按以后购进材料的价格计算的。材料明细分类账，如表3－1所示。

表3－1　材料明细分类账

品名:甲材料　(先进先出法)　计量单位:千克

××年		摘要	收入			发出			结存		
月	日		数量	单价	金额	数量	单价	金额	数量	单价	金额
×	1	期初存货							2 000	2.00	4 000
	9	购入	3 000	2.20	6 600				2 000 3 000	2.00 2.20	4 000 6 600
	15	发出				2 000 2 000	2.00 2.20	4 000 4 400	1 000	2.20	2 200
	18	购入	4 000	2.32	9 280				1 000 4 000	2.20 2.32	2 200 9 280
	24	发出				1 000 2 000	2.20 2.32	2 200 4 640	2 000	2.32	4 640
	29	购入	1 000	2.52	2 520				2 000 1 000	2.32 2.52	4 640 2 520
×	31	本期发生额及期末存货	8 000		18 400	7 000		15 240	2 000 1 000	2.32 2.52	4 640 2 520

采用这种方法，在材料明细账中要逐笔登记每批材料的收、发情况。当发出材料时，要在明细账中找出该发出材料应该采用的单价，以此单价为标准在发料凭证中计价，并逐笔登

记材料明细账的发出栏和结存栏。同一批发出材料，如属于两批购入的，且单价又不同时，应按两种单价计价。

例如，表3－1中第一次发出材料4 000千克，其中2 000千克按期初单价2元计价，另2 000千克按第一批购入的单价2.20元计价。由此可见，采用这种方法核算手续比较繁琐，但它可以减少月末结算的工作量，有助于加快月末结账速度。

2. 加权平均法。它是指以数量为权数计算每种材料的实际平均单价，作为发出料计价标准的方法。

采用这种方法计算每种材料的实际平均单价时，如每次收料单价有变动，就会影响材料的实际平均单价，因而就应计算一次，这样的加权平均法叫移动加权平均法。其计算公式如下：

$$材料实际平均单价=\frac{变动前结存材料的实际成本+本批收入材料的实际成本}{变动前结存材料数量+本批收入材料数量}$$

仍以表3－1的案例说明，如表3－2所示。

表3－2　　材料明细分类账

（移动加权平均法）

品名：甲材料　　计量单位：千克

××年		摘要	收入			发出			结存		
月	日		数量	单价	金额	数量	单价	金额	数量	单价	金额
××	1	期初存货							2 000	2.00	4 000
	9	购入	3 000	2.20	6 600				5 000	2.12	10 600
	15	发出				4 000	2.12	8 480	1 000	2.12	2 120
	18	购入	4 000	2.32	9 280				5 000	2.28	11 400
	24	发出				3 000	2.28	6 840	2 000	2.28	4 560
	29	购入	1 000	2.52	2 520				3 000	2.36	7 080
××	31	本期发生额及期末存货	8 000		18 400	7 000		15 320	3 000	2.36	7 080

采用移动加权平均法，平时可以取得材料的发出金额和结存金额资料，并且可以把材料的计价工作分散在平时进行，有助于加快月末结账速度。但是，这种方法的计算工作量大，因此在实际工作中为了简化核算工作，一般都是采用在月末一次计算的总平均。其计算公式如下：

$$材料实际平均单价=\frac{月初结存材料实际成本+本月收入材料实际成本}{月初结存材料数量+本月收入材料数量}$$

仍以上例说明，如表3－3所示。

表3－3　　材料明细分类账

品名:甲材料　　（全月一次加权平均法）　　计量单位:千克

××年		摘要	收入			发出			结存		
月	日		数量	单价	金额	数量	单价	金额	数量	单价	金额
×	1	期初存货							2 000	2.00	4 000
	9	购入	3 000	2.20	6 600				5 000		
	15	发出				4 000			1 000		
	18	购入	4 000	2.32	9 280				5 000		
	24	发出				3 000			2 000		
	29	购入	1 000	2.52	2 520				3 000		
	31	本期发生额及期末存货	8 000		18 400	7 000	2.24	15 680	3 000	2.24	6 720

采用这种方法，计算比较简便，运用比较方便，在实地盘存制和永续盘存制下都可以应用。但是，它所计算的加权平均单位成本与实际成本相比，一般会存在一定的差距，尤其在市价波动较大的情况下，这种差距会比较明显。

3. 个别认定法。它是指区别每批发出材料和每次发出材料后库存材料所属的购料批别，分别按所属批次材料的成本价格计价的方法。

该方法适用于材料整批购入、整批发出，或整批购入、分批发出，并能分清批次的材料。这种方法的特点是，要分别辨认发出材料和库存材料的所属批次，但是这项辨认工作是困难的，而且还可能导致企业随意选用较高或较低价格计价而背离实际情况的现象发生。

三、材料费用的核算

（一）材料采购的核算

企业生产所需的材料主要是通过采购业务活动取得的，也有部分材料是自制的。为使生产所需材料能适时、适量地得到供应，与供货单位签订供货合同是必要的，它是保持合理的材料库存的重要条件。

仓库保管员应注意保持各种材料储备在规定范围以内，对接近或低于最低储备量的材料，应及时向供应部门提交“材料请购单”。采购人员根据“材料请购单”（或其他方式得到购料通知）组织进货，并办理货款的结算业务。仓库根据收料凭证和发货票验收材料，财会部门根据上述凭证进行核算。

为了核算企业库存的原料及主要材料、辅助材料、外购半成品、修理用备件、包装材料、燃料等项内容，要设置“原材料”账户。该账户属于资产类账户，借方登记入库数额，贷方登记出库数额，期末余额在借方，表示库存结存数。

1. 材料按实际成本计价的核算。它是指每种材料的采购、收发与结存的总分类核算与其明细分类核算均按实际成本进行计价的核算方法。

为了核算和监督材料采购、收发和结存情况，在按实际成本计价进行材料核算的情况下，还需要设置"在途物资"账户。

"在途物资"账户属于资产类账户，用以核算企业已经付款或已经取得材料所有权，但尚未验收入库的在途物质的实际成本。其借方登记支付的材料价款及运杂费等，贷方登记验收入库材料的实际成本，期末余额在借方，表示在途物质的实际成本。本账户下可按供货单位设置明细分类账户进行明细分类核算。

例如，企业购入甲材料 3 000 千克，单价 2.20 元，增值税税率 17%，以银行存款支付。根据有关凭证，编制会计分录如下：

①支付货款时：

借：在途物资　　6 600

　　应交税费——应交增值税——进项税额　　1 122

　　贷：银行存款　　7 722

②材料入库时：

借：原材料　　6 600

　　贷：在途物资　　6 600

2. 材料按计划成本计价的核算。它是指每种材料的采购、收发与结存的总分类核算与其明细分类核算均按计划成本进行计价的核算方法。材料的实际成本与计划成本的差异，则单独组织核算。

材料按计划成本计价的总分类核算与按实际成本计价核算一样，要设置"原材料"、"周转材料"等账户，这些账户均应按计划成本登记，即按计划成本核算企业库存的全部材料。由于材料的计划成本与实际成本之间存在差异，为了正确结算成本和考核采购业务成果，需要设置"材料采购"与"材料成本差异"两个账户，不再设"在途物资"账户。

"材料采购"账户属于资产类账户，用以核算企业购入材料的采购成本，考核采购业务的经营成果。它的借方登记材料采购的实际成本，贷方登记验收入库材料的实际成本，期末余额在借方，表示已经支付货款但尚未验收入库的在途材料的实际采购成本。该账户应按材料品种设置明细账户进行明细分类核算。

"材料成本差异"账户属于资产类账户，用以核算企业各种材料的实际成本与计划成本的差异额。它的借方登记材料实际成本大于计划成本的超支差异额，贷方登记材料实际成本小于计划成本的节约差异额以及发出材料应负担的材料成本差异的结转数(结转超支差异用蓝字，结转节约差异则用红字)，期末余额如在借方，表示库存材料等实际成本大于计划成本的差异额；期末余额如在贷方，表示库存材料等实际成本小于计划成本的差异额。该账户应分别原材料等不同存货按照类别和品种设置明细账户进行明细分类核算。

仍以上例说明如下，假设该甲材料计划单价为 2 元，则编制会计分录如下：

①支付货款时：

借：材料采购　　6 600

　　应交税费——应交增值税——进项税额　　1 122

　　贷：银行存款　　7 722

②材料入库时：

借:原材料　　　　6 000
　材料成本差异　　　　600
　　贷:材料采购　　　　6 600

(二)材料出库的核算

生产领用材料要办理凭证手续，领用材料的凭证一般有领料单、限额领料单和领料登记表等。

领料单是一次使用有效的凭证，每领一次材料填写一份。对于没有材料消耗定额或不经常领用的材料，可以采用领料单办理领料手续。

领料单一般采用一单一料制，由领料单位填写一式三联，其中一联留领料单位备查，其余两联办完领、发料手续后，据以进行材料发出核算和计算材料费用。

对于经常使用并有材料消耗定额的材料，一般采用限额领料单办理领料手续。限额领料单是多次使用有效的凭证，只要在有效期(一般为 1 个月)内领用限额内的材料的，可以连续使用。

限额领料单一般是由生产计划部门或供应部门，根据生产计划和材料消耗定额等资料套写编制的。它是仓库和车间按计划限额控制发料、领料的一种凭证，因此，它必须分别按各种材料和用途来编制，交由发料仓库和领料车间据以办理领发材料手续，月末给出实发数量和金额，以此进行发出材料核算和计算材料费用。

对于生产车间、班组常用的消耗材料，不便于采用上述凭证进行核算的，可采用领料登记表办理领料手续。领料登记表也是一种多次使用有效(一般为 1 个月)的凭证，一般采用一单一料制。

为生产产品所需用的材料，在办理上述凭证手续，领用到车间或部门后，月末若全部被消耗没有剩余材料时，相关人员将这些凭证上登记的数额予以汇总，即可确定材料消耗数量。材料消耗数量以货币表现的消费额即为材料费用;如果月末有剩余材料，应办理退料手续。对于下月不再使用的材料，应填制退料单将材料退回仓库;对于下月继续使用的材料，可办理假退料手续，即填制本月的退料单与下月的领料单，交仓库办理一退一领手续，材料并不退回仓库。

在生产过程中耗用的各项材料，应根据审核无误的领料凭证，按照耗用材料的不同用途归类，并据以记入“生产成本”、“制造费用”或期间费用类账户。

记入“生产成本”账户中“直接材料”成本项目的材料费用，按照产品耗用材料的具体方式不同，又分为直接耗用材料和共同耗用材料两种。

第一，直接耗用材料。它是指能根据领料凭证直接区分出由某种产品或由几种产品分别耗用的材料。因此，这类材料可以直接根据审核后的领料凭证汇总计算出来，并记入有关成本费用账户。

例如，某企业生产 A、B 两种产品。本月 A、B 产品分别直接领用甲、乙两种原材料。有关资料，如表 3 - 4 所示。

表 3－4 **发料凭证汇总表**

某企业 ××××年××月 金额单位:元

应借账户		应贷账户		
		甲材料	乙材料	合计
生产成本——基本生产成本	A 产品	56 000	19 800	75 800
	B 产品	33 600	2 000	35 600
	小计	89 600	21 800	111 400
生产成本——辅助生产成本	机修	3 360	1 200	4 560
	供水		1 600	1 600
	小计	3 360	2 800	6 160
制造费用		1 760		1 760
管理费用		2 400	1 200	3 600
销售费用		1 960		1 960
合计		99 080	25 800	124 880

根据发料凭证汇总表，编制会计分录如下：

借:生产成本——基本生产成本——A 产品　　75 800
　　　　　　　　　　　　　——B 产品　　35 600
　　　　　——辅助生产成本——机修　　4 560
　　　　　　　　　　　　　——供水　　1 600
　制造费用　　1 760
　管理费用　　3 600
　销售费用　　1 960
　贷:原材料——甲材料　　99 080
　　　　　——乙材料　　25 800

第二，共同耗用材料。它是指由几种产品共同耗用，而不能直接区分应由哪一种产品耗用的材料。对于共同耗用的材料，应当选择合理、简便的分配方法，将其分配计入有关产品成本中。

共同耗用材料的常用分配方法，有按产品数量比例分配法、按材料定额耗用量分配法、按产品产量(或重量)分配法、按材料定额费用分配法等。

1. 按产品数量比例分配法。这种方法一般适用于消耗的材料、燃料与产品数量成正比例变化关系的情况。其计算公式如下：

材料耗用量分配率 = 共同耗用的材料总量 ÷ 各种产品产量之和

某产品应负担材料费用 = 该产品产量 × 材料耗用量分配率 × 材料单价

例如，某企业生产 A、B 两种产品，共耗用乙材料 1 360 千克，每千克单价 1.50 元，合计 2 040 元。本月生产 A 产品 520 件，B 产品 480 件。两种产品的单件耗用量相同。

材料耗用量分配率 = 1 360 ÷ (520 + 480) = 1.36

A 产品应负担材料费用 = 520 × 1.36 × 1.50 = 1 060.80(元)

B 产品应负担材料费用 = 480 × 1.36 × 1.50 = 979.20(元)

2. 按材料定额耗用量分配法。材料定额消耗量是指在一定产量下按照材料的消耗定额计算的可以消耗的数量，其中材料消耗定额是指单位产品可以消耗的材料限额。计算分配程序是:第一，计算各种原材料定额消耗量;第二，计算单位原材料定额消耗量应分配的原材料实际消耗量(即原材料消耗量分配率);第三，计算出各种产品应分配的原材料实际消耗量;第四，计算出各种产品应分配的原材料实际费用。这种分配方法一般适用于企业已建立了健全的定额管理制度，各项材料、燃料消耗均有消耗定额的情况。其计算公式如下:

①某种产品原材料定额消耗量 = 该产品实际产量 × 单位产品原材料消耗定额

②原材料消耗量分配率 = 实际共同耗用原材料总和 ÷ 各种产品原材料定额耗用量之和

③某产品应分配原材料消耗量 = 该产品原材料定额消耗量 × 原材料消耗量分配率

④某产品应分配原材料费用 = 该产品应分配原材料消耗量 × 材料单价

例如，某企业生产 A、B 两种产品。其中，本月生产 A 产品 520 件，B 产品 480 件。本月直接领用材料情况如表 3 – 5 所示。另外，两种产品共同耗用材料 30 000 千克，单价 0.80 元，合计金额 24 000 元。A 产品每件定额消耗 75 千克，B 产品每件定额消耗 43.75 千克。计算分配如下:

① A 产品定额消耗量 = 520 × 75 = 39 000(千克)

B 产品定额消耗量 = 480 × 43.75 = 21 000(千克)

② 原材料消耗量分配率 = 30 000 ÷ (39 000 + 21 000) = 0.50

A 产品应分配原材料消耗量 = 39 000 × 0.5 = 19 500(千克)

B 产品应分配原材料消耗量 = 21 000 × 0.5 = 10 500(千克)

③ A 产品应分配原材料费用 = 19 500 × 0.80 = 15 600(元)

B 产品应分配原材料费用 = 10 500 × 0.80 = 8 400(元)

在实际工作中，材料费用分配是通过编制材料费用的分配表进行的。该表根据审核后的领、退料凭证，并按领用部门、车间编制。根据前例编制的材料费用分配表，如表 3 – 5 所示。

表 3 – 5　材料费用分配表

某企业　　××××年××月　　金额单位:元

应借账户		成本项目	产品产量	原材料费用				
				直接计入	分配计入			合计
					定额消耗量	分配消耗量	分配金额	
生产成本——基本生产成本	A 产品	直接材料	520	75 800	39 000	19 500	15 600	91 400
	B 产品	直接材料	480	35 600	21 000	10 500	8 400	44 000
	小计			111 400	60 000	30 000	24 000	135 400
生产成本——辅助生产成本	机修			4 560				4 560
	供水			1 600				1 600
	小计			6 160				6 160
制造费用				1 760				1 760
管理费用				3 600				3 600
销售费用				1 960				1 960
合 计				124 880			24 000	148 880

根据材料费用分配表，编制会计分录如下：

借:生产成本——基本生产成本——A 产品	91 400	
——B 产品	44 000	
——辅助生产成本——机修	4 560	
——供水	1 600	
制造费用	1 760	
管理费用	3 600	
销售费用	1 960	
贷:原材料——甲材料		148 880

采用这种分配方法，可以考核材料消耗定额的执行情况，有利于进行材料消耗的实物管理，但分配计算工作量大。为了简化分配计算工作量，也可以直接按材料定额消耗量分配材料费用。分配计算公式如下：

$$原材料费用分配率=\frac{原材料费用总额}{各种产品材料定额消耗量\times原材料费用分配率}$$

某产品应分配原材料费用＝该产品原材料定额消耗量×原材料费用分配率

仍以上例为例，计算分配如下：

①各种产品原材料定额消耗量(同上例)。

②原材料费用分配率 $=\frac{30000\times0.8}{39000+21000}=0.40$

③A 产品应分配原材料费用＝39 000×0.40＝15 600(元)

B 产品应分配原材料费用＝21 000×0.40＝8 400(元)

上述两种方法计算结果相同，但后一种方法不能反映各种产品所应负担的原材料消耗总量，不利于加强原材料消耗的实物管理。

3. 按材料定额费用比例法。在企业生产多种产品或多种产品共同耗用原材料种类较多的情况下，也可以按照各种材料的定额费用的比例来分配材料实际费用。其计算公式如下：

$$\begin{aligned}\begin{matrix}某种产品某种\\材料的定额费用\end{matrix}&=\begin{matrix}该种产品\\实际产量\end{matrix}\times\begin{matrix}单位产品该种\\材料费用定额\end{matrix}\\&=\begin{matrix}该种产品\\实际产量\end{matrix}\times\begin{matrix}单位产品该种\\材料消耗定额\end{matrix}\times\begin{matrix}该种材料\\计划单价\end{matrix}\end{aligned}$$

$$原材料费用分配率=\frac{各种产品原材料实际费用总额}{各种产品原材料定额费用总额}$$

$$\begin{matrix}某种产品应分配\\的实际原材料费用\end{matrix}=\begin{matrix}该种产品 原\\材料定额费用\end{matrix}\times\begin{matrix}原材料费\\用分配率\end{matrix}$$

例如，某企业生产甲、乙两种产品，共同领用 A、B 两种主要材料，共计 37 620 千克。本月投产甲产品 150 件，乙产品 120 件。甲产品材料消耗定额为 A 材料 6 千克，B 材料 8 千克；乙产品材料消耗定额为 A 材料 9 千克，B 材料 5 千克。A 材料单价 10 元，B 材料单价 8 元。计算分配如下：

甲产品材料定额费用 = 150 × (6 × 10 + 8 × 8) = 18 600(元)

乙产品材料定额费用 = 120 × (9 × 10 + 5 × 8) = 15 600(元)

材料费用分配率 = 37 620/(18 600 + 15 600) = 1.1

甲产品应分配原材料实际费用 = 18 600 × 1.1 = 20 460(元)

乙产品应分配原材料实际费用 = 15 600 × 1.1 = 17 160(元)

以上关于直接材料的归集和分配，是按实际成本计算的。如果企业的材料是按计划成本核算的，应先按计划成本归集和分配，然后计算出材料成本差异率和发出材料应分摊的差异额，并将各成本账户和期间费用的计划成本调整为实际成本。

第二节　人工费用的核算

人工费用即职工薪酬，是指企业为获得职工提供的服务而给予各种形式的报酬以及其他相关支出。职工薪酬是企业的一项费用，是产品成本的重要组成部分，职工薪酬的多少，不仅关系到职工的切身利益，而且反映着企业劳动生产率的高低，直接影响着产品成本和费用水平。因此，搞好人工费用核算、严格控制职工薪酬、防止超支，对于正确计算产品成本、促进企业不断改进生产技术和劳动组织、降低产品成本和节约费用有着重要的意义。

人工费用的主要内容有：

(1)职工工资、奖金、津贴和补贴。

(2)职工福利费。

(3)医疗保险费、养老保险费、失业保险费、工伤保险费和生育保险费等社会保险费。

(4)住房公积金。

(5)工会经费和职工教育经费。

(6)非货币性福利。

(7)因解除与职工的劳动关系给予的补偿。

(8)其他与获得职工提供的服务相关的支出。

对于货币性职工薪酬，国家规定了计提基础和计提比例的，企业应当按照国家规定的标准计提；没有规定计提基础和计提比例的，企业应当根据历史经验数据和实际情况，合理预计当期应付职工薪酬。当期实际发生金额大于预计金额的，应当补提应付职工薪酬；工资按计入成本的费用项目不同分类。当期实际发生金额小于预计金额的，应当冲回多提的应付职工薪酬。

对于在职工提供服务的会计期末后 1 年以上到期的应付职工薪酬，企业应当选择恰当的折现率，以应付职工薪酬折现后的金额计入相关资产成本或当期损益；应付职工薪酬金额与其折现后金额相差不大的，也可按照未折现金额计入相关资产成本或当期损益。

企业以其自产产品作为非货币性福利发放给职工的，应当根据受益对象，按照该产品的公允价值，计入相关资产成本或当期损益，同时确认应付职工薪酬。

一、工资费用的内容

工资是企业使用职工的知识、技能、时间而给予职工的一种补偿(报酬)。

（一）工资按内容不同分类

为了统一工资的计划、统计和核算工作，正确计算工资总额，国家对工资总额的组成内容作了统一规定。工资总额的具体内容包括以下部分：

(1)计时工资。它是指按照计时工资标准(包括地区生活费补贴)和工作时间支付给职工的劳动报酬。

(2)计件工资。它是指对已做工作按计件单价支付的劳动报酬。计件工资按照支付对象的不同，可分为个人计件和集体计件。

(3)奖金。它是指支付给职工的超额劳动报酬和增收节支的劳动报酬。包括生产奖、节约奖、劳动竞赛奖和其他奖金。

(4)津贴和补贴。它是指为了补偿职工特殊或额外的劳动消耗和因其他特殊原因支付给职工的津贴，以及为了保证职工工资水平不受物价变化影响而支付给职工的物价补贴。

津贴包括补偿职工特殊或额外劳动消耗的津贴、保健性津贴、技术性津贴及其他津贴。

物价补贴包括为保证职工工资水平不受物价上涨或变动影响而支付的各种津贴。

(5)加班加点工资。它是指按规定支付的加班工资和加点工资。

(6)特殊情况下支付的工资。它包括两部分：一为根据国家法律、法规和政策规定，因病假、工伤、产假、计划生育假、婚丧假、事假、探亲假、定期休假、停工学习、执行国家或社会义务等原因按计时工资标准或计件工资标准的一定比例支付的工资。二为附加工资、保留工资。

对于支付给职工但不属于工资性的支出，则不列入工资费用内容之中。例如，创造发明奖、自然科学奖、科学技术进步奖、合理化建议和技术改进奖；稿费、讲课费及其他专门工作报酬；劳动保护的各项支出；出差伙食补助费等，就属于不应列入工资费用内容之中的支出。

(二)工资按计入成本的费用项目不同分类

企业在产品生产经营中发生的工资费用，是构成产品成本的重要部分。

企业职工在产品生产中起着不同的作用，有的是从事产品直接生产的工人，有的是为产品生产提供服务的工人，有的是为产品正常生产经营履行管理职能的管理人员。由于他们在生产中起着不同的作用，因而支付给不同人员的工资额，在成本计算中有不同的处理方法。

对于直接支付给从事产品生产的工人的工资额，由于同产品生产直接发生关系，因此应以“直接人工”成本项目计入产品制造成本。对于支付给其他人员的工资额，由于它不同产品生产发生直接联系，在性质上有别于直接从事产品生产的工人工资，因此，不包括在产品成本中的“直接人工”成本项目之中，而是根据人员所属部门，以“工资”明细费用项目计入部门费用之中。如生产车间管理人员的工资，以“工资”明细费用项目记入“制造费用”账户中。

工资费用的大部分应计入产品成本和经营管理费用，但也有一些工资费用不是如此，例如，生活福利部门人员的工资，是职工福利费用的一部分，应作为应付职工薪酬——职工福利开支，而不应计入产品成本或经营管理费用。

二、工资费用的计算

(一)工资费用的原始记录

进行工资费用核算，必须有一定的原始记录作为依据。不同的工资制度所依据的原始记录不同。计算计时工资费用，应以考勤记录中的工作时间记录为依据；计算计件工资费用，应以产量记录中的产品数量和质量记录为依据。因此，考勤记录和产量记录是工资费用核算的主要原始记录。

1. 考勤记录。它是登记出勤和缺勤时间和情况的原始记录。认真进行考勤记录，不仅可以为计算计时工资费用提供正确的依据，而且对于进行劳动管理、加强劳动纪律、提高出勤率和工时利用率，从而提高劳动生产率，也有重要作用。

在考勤记录中，应该登记企业内部每一单位、每一职工的出勤和缺勤的时间，并对这些时间进行归类分析。考勤记录一般采用考勤簿的形式。

考勤簿应该按照车间、生产小组和部门分别设置，根据各单位在册人员的编号、姓名分别逐日登记，月末对月内出勤情况和缺勤原因进行归类汇总登记。各单位如有职工录用、内部调动或调离出厂，应根据人事部门的通知，在考勤簿中进行人员变动的记录。生产小组的考勤簿一般由负责考勤的工人在车间专职人员指导下进行登记；车间管理人员考勤簿的登记和车间职工考勤记录的汇总，应由车间专职考勤人员或工资核算人员进行；各部门的考勤簿则由该部门指定专人负责登记。

考勤记录也可采用考勤卡片形式。考勤卡片按职工分别设立，每人每年或每月 1 张，在年初、月初或职工录用、调入时设立。在人员发生变动时，应该根据人事部门的通知，将卡片在内部单位之间进行转移或注销。考勤卡片的登记项目与考勤簿相同。如果企业或车间安装了自动计时的考勤钟，职工上下班时，只要将卡片插入考勤钟内，考勤钟就会自动在卡片中打印出上下班的时间。

月末，考勤人员应该将经过车间、部门负责人检查、签章以后的考勤记录，送交会计部门审核。经过会计部门审核的考勤记录，即可据以计算每一职工的工资；根据出勤或缺勤日数，计算应发的计时工资；根据夜班次数和加班加点时数，计算夜班津贴和加班加点工资；根据病假日数计算病假工资；等等。

2. 产量记录。它是登记工人或生产小组在出勤时间内完成产品的数量、质量和生产产品所用工时数量的原始记录。认真做好产量记录，不仅可以为计算计件工资费用提供正确的依据，而且还为在各种产品之间分配与工时有关的费用提供合理的依据。由于在产量记录中不仅登记有实物产量和实用工时，而且登记有每件产品的工时消耗定额和按实物产量、工时定额计算的定额工时，因而它还是统计每种产品实物产量和各种产品按定额工时反映的综合产量的依据，是监督生产作业计划和工时定额执行情况的依据，从而也是考核劳动生产率水平的重要依据。因此，每一个工业企业，除了做好各单位的考勤记录以外，在生产车间中，还应做好产量记录。

在各种工业企业，甚至在同一企业的各个车间中，产量记录的内容和格式由于生产特点和劳动组织不同而不同。一般应该包括的内容是：产品、作业或订单的名称和编号；生产车间、小组的名称；操作工人的编号和姓名；所用机器设备的名称和编号；收到加工的材料、毛坯或零件的名称、编号和数量；完成的合格品和废品的数量；实用工时和定额工时等。此外，还应包括计件单价、合格品的计件工资，以及不是由于工人过失而产生的废品的废品工资。

会计部门应该对产量记录进行审核。经过审核的产量记录，即可作为计算计件工资的依据。

会计部门应根据记录提供的每个工人或小组的合格产品产量和料废数量，按照计件单价计算每一工人或小组的计件工资。工废是因工人操作造成的，不计算计件工资。计件工资可以按产品产量和计件单价计算，也可以按工人或小组完成的定额工时和该等级工人的小时工资率计算。

会计部门应根据记录提供的各种产品的计件工资额，计算各种产品成本中的工资费用。

（二）工资的计算

计算工资并按其用途分配工资费用是工资费用核算的主要内容。工业企业可以根据具体情况采用各种不同的工资制度，其中最基本的工资制度是计时工资制度和计件工资制度。

1. 计时工资的计算。计时工资是根据考勤记录登记的每一职工出勤或缺勤日数，按照规定的工资标准计算的。工资标准按其计算的时间不同，有按月计算的月薪，按日计算的日薪或按小时计算的小时工资，企业固定职工的计时工资一般按月薪计算；临时职工的计时工资大多按日薪计算，也有按小时工资计算的。采用月薪制，不论月日历日数是多少，每月的标准工资相同。为了按照职工出勤或缺勤日数计算应付的月工资，还应根据月工资标准计算日工资率，即每日平均工资。采用日薪制，每日工作时数为 8 小时。如果有出勤不满 8 小时的情况，还应根据日标准工资计算小时工资率，即每小时平均工资。下面着重讲述月薪制计时工资的计算方法。

采用月薪制计算应付工资，由于各月日历日数不同，有的月份 30 日，有的月份 31 日，2 月份则只有 28 日或 29 日，因而同一职工各月的日工资率不尽相同。在实际工作中，为了简化日工资的计算工作，日工资率一般按以下两种方法之一计算：

一是每月固定按 30 日计算，以月工资标准除以 30 日，算出每月的日工资率。

一是每月固定按年日历日数 365 日减去 104 个双休日和 11 个法定节假日，再除以 20.83 个月算出的平均工作日数 20.83 日计算，以月工资标准除以 20.83 日算出每月的日工资率。此外，应付的月工资，可以按日工资率乘以出勤日数计算，也可以按月工资标准扣除缺勤工资（即日工资率乘以缺勤日数）计算。

综上所述，应付月工资一般有四种计算方法：

①按 30 日计算日工资率，按缺勤日数扣月工资；

②按 30 日计算日工资率，按出勤日数计算月工资；

③按 20.83 日计算日工资率，按缺勤日数扣月工资；

④按 20.83 日计算日工资率，按出勤日数计算月工资。采用哪一种方法，由企业自行确定，确定以后，不应任意变动。

在按 30 日计算日工资率的企业中，由于节假日也算工资，因而出勤期间的节假日，也按出勤日算工资。事假、病假等缺勤期间的节假日，也按缺勤日扣工资。在按 20.83 日计算日工资率的企业中，节假日，不算、不扣工资。

例如，某工业企业某工人的月工资标准为 630 元。10 月份共 31 日，该工人病假 3 日、事假 2 日、星期休假 9 日、出勤 17 日。根据该工人的工龄，其病假工资按工资标准的 90% 计算。该工人的病假和事假期间没有节假日。按上述四种方法分别计算该工人 10 月份的标准工资如下：

①按 30 日计算日工资率，按缺勤日数扣月工资：

日工资率 = 630/30 = 21（元）

应扣缺勤病假工资 = 21 × 3 ×（1 − 90%）= 6.30（元）

应扣缺勤事假工资 = 21 × 2 = 42（元）

应付工资 = 630 − 6.30 − 42 = 581.70（元）

②按 30 日计算日工资率，按出勤日数计算月工资：

应算出勤工资 = 21 × (17 + 9) = 546(元)

应算病假工资 = 213 × 90% = 56.70(元)

应付工资 = 546 + 56.70 = 602.70(元)

③按 20.83 日计算日工资率，按缺勤日数扣月工资：

日工资率 = 630/20.83 = 30.24(元)

应扣缺勤病假工资 = 30.24 × 3 × (1 − 90%) = 9.07(元)

应扣缺勤事假工资 = 30.24 × 2 = 60.48(元)

应付工资 = 630 − 9.07 − 60.48 = 560.45(元)

④按 20.83 日计算日工资率，按出勤日数计算月工资：

应算出勤工资 = 30.24 × 17 = 514.08(元)

应算病假工资 = 30.24 × 3 × 90% = 81.65(元)

应付工资 = 514.08 + 81.65 = 595.73(元)

从以上四种计算方法的举例中，可以看出，在按30日计算日工资率的情况下，按出勤日数计算月工资比按缺勤日数扣月工资多计算21(602.70 − 581.70)元，即多计算1日的工资。这是由于该月日历日数是31日，大于作为日工资率计算依据的日数(30日)1日。日历日数是30日的月份，两者计算结果应相同。

此外，还可以看出，在按20.83日计算日工资率的情况下，按出勤日数计算月工资比按缺勤日数扣月工资多算35.28(595.73 − 560.45)元：多算1.17(35.28 ÷ 30.24)日的工资。这是因为，该月的法定工作日数是22(31 − 9)日。按出勤日数计算月工资，是以法定工作日数(上例为出勤17日、病假3日、事假2日，共22日)为基础的，而按缺勤日数扣月工资，是以20.83日(月标准工资630元为20.83日与日工资率的乘积)为基础的，两者相差1.17(22 − 20.83)日工资额。由于每月的法定工作日数都是整数，而作为日工资率计算依据的日数都有小数，因此，在按20.83日计算日工资率的情况下，按出勤日期计算月工资与按缺勤日数扣月工资，两者的计算结果不论在哪一个月份都会有所不同。上述四种计算计时工资的方法各有利弊。但按20.83日计算日工资率，因节假日不算工资，所以更能体现按劳分配的原则，而且职工缺勤日数总比出勤日数少，计算缺勤工资也总比计算出勤工资简便。因此，其中按20.83日计算日工资率、按缺勤扣月工资的方法，相对来说比较好一此。

2. 计件工资的计算。计件工资是根据产量记录登记的实际合格品数量，乘以规定的计件单价计算求得的。其计算公式如下：

应付计件工资 = 计件单价 × 合格品数量

不是由于工人的过失而产生的废品，应按计件单价支付工资。

例如，6月5日，车工李明加工甲零件2个，计件单价3.00元；乙零件6个，计件单价为1.50元，验收时发现乙零件中不应支付工资的废品(工废)1个，应该支付工资的废品(料废)1个，合格品为4个，应付工资可计算如下：

2 × 3.00 + 5 × 1.50 = 13.50(元)

有时，工人在月份内从事很多计件单价不同的产品的生产工作，为简化计算手续，可将月份内完成的各项工作折算成定额工时，然后乘以小时工资率求得应付计件工资。

例如，张利月份内完成甲零件200件，每件定额工时为30分；乙零件300件，每件定额工时为20分，该工人小时工资率为2.612元，应得的计件工资计算如下：

完成定额工时 =（200 ×30 +300 ×20）/60 =200（时）

应付计件工资 =2.612 ×200 =522.40（元）

如果是采用集体计件工资制，由于每个工人的工资等级和实际工作时间不同，除按全体产量计算应付计件工资外，还应采取一定的方法，将集体计件工资分配给每个工人。

例如，甲、乙、丙三个工人集体完成某项工作，根据产量记录计算全月三个工人共得计件工资 2 520 元，计件工资分配表，如表 3 -6 所示。

表 3 -6 计件工资分配表

工人姓名	等级	实际工作时数	小时工资率	计时工资	计件工资与计时工资比例	计件工资
（1）	（2）	（3）	（4）	（5）=（3）×（4）	（6）	（7）=（5）×（6）
甲	2	200	1.90	380.00		878.56
乙	2	100	1.90	190.00	2 520/1 090 =2.312	439.20
丙	4	200	2.60	520.00		1 202.24
合计				1 090.00		2 520.00

3. 奖金的计算。奖金应根据奖励标准计算支付。如目前有的企业采用“百分计奖”的办法计算应付的奖金，是一种贯彻按劳分配、多劳多得原则的好形式。

4. 津贴和补贴的计算。津贴和补贴应严格遵守国家有关规定计算发放。

5. 加班加点工资的计算。加班加点工资应根据企业的安排按国家规定标准计算支付。

6. 特殊情况下工资的计算。根据国家劳动保险条例的规定，在职工因病或非因公负伤治疗期间，应根据其工龄的长短按不同的标准支付病假工资；对于职工产假、探亲假期间的工资，应按标准工资金额计算。

工资计算出来后，再根据有关部门转来的各种“扣款通知单”，减去各种代扣款项后的余额，就是每个职工当月份的实际工资。其计算公式如下：

应发工资 =应付计时或计件工资 +应付奖金 +各项津贴和补贴 +加班加点工资 +特殊情况下的工资

实发工资 =应发工资 -各项扣款

企业为了办理工资结算业务，一般要编制“职工工资单”（或称工资结算单），它是由车间或财会部门根据工资原始记录按月编制的。

财会部门根据各单位报来经职工领取签章后的“职工工资单”，汇总编制“工资结算汇总表”。

三、工资费用的核算

企业职工的工资，应根据企业的考勤记录、工时记录、产量记录等原始凭证，按照规定的工资标准和工资形式以及有关奖励、津贴规定，计算每一职工的应付工资。对于直接从事产品生产的职工工资，应作为“直接人工”项目直接计入产品生产成本；对于其他各类人员的工资，应按地点及用途分别归类，将车间管理人员的工资、企业行政管理人员的工资、销售机构人员的工资等分别记入“制造费用”、“管理费用”、“销售费用”等账户中。

对于直接工资，凡是能够直接认定为某种产品耗用的，应直接计入该产品成本中；如果不能直接认定，属几种产品共同耗用的，则应采用合理的方法（如生产工时比例法、定额工时比例法等）分配计入各产品成本。如果实行计件工资制度，其中计件工资部分属于直接计入费用，应根据工资结算凭证直接计入有关产品成本。不能直接计入的奖金、津贴和补贴以及特殊情况下支付的工资等，应根据直接计入的工资比例或生产工时比例分配计入各有关产品成本。如果实行计时工资制度，而工人只生产一种产品，则生产工人工资及福利费可全部直接计入该产品成本；如果工人同时生产几种产品，则必须在各种产品之间分配工资费用及福利费。

按生产工时比例分配的计算公式如下：

生产工人工资分配率＝生产工人工资总额÷各种产品实际（定额）工时之和

某种产品应分配工资额＝该种产品生产工时×生产工人工资分配率

例如，假定前述企业生产 A、B 产品的生产工人的工资中，既有计件工资，也有计时工资。计件工资已分别直接计入 A 产品为 2 400 元，B 产品为 1 600 元。需要间接计入的计时工资为 4 800 元，该企业采用按生产工时比例分配，A、B 产品的生产工时分别为 4 600 小时和 3 400 小时。其余资料见工资费用分配表，如表 3－8 所示。分配计算结果如下：

生产工人工资分配率＝4 800÷（4 600＋3 400）＝0.60

A 产品应分配工资额＝4 600×0.60＝2 760（元）

B 产品应分配工资额＝3 400×0.60＝2 040（元）

工资费用的分配是通过工资费用分配表进行的。该表根据工资结算单和前述资料等编制。工资费用分配表的基本格式，如表 3－7 所示。

表 3－7　**工资费用分配表**

某企业　××××年××月　金额单位：元

应借账户		成本项目	直接计入	分配计入		合计
				生产工时	分配金额（分配率 0.6）	
生产成本——基本生产成本	A 产品	直接人工	2 400	4 600	2 760	5 160
	B 产品	直接人工	1 600	3 400	2 040	3 640
	小计		4 000	8 000	4 800	8 800
生产成本——辅助生产成本	机修		1 580			1 580
	供水		1 160			1 160
	小计		2 740			2 740
制造费用			1 720			1 720
管理费用			2 240			2 240
销售费用			2 000			2 000
合　计			12 700		4 800	17 500

根据工资费用分配表，编制会计分录如下：

借:生产成本——基本生产成本——A 产品　　5 160
　　　　　　　　　　　　　——B 产品　　3 640
　　　　——辅助生产成本——机修　　1 580
　　　　　　　　　　　　　——供水　　1 160
　制造费用　　1 720
　管理费用　　2 240
　销售费用　　2 000
　贷:应付职工薪酬——工资　　17500

四、职工福利费的核算

职工福利费是指企业准备用于职工福利方面的资金。这是企业使用了职工的劳动技能、知识等以后，除了有义务承担必要的劳动报酬外，还必须负担的对职工福利方面的义务。

从费用中列支的职工福利费主要用于职工个人的福利，在会计核算中将其作为一项负债。

职工福利费主要包括职工的医疗费，医护人员的工资，医务经费，职工因公负伤赴外地就医路费，职工生活困难补助，职工浴室、理发室、幼儿园、托儿所人员的工资，以及按照国家规定开支的其他福利支出。

职工福利费是根据工资总额的14%在成本范围中列支。职工福利费的计提和分配是通过编制职工福利费分配表进行的。依前例编制的职工福利费用分配表，如表3－8所示。

五、各种社会保险

企业为职工交纳的医疗保险费、养老保险费、待业保险金、工伤保险费、生育保险费等社会保险费和住房公积金，应当在职工为其提供服务的会计期间，根据工资总额的一定比例计算，计入相应的成本费用中。具体比例一般由省、自治区、直辖市人民政府确定。企业应编制会计分录如下：

借:生产成本
　制造费用
　管理费用
　销售费用
　在建工程
　贷:应付职工薪酬——社会保险费
　　　　　　　　　——住房公积金

六、工会经费和职工教育经费

1. 工会经费。凡建立工会组织的全民所有制和集体所有制企业、事业单位和机关，应于每月15日以前，按照上月份全部职工工资总额的2%，向工会拨缴当月份的工会经费。

2. 职工教育经费。为适应经济建设的需要、加强职工培训，提高企业职工队伍素质，按列入成本的职工工资总额的1.5%提取职工教育经费。企业应编制会计分录如下：

借:生产成本
　　制造费用
　　管理费用
　　销售费用
　　在建工程
　　贷:应付职工薪酬——工会经费
　　　　　　　　　——职工教育经费

第三节　其他费用的核算

一、动力费用的核算

1. 动力费用的内容。动力是企业生产经营过程中必不可少的要素，主要有电力、热力、蒸气等。动力按其来源不同，分为自制和外购两类。自制动力通过辅助生产成本核算。下面主要说明外购动力费用的核算。

外购动力费用按支付与分配的方式又分为两种:一种是支付外购动力费用时就按其用途借记有关成本、费用类账户，贷记“银行存款”账户;另一种是通过“应付账款”账户核算，即在付款时先借记“应付账款”账户，贷记“银行存款”账户，待月末再按照外购动力的用途分配借记各成本、费用类账户，贷记“应付账款”账户。

2. 动力费用的分配。在生产经营过程中，外购动力有的直接用于产品生产;有的间接用于产品生产，如车间的照明;有的则用于行政管理部门的照明或取暖等。对动力费用的核算，应按照其用途分别记入各成本或费用账户。

动力费用的分配是根据仪表、仪器记录的数量，并按一定的计价标准来计算各部门、车间的耗用数额的，因此可以直接分配记入各成本费用账户。但直接用于产品生产的动力费用，由于车间一般不按产品分类设置仪器、仪表，因此需要按生产工时比例或动力定额耗用量比例计算分配。按生产工时比例分配的计算公式如下:

$$外购动力费用分配率 = \frac{待分配外购动力费用总额}{各种产品生产工时总数}$$

某产品应负担外购动力费用 = 该种产品生产工时 × 外购动力费用分配率

例如，某企业本月耗电共计 2 572 元，根据电表记录情况:行政管理部门耗电 360 元;机修车间、供水车间耗电分别为 560 元和 652 元;基本生产车间耗电共计 1 000 元，其中一般照明用电 200 元，其余为生产产品用电(A 产品工时 4 600 小时，B 产品工时 3 400 小时)。分配计算结果如下:

$$外购动力费用分配率 = \frac{1000-200}{4600+3400} = 0.10$$

A 产品动力费用 = 4 600 × 0.10 = 460(元)

B 产品动力费用 = 3 400 × 0.10 = 340(元)

根据上述资料，可编制外购动力费用分配表，如表 3 - 8 所示。

表3－8　　　　外购动力费用分配表

某企业　　　　××××年××月　　　　金额单位:元

应借账户		成本项目	生产工时	分配率	分配金额
生产成本——基本生产成本	A产品	燃料和动力	4 600	0.10	460
	B产品	燃料和动力	3 400	0.10	340
	小计		8 000		800
生产成本——辅助生产成本	机修	水电费			560
	供水	水电费			652
	小计				1 212
制造费用		水电费			200
管理费用		水电费			360
合 计			8 000		2 572

根据外购动力费用分配表，编制会计分录如下：

借:生产成本——基本生产成本——A产品　　460
　　　　　　　　　　　　　——B产品　　340
　　　　——辅助生产成本——机修　　560
　　　　　　　　　　　　　——供水　　652
　制造费用　　200
　管理费用　　360
　贷:应付账款　　　　2 572

需要说明的是，如果基本生产车间和辅助生产车间不单设“燃料和动力”成本项目，发生的燃料和动力费用应借记“制造费用”账户及其明细账的有关项目，贷记“应付账款”或“银行存款”账户。

二、燃料费用的核算

燃料实际上也是材料，如果燃料费用在产品成本中所占比例较大时，可以与动力项目一起专设“燃料和动力”成本项目，还可增设“燃料”账户，以便单独核算燃料的增减变动和结存、分配情况。

燃料费用的分配方法是:对直接用于产品生产的燃料，如果能分清受益对象的，根据领料凭证直接计入各该产品成本的“燃料和动力”成本项目;如果几种产品共同领用的，则应根据受益原则，采用适当的分配方法，分配计入各有关产品的该成本项目。分配标准一般有产品的重量、体积、所耗原材料的数量或费用以及燃料的定额消耗量或定额费用等。对于辅助生产部门和生产管理部门、行政管理部门、销售部门等所耗用的燃料，则应分别记入“生产成本——辅助生产成本”、“制造费用”、“管理费用”、“销售费用”等账户。

例如，兴发公司生产中耗用燃料和动力较多，为了加强对能源消耗的管理，对燃料和动力专设“燃料和动力”项目核算。××××年2月生产甲、乙产品，共消耗燃料16 000元，其中，用于甲、乙产品生产的费用12 000元，按甲、乙产品燃料的定额消耗量分配，甲产品定额消耗量为4 000千克，乙产品定额消耗量为2 000千克；生产车间一般耗用1 000元；辅助生产车间锅炉房耗用2 200元，辅助生产车间供水车间耗用600元；行政管理部门耗用200元。则甲、乙产品应分配的燃料费用计算如下：

$$燃料费用分配率=\frac{12\ 000}{4\ 000+2\ 000}=2$$

甲产品应分配燃料费用＝4 000×2＝8 000（元）

乙产品应分配燃料费用＝2 000×2＝4 000（元）

据以上资料编制燃料费用分配表，如表3－9所示。

表3－9　**燃料费用分配表**

某企业　××××年××月　金额单位：元

应借账户		成本项目	直接计入	分配计入		合计
				定额消耗量	分配金额（分配率为2）	
生产成本——基本生产成本	甲产品	燃料和动力		4 000	8 000	8 000
	乙产品	燃料和动力		2 000	4 000	4 000
	小计			6 000	12 000	12 000
生产成本——辅助生产成本	锅炉	燃料和动力	2 200			2 200
	供水	燃料和动力	600			600
	小计		2 800			2 800
制造费用		燃料	1 000			1 000
管理费用			200			200
合计			4 000		12 000	16 000

据此编制会计分录如下：

借：生产成本——基本生产成本——甲产品　　8 000

　　　　　　　　　　　　　——乙产品　　4 000

　　　　　——辅助生产成本——锅炉　　2 200

　　　　　　　　　　　　　——供水　　600

　　制造费用　　1 000

　　管理费用　　200

贷:燃料　　　　　　　　　　　　　　　　　16 000

需要注意的是，不设“燃料”账户的，燃料应通过“原材料”账户核算。

三、保险费用的核算

在企业生产经营过程中，会发生一些与生产经营相关的保险费用，根据《企业会计准则》规定，这些保险费用应当在发生时直接计入当期成本费用，借记“生产成本”、“制造费用”、“管理费用”等账户。

例如，某企业本月初开出转账支票920元用于支付财产保险费。各车间、部门的摊销比例为:基本生产车间45%，两个辅助生产车间均为15%，行政管理部门25%。其保险费用分配表，如表3－10所示。

表3－10　　　　　　**保险费用分配表**

某企业　　　　　　××××年××月　　　　　　金额单位:元

<table>
<tr><th>费用种类</th><th colspan="2">应借账户</th><th>分配比例(%)</th><th>分配金额</th></tr>
<tr><td>保险费</td><td colspan="2">制造费用</td><td>45</td><td>414</td></tr>
<tr><td rowspan="2">保险费</td><td rowspan="2">生产成本——辅助生产成本</td><td>机修</td><td>15</td><td>138</td></tr>
<tr><td>供水</td><td>15</td><td>138</td></tr>
<tr><td>保险费</td><td colspan="2">管理费用</td><td>25</td><td>230</td></tr>
<tr><td colspan="3">合　计</td><td>100</td><td>920</td></tr>
</table>

根据保险费用分配表，编制会计分录如下:

借:制造费用　　　　　　　　　　　　　　414

　生产成本——辅助生产成本——机修　　　138

　　　　　　　　　　　　——供水　　　　138

　管理费用　　　　　　　　　　　　　　230

　贷:银行存款　　　　　　　　　　　　　　920

四、修理费用的核算

一般情况下，固定资产投入使用后，由于固定资产磨损，可能导致固定资产局部损坏。为了维护固定资产的正常运转和使用，充分发挥其使用效能，企业应对固定资产进行必要的维护。企业发生的固定资产维护支出，只是确保固定资产的正常工作状况，并不导致固定资产性能的改变，或未来经济利益的增加。因此，企业应在支出发生时，一次性直接计入当期成本费用，根据固定资产使用部门，借记“管理费用”、“销售费用”、“制造费用”等账户，贷记“银行存款”等账户。

例如，某企业本期有3台设备(行政管理部门1台、基本生产车间2台)进行大修理，修理费用10 000元，以银行存款支付。修理费的分配比例为行政管理部门30%，基本生产车间70%。应编制修理费用分配表，如表3－11所示。

表 3－11　　修理费用分配表

某企业　　××××年××月　　金额单位：元

费用种类	应借账户	分配比例（%）	分配金额
修理费	制造费用	70	7 000
修理费	管理费用	30	3 000
合 计		100	10 000

根据修理费用分配表，编制会计分录如下：

借：制造费用　　7 000

　　管理费用　　3 000

　　贷：银行存款　　10 000

五、低值易耗品摊销的核算

（一）低值易耗品摊销的核算内容

低值易耗品是指不作为固定资产核算的各种劳动手段，包括工具、管理用具、玻璃器皿，以及在经营过程中周转使用的包装容器等各种用具物品。企业的低值易耗品可以在“周转材料”账户下进行核算，也可以单独设置“低值易耗品”账户进行核算。

低值易耗品在领用后，其价值应按一定的方法摊销记入成本、费用账户。其摊销计算方法主要有一次摊销法和五五摊销法等。

（二）低值易耗品摊销的分配

低值易耗品摊销的价值计入成本、费用后，因其所占比重较小，所以，在成本账户中没有专设“低值易耗品”成本项目。对于直接用于产品生产的低值易耗品摊销，应记入“制造费用”账户；而用于组织管理生产经营活动的低值易耗品摊销，则应记入“管理费用”账户。下面，分别说明其具体的分配摊销方法。

1. 一次摊销法。它是指将本月领用的低值易耗品的价值一次计入当月成本、费用的方法。即在领用低值易耗品时，就将其价值一次记入“制造费用”或“管理费用”账户。而当低值易耗品报废时，再将报废的残料价值，冲减“管理费用”或“制造费用”账户。例如，某企业的行政管理部门和基本生产车间同时各领用一批管理用具。其中，行政管理部门领用 1 160 元，车间领用 1 240 元。采用一次摊销法摊销。编制会计分录如下：

① 领用低值易耗品时：

借：制造费用　　1 240

管理费用　　　　　　　　1 160

贷:低值易耗品　　　　　　　　2 400

②报废时(假定报废残料已交废品回收站，收回现金 180 元。车间 116 元，管理部门 64 元)：

借:库存现金　　　　　　　　180

贷:制造费用　　　　　　　　116

管理费用　　　　　　　　64

2. 五五摊销法。它是指在领用低值易耗品时，先摊销其价值的一半，报废时再摊销其价值的另一半。为了反映在库、在用、摊余低值易耗品的价值，应在“低值易耗品”账户下设置“在库”、“在用”、“摊销”账户进行明细核算。

例如，某企业管理部门领用工具一批，价值 1 000 元，同时报废一批工具，价值 800 元，回收残料价值 50 元。编制会计分录如下：

①领用时：

借:低值易耗品——在用　　　　1 000

贷:低值易耗品——在库　　　　1 000

②摊销 50% 时：

借:管理费用　　　　　　　　500

贷:低值易耗品——摊销　　　　500

③报废工具时：

借:原材料　　　　　　　　50

管理费用　　　　　　　　350

贷:低值易耗品——摊销　　　　400

④注销报废工具时：

借:低值易耗品——摊销　　　　800

贷:低值易耗品——在用　　　　800

六、折旧费用的核算

固定资产折旧费一般不单设成本项目反映，而应按固定资产的使用地点和保管部门分别借记“制造费用”和“管理费用”等账户，同时将固定资产折旧总额贷记“累计折旧”账户。

例如，某企业采用使用年限法计提折旧。为了简化计算工作，其当月折旧额是在上月折旧额的基础上，加上上月增加固定资产的折旧额，再减去上月减少固定资产的折旧额来确定的。该企业规定，基本生产车间的制造费用通过“制造费用”账户核算，辅助生产车间的制造费用直接在“生产成本——辅助生产成本”账户核算。假定本月该企业的折旧费用分配表，如表 3－12 所示。

表 3－12　　　　　　　　　　**折旧费用分配表**

某企业　　　　　　　　　　××××年××月　　　　　　　　　金额单位:元

应借账户	车间或部门	上月固定资产折旧额	上月增加固定资产折旧额	上月减少固定资产折旧额	本月固定资产折旧额
制造费用	基本生产车间	2 900	760	480	3 180
生产成本——辅助生产成本	修理车间	2 160		360	1 800
	供水车间	1 920			1 920
	小 计	4 080		360	3 720
管理费用	行政管理部门	2 280	480	320	2 440
合 计		9 260	1 240	1 160	9 340

根据折旧费用分配表，编制会计分录如下：

借:制造费用　　　　　　　　　　　　　　　3 180
　生产成本——辅助生产成本——修理　　　　1 800
　　　　　　　　　　　　　——供水　　　　1 920
　管理费用　　　　　　　　　　　　　　　2 440
　贷:累计折旧　　　　　　　　　　　　　　　　9 340

● 思考与练习

一、单选题

1. 每次收入发出材料时，根据原始凭证将其数量记入材料明细账，以其发出数量作为消耗量的材料消耗量的计算方法是(　　)。

A. 连续记录法　　　　B. 盘存计算法
C. 实地盘存制　　　　D. 以上均不正确

2. 材料的计价方法中，哪一种方法可以减少通货膨胀给企业带来的不利影响(　　)。

A. 先进先出法　　　　B. 后进先出法
C. 一次加权平均法　　D. 移动加权平均法

3. 按实际成本计价进行材料核算的情况下应设置(　　)账户。

A. 材料采购　　　　B. 材料成本差异
C. 在途物资　　　　D. 以上均不正确

4. “材料成本差异”账户的借方登记(　　)。

A. 节约差异额　　　　B. 结转超支差异额
C. 超支差异额　　　　D. 结转节约差异额(红字)

5. 为了正确计算材料消耗，对于已领未用并且下月不再使用的材料，应填制(　　)将材料退回仓库。

A. 领料单　　　　B. 限额领料单
C. 退料单　　　　D. 领料登记表

6. 下列各项支出中，不能列入工资费用内容的是(　　)。

A. 出差伙食补助费　　　　B. 津贴

C. 奖金　　D. 加班加点工资

7. 生活福利部门人员的工资，是职工福利费用的一部分，借方应记入(　　)账户，同时贷方计入“应付职工薪酬－工资”。

A. 应付职工薪酬－职工福利　　B. 管理费用

C. 财务费用　　D. 制造费用

8. 现行制度规定，按工资总额的(　　)计提职工福利费。

A. 17%　　B. 33%

C. 10%　　D. 14%

9. 固定资产的折旧费，按固定资产的使用地点和保管部门分别借记“制造费用”和“管理费用”等账户，同时贷记(　　)账户。

A. 固定资产　　B. 固定资产清理

C. 累计折旧　　D. 固定资产减值准备

10. 领用低值易耗品时，若用一次摊销法，在借记相关成本费用的同时，应贷记(　　)账户。

A. 固定资产　　B. 周转材料

C. 原材料　　D. 工程物资

11. 某工人本月加工完成的甲产品数量为100件，其中合格品为95件，料废产品为2件，由本人过失造成的工废产品为3件。计件单价为10元/件。据此计算的该工人本月计件工资为(　　)元。

A. 950　　B. 970

C. 980　　D. 1 000

12. 某生产车间采用五五摊销法进行低值易耗品摊销的核算。该生产车间4月份领用低值易耗品的实际成本为10 000元；报废低值易耗品的实际成本为4000元，残料计价100元。4月份应计入制造费用的低值易耗品摊销价值为(　　)元。

A. 1900　　B. 3 900

C. 4900　　D. 6 900

13. 下列账户中，不属于与“应付职工薪酬”账户贷方对应的账户是(　　)。

A. “制造费用”账户　　B. “生产成本”账户

C. “管理费用”账户　　D. “其他应付款”账户

14. 甲、乙两种产品共同耗费的材料费用为6 000元，按燃料定额消耗量比例分配。甲、乙产品的定额消耗量分别为400千克和600千克。据此计算的原材料费用分配率为(　　)。

A. 6　　B. 10

C. 15　　D. 30

15. 下列各项费用中，不能直接借记“生产成本”账户的是(　　)。

A. 车间生产工人福利费　　B. 车间生产工人工资

C. 车间管理人员工资　　D. 构成产品实体的原料费用

16. 企业生活福利部门计提的职工福利费应借记的账户是(　　)。

A. 应付职工薪酬　　B. 销售费用

C. 管理费用　　D. 制造费用

17. 如果支付外购动力的费用与本月耗用相差很大，在支付外购动力费款项时，可以借记(　　)账户，贷记银行存款账户。

A. 生产成本　　B. 制造费用

C. 管理费用　　D. 应付账款

18. 生产车间耗用的机物料费用应借记(　　)账户，贷记“原材料”账户。

A. 生产成本　　B. 管理费用

C. 制造费用　　D. 财务费用

19.“假退料”的办法是指(　　)。

A. 材料实物不动，填本月份退料单和下月份领料单

B. 材料实物不动，填本月份退料单和本月份领料单

C. 材料实物不动，填下月份退料单和下月份领料单

D. 材料退回仓库再领出，不填退料单和领料单

20. 若企业不单设“动力费用”成本项目核算成本，那么直接生产产品耗用的动力费用可以记入(　　)账户借方。

A.“制造费用”　　B.“生产成本”

C.“应付账款”　　D.“管理费用”

21. 在生产几种产品的生产车间，生产工人的工资属于(　　)。

A. 直接计入费用　　B. 间接生产费用

C. 期间费用　　D. 间接计入费用

二、多选题

1. 共同耗用材料的常用分配方法有(　　)。

A. 按产品数量比例分配法　　B. 按材料定额耗用量分配法

C. 按材料定额费用比例分配法　　D. 按生产工时比例分配法

2. 用来核算企业已经支付，但应由本期和以后期间负担的费用账户是(　　)。

A. 应付账款　　B. 预收账款

C. 预付账款　　D. 长期待摊费用

3. 企业提取职工福利费时，贷记“应付职工薪酬－职工福利”账户，相对应的借方账户可能有(　　)等账户。

A. 生产成本　　B. 制造费用

C. 管理费用　　D. 销售费用

4. 低值易耗品的摊销方法有(　　)。

A. 综合摊销法　　B. 一次摊销法

C. 分次摊销法　　D. 五五摊销法

5. 应付月工资的计算方法有(　　)。

A. 按30日计算日工资率，按缺勤日数扣月工资

B. 按20.83日计算日工资率，按缺勤日数扣月工资

C. 按30日计算日工资率，按出勤日数计算月工资

D. 按20.83日计算日工资率，按出勤日数计算月工资

6. 下列费用分配表中，可以直接作为基本生产车间产品成本明细账登记依据的有(　　)。

A. 原材料费用分配表　　B. 工资费用分配表

C. 折旧费用分配表　　D. 制造费用分配表

7. 企业基本生产所发生的各项费用，在记入该账户的借方时，对应贷方账户可能有(　　)。

A. 原材料　　B. 应付职工薪酬

C. 制造费用　　　　　　　　　　D. 管理费用

8. 按现行会计准则规定，在按实际成本进行材料日常核算的企业中，计算发出材料单位成本的方法有(　　)。

A. 个别计价法　　　　　　　　　B. 先进先出法

C. 计划成本法　　　　　　　　　D. 后进先出法

9. 实际所耗材料应负担的材料成本差异是(　　)。

A. 材料实际消耗量乘以材料计划单价，再乘以材料成本差异率

B. 材料定额消耗量乘以材料计划单价，再乘以材料成本差异率

C. 材料定额费用乘以材料成本差异率

D. 材料计划成本乘以材料成本差异率

10. 下列提法中，正确的有(　　)。

A. "材料采购"账户的借方发生额反映采购材料的实际成本

B. "材料采购"账户期末无余额

C. "材料成本差异"账户的贷方发生额反映材料采购成本的节约差异

D. "材料成本差异"账户的期末余额可能在借方，也可能在贷方

11. 工资总额由以下部分组成(　　)。

A. 计件工资　　　　　　　　　　B. 计时工资

C. 奖金　　　　　　　　　　　　D. 加班加点工资

三、判断题

1. 出现料废废品，不应给工人支付该废品工资。(　　)

2. 工废废品应照发相应工资。(　　)

3. 超支差异，是指实际成本大于计划成本的差异额。(　　)

4. 假退料是指对于已领未用但下月仍继续使用的材料不退回仓库，不作任何手续处理。(　　)

5. 限额领料单是多次使用有效的凭证。(　　)

6. "材料成本差异"账户是资产类账户。(　　)

7. 在对燃料费用进行分配时，若企业没有自行设置"燃料"账户，可以通过贷记"原材料"账户进行处理。(　　)

8. 计时工资，无论采用什么样的计算方法，结果都是一样的。(　　)

9. 外购动力费用在支付和分配时可这样处理：付款时借记"应付账款"账户，贷记"银行存款"账户，待月末再按照外购动力的用途分配借记各成本费用类账户，贷记"应付账款"账户。(　　)

10. 在按30日计算日工资率的企业中，事假、病假等缺勤期间的节假日不扣工资。(　　)

11. 材料按计划成本核算的企业，其计入产品成本中的材料费用也应是计划成本。(　　)

12. 凡是费用发生时间和企业受益时间不一致的费用，均通过"长期待摊费用"账户进行核算。(　　)

13. 在采用加权平均法核算发出材料成本时，要在材料明细账中逐笔登记每批材料的收发情况。(　　)

14. 燃料实际上也是材料，因此燃料在"直接材料"成本项目中核算。(　　)

15. 不单设"燃料和动力"成本项目的，发生的动力费用并入"制造费用"项目核算。(　　)

四、简答题

1. 各项要素费用分配的会计处理方法有哪些相同之处?
2. 说明材料的连续记录法和盘存计算法有何区别。
3. 发出材料的计价方法有哪些?
4. 工资总额的具体内容包括哪些?说明计时工资和计件工资的计算方法。
5. 说明低值易耗品的分摊方法。

五、业务计算题

习题一

目的:练习原材料费用的分配。

资料:

(1)某企业生产甲、乙两种产品，共同耗用原材料 5 000 千克，每千克 2.4 元，共计 12 000 元。生产甲产品 800 件，单件产品原材料消耗定额为 2 千克;生产乙产品 600 件，单件产品原材料消耗定额为 1.5 千克。

(2)某企业生产甲、乙两种产品，共同领用 A、B 两种主要材料，共计 31 437 元。本月投产甲产品 120 件，乙产品 150 件。甲产品材料消耗定额:A 材料 4 千克，B 材料 6 千克;乙产品材料消耗定额:A 材料 12 千克，B 材料 8 千克。A 材料单价 8.5 元，B 材料单价 5.5 元。

(3)某企业本月生产甲、乙两种产品，共同耗用 A 材料 600 千克。本月实际产量为:甲产品 100 件，乙产品 200 件。单件产品材料消耗定额为:甲产品 3 千克、乙产品 2 千克。本月 A 材料明细账中的有关资料如下表所示。

日 期	项 目	数量(千克)	单价(元)
5月1日	月初库存	150	90
2日	领用材料	100	
5日	购入材料	200	95
9日	购入材料	100	100
15日	领用材料	300	
20日	购入材料	500	85
25日	领用材料	200	
31日	月末结存	350	

要求:

(1)根据资料(1)、(2)，按照定额消耗量比例分配法，计算甲、乙产品实际耗用的原材料费用。

(2)根据资料(3)，采用先进先出法计算本月生产领用原材料的实际成本，并采用定额消耗量比例法分配 A 材料费用，根据分配计算的结果编制必要的会计分录。

习题二

目的:练习工资及职工福利费的分配。

资料:

某企业基本生产车间生产甲、乙、丙三种产品，7 月份发生的生产工人的计时工资共计 14 700 元，甲产品完工 1 000 件，乙产品完工 400 件，丙产品完工 450 件。三种产品的生产工时分别为：甲产品 2 500 工时，乙产品 980 工时，丙产品 720 工时。

要求：

(1) 按工时比例分配甲、乙、丙产品生产工人工资。

(2) 按 14% 的比例计提职工福利费，并按工时比例在甲、乙、丙产品之间进行分配。

(3) 根据计算结果完成下表。

生产工人工资及福利费分配表

产品名称	定额工时	分配率	计时工资	计提比例	职工福利费
甲产品 乙产品 丙产品					
合计					

习题三

目的：练习低值易耗品的核算。

资料：

(1) 某企业基本生产车间领用的低值易耗品采用一次摊销法。某月该车间领用一批生产工具，成本为 840 元；以前月份领用的另一批生产工具在本月报废，成本 1 000 元，残料验收入库，价值 30 元。

(2) 某企业低值易耗品采用分次摊销法，本月基本生产车间领用专用工具一批，成本为 54 000 元，该批低值易耗品在 15 个月内按月平均摊销，每月摊销额为 3 600 元。

要求：

(1) 根据资料(1)编制领用和报废低值易耗品的会计分录。

(2) 根据资料(2)编制领用和摊销低值易耗品的会计分录。

习题四

目的：练习其他要素费用的核算。

资料：某企业 6 月份发生如下经济业务：

(1) 企业 6 月份各车间应提折旧如下：基本生产车间 8 600 元，辅助生产车间 1 230 元，行政管理部门 2 100 元。

(2) 一车间以转账支票支付邮电办公费 3 200 元、水电费 7 800 元，辅助车间支付劳动保护费 820 元、差旅费 360 元。

(3) 企业行政管理部门 6 月份对固定资产进行日常修理，领用原材料 1 200 元，分配工资 700 元，以现金支付其他费用 300 元，该项修理费用在 6 月份一次摊销。

(4) 企业由辅助生产车间为管理部门和基本生产车间修理固定资产，领用原材料 2 000 元，分配工资 600 元，月末结转修理费用，管理部门为 800 元，基本生产车间为 1 800 元。

要求：根据上述经济业务，编制会计分录。

习题五

目的：练习动力费用的分配。

资料：某企业生产甲、乙、丙三种产品。该企业 4 月份发生的外购电力费用、产品生产工时、各部门用电量，如外购动力(电力)费用分配表所示。假定:各产品的电力费用按生产工时分配。

要求：计算填列外购动力(电力)费用分配表。

外购动力(电力)费用分配表

应借账户		成本或费用项目	动力费用分配		电费分配	
			生产工时（小时）	分配金额（元）	用电度数（度）	分配金额（元）
生产成本——基本生产成本	甲产品	燃料及动力	8 400			
	乙产品	燃料及动力	9 100			
	丙产品	燃料及动力	10 500			
	小计		28 000		26 000	
制造费用	基本生产车间	水电费			9 100	
生产成本——辅助生产成本	机修车间	水电费			7 100	
管理费用		水电费			2 800	
合计					45 000	6 300

第四章　生产费用的核算
——部门费用的核算

【内容提示】

部门费用是指除要素费用外，为生产和管理服务所发生的各项费用，包括辅助生产费用、制造费用、生产损失等。通过本章的学习，要求学生了解部门费用的核算内容，掌握辅助生产费用、制造费用归集和分配的方法，同时掌握部门费用的核算方法。

第一节　辅助生产费用的核算

一、辅助生产费用的内容

辅助生产是指为本企业基本生产和行政管理部门服务而进行的产品生产和劳务供应。这种生产在不同的企业提供的产品和劳务是不相同的，有的是生产一种产品或供应一种劳务、作业的辅助生产，如供电、供水、供气、提供运输服务等；有的则是生产多种产品或供应多种劳务、作业的辅助生产，如机械修理、工模具制造等。在工业企业里，进行辅助生产的车间，称为辅助生产车间。辅助生产车间在生产产品和劳务供应过程中发生的各种耗费，就是这些产品和劳务的成本。但对于耗用这些产品或劳务的基本生产部门来说，这又是一种费用。因此，工业企业为进行辅助生产所发生的生产费用称为辅助生产费用，主要包括辅助生产车间为生产产品、提供劳务、作业所耗用的材料、燃料、动力、工资及福利费、固定资产折旧和维修费，以及为管理和组织辅助生产所发生的费用等。辅助生产产品、劳务和作业成本会影响产品成本的水平，并且只有辅助生产产品、劳务和作业的成本确定以后，才能计算企业的产品生产成本。因此，应正确、及时地组织辅助生产费用的归集和分配。

辅助生产的产品、劳务、作业一般为本企业基本生产服务，但有时也对外销售。

二、辅助生产费用的归集

辅助生产费用的归集和分配是通过“生产成本——辅助生产成本”二级账户及所属明细账户进行的。为进行辅助生产而发生的一切费用，通过各种要素费用分配表分配后，记入“生产成本——辅助生产成本”二级账户及所属明细账户的借方。同时，贷记“原材料”、“应付职工薪酬”、“累计折旧”、“银行存款”等有关账户。对基本生产车间、管理部门、其他辅助生产车间、外单位等所提供的产品、劳务、作业以及自制材料、工具、模具的成本，记入“生产成本——辅助生产成本”二级账户及其明细账户的贷方。月终，“生产成本——辅助生产成本”账户一般无余额。如有余额，一般在借方，反映辅助生产在产品的成本。“生产成本——辅助生产成本”二级账户的明细分类核算，一般按辅助生产车间或产品、劳务、作业的种类、批别和规定的成本项目进行。

对于提供一种产品、劳务或作业的辅助生产，只需按车间分别设置明细分类账户进行核算。对于生产两种或两种以上产品、劳务和作业的辅助生产，要按各种产品、劳务或作业设置成本明细分类账户进行登记。

对于辅助生产车间的制造费用，可根据辅助生产部门规模的大小、制造费用的多少等情况来确定采用什么样的核算方式。一般来说，如果企业规模较大、制造费用较多，或还对外提供产品和劳务，则可以在“制造费用”账户下单设“辅助生产成本”明细账户单独核算。该账户借方汇集辅助生产车间为组织和管理生产而发生的制造费用，贷方登记直接转入或分配转入“生产成本——辅助生产成本”账户及所属明细账的费用。如果辅助生产车间规模不大、制造费用不多，又不对外提供产品和劳务，为简化核算，也可以不单设“制造费用——辅助生产成本”账户核算，而直接通过“生产成本——辅助生产成本”账户核算。辅助生产的明细核算一般应分车间，按产品或劳务名称设置，明细账内再按成本项目设专栏。

例如，某企业有机修、供水两个辅助生产车间。本期辅助生产费用的发生情况，如表3－5表3－7～表3－9和表3－11所示。其中，表3－11中分配的费用属间接费用。根据上述分配表，登记辅助生产成本明细账，如表4－1和表4－2所示。

表4－1 辅助生产成本明细账

车间别：机修 金额单位：元

××××年		凭证号数	摘要	直接材料	直接人工	制造费用	合计
月	日						
（略）	（略）	（略）	归集直接材料（表3－5）	4560			4 560
			归集直接工资（表3－7）		1 580		1 580
			归集动力费用（表3－8）		221.2		560
			归集制造费用（表3－11）	560		138	138
		合 计		5120	1580	138	6838

表4－2 辅助生产成本明细账

车间别：供水 金额单位：元

××××年		凭证号数	摘要	直接材料	直接人工	制造费用	合计
月	日						
（略）	（略）	（略）					
			归集直接材料（表3－5）	1 600			1 600
			归集直接工资（表3－7）		1 160		1 160
			归集动力费用（表3－8）				652
			归集制造费用（表3－11）	652		138	138
		合 计		2 252	1 160	138	3 550

三、辅助生产费用的分配

归集在“生产成本——辅助生产成本”账户借方的辅助生产费用，构成辅助生产产品、劳务或作业的成本。由于辅助生产提供的产品、劳务和作业的种类不同，其转出分配的程序也不相同。对于生产工具、模具的辅助生产车间，工具、模具及备件的生产过程同基本生产过程相似，其成本确定方法可比照基本生产产品成本计算方法。将计算得出的完工产品成本随完工入库的产品从“生产成本——辅助生产成本”账户的贷方分别转入“周转材料”、“原材料”等账户的借方。各车间、各部门领用工具、模具及备件时，再从“周转材料”、“原材料”等账户中转出，记入有关的“制造费用”、“管理费用”等账户的借方。对于提供动力机修、运输等产品或劳务的辅助生产车间，由于这些产品或劳务不具备物资形态，没有在产品，因而归集在“生产成本——辅助生产成本”账户借方的生产费用就是企业向外提供这些产品或劳务的成本，应在各受益单位之间按受益数量或其他比例进行分配，从“生产成本——辅助生产成本”账户的贷方转入有关的“制造费用”、“管理费用”等账户的借方。

辅助生产提供的产品、劳务和作业，主要是为基本生产车间和行政管理部门服务的。但在某些辅助生产车间之间，也存在相互提供产品和劳务的情况。例如，供水车间耗用了供电车间提供的电力，而供电车间又耗用了供水车间提供的水。这样，为计算电的成本，必须先确定其耗用的水的成本，而要计算水的成本，又需要事先确定电的成本。因此，为了正确计算这种不具实物形态的辅助生产产品和劳务的成本，以便能正确确定基本生产产品和各部门所耗用的数量和金额，在分配辅助生产费用时，也应在各辅助生产车间之间进行费用的交互分配。

辅助生产费用的分配方法很多，主要有直接分配法、顺序分配法、代数分配法、一次交互分配法和计划分配法等。如前所述，辅助生产费用的分配是一个较为复杂的过程，为了使分配的结果尽量客观准确，又便于核算，在分配时要根据企业辅助生产的特点和为受益单位提供服务的情况，结合企业管理条件和要求来选用适当的分配方法。

(一)直接分配法

直接分配法是指将各辅助生产车间本身发生的生产费用直接分配给辅助生产车间以外的各受益单位负担的一种方法。它的特点是:辅助生产部门之间相互提供的产品或劳务成本不在辅助生产车间内部进行交互分配。这种分配方法计算简便，但由于各辅助生产车间包括的费用不全，分配结果不够准确，一般适用于各辅助生产车间之间相互提供产品或劳务数量不多的情况。其计算公式如下：

$$某辅助车间费用分配率=\frac{该辅助车间费用总额}{该车间提供的产品或劳务总量-其他辅助车间耗用量}$$

某单位分配额=该受益单位耗用量×分配率

例如，前述机修、供水两个辅助生产车间本月提供劳务(产品)如下:机修总工时为2 630工时，待分配费用为7 059.20元，机修单位成本为2.68元;供水为14 200吨，待分配费用为3 712.4元，单位成本为0.26元。这两个车间提供劳务或产品情况，如表4-3所示。

表 4－3　　两个车间提供劳务或产品情况

受益单位(部门)	修理工时数	用水吨数
修理车间		2 800
供水车间	200	
基本生产车间——A 产品		3 800
基本生产车间——B 产品		4 600
基本生产车间一般耗用	1 950	400
行政管理部门	300	1 600
专设销售机构	180	1 000
合　计	2 630	14 200

根据表 4－3 的资料，采用直接分配法编制辅助生产费用分配表，如表 4－4 所示。

表 4－4　　辅助生产费用分配表(直接分配法)

××××年××月××日　　金额单位:元

辅助车间名称			机修	供水	合计
待分配费用			7 059.20	3 712.40	10 771.60
供应给辅助生产车间以外单位的劳务量			2 430	11 400	
费用分配率			2.905	0.3256	
基本生产成本	A 产品	数量		3 800	
		金额		1 237.28	1237.28
	B 产品	数量		4 600	
		金额		1 497.76	1 497.76
制造费用		数量	1 950	400	
		金额	5 664.75	130.24	5 794.99
管理费用		数量	300	1 600	
		金额	871.55	521.52	1 393.07
销售费用		数量	180	1 000	
		金额	522.90	325.60	848.50
合计金额			7 059.20	3 712.40	10 771.60

根据辅助生产费用分配表(见表4-4)，编制会计分录如下：

借:生产成本——基本生产成本——A产品 1 237.28

——B产品 1 497.76

制造费用 5 794.99

管理费用 1 393.07

销售费用 848.50

贷:生产成本——辅助生产成本——机修 7 059.20

——供水 3 712.40

需要注意的是，各分配对象负担的费用之和必须与间接费用总额相等。在费用分配率不能除尽的时候，分配率应尽可能多保留几位，以保证计算结果的准确性。尽管如此，为了核算方便，各受益单位分配金额也只能保留两位，在这种情况下，按上述公式计算的费用分配总额与费用发生额可能不完全相符，一般处理方法是将分配尾差记入“管理费用”账户。也就是说在这种情况下，管理费用不再按消耗量与分配率相乘的方法求出，而是倒轧求出。如表4-4中管理费用所分配的机修费的计算如下：

管理费用所分配的机修费=7 059.20-522.90-5 664.75=871.55(元)

在其他分配方法中，也存在类似情况，解决方法相同。

(二)顺序分配法

在顺序分配法下，按辅助生产车间之间相互受益从少到多的顺序排列，先将受益较少的辅助生产车间的生产费用分配给各受益对象，然后将受益较多以及更多的辅助生产车间的生产费用分配给除前面已分配完的辅助生产车间以外的各受益单位，直至辅助生产费用分配完毕。其分配特点是:排在前面的分给排在后面的，排在后面的不分给排在前面的，后者的分配额等于其直接发生的费用加上前者分配来的费用之和。

在顺序分配法下，各辅助生产费用只分配给排列在后面的其他辅助生产车间和其他受益单位，不分配给排列在前面的辅助生产车间，因而计算工作较为简便，但分配结果的正确性会受到一定影响。只有在各辅助生产车间之间相互受益程度有着明显的顺序的企业中采用才可保证其结果的相对正确性。

仍以前述为例说明顺序分配法的分配过程。

从表4-3可以看出:机修车间为供水车间提供劳务200工时，金额536元;供水车间为机修车间供水2 800吨，金额728元。显然，供水车间比机修车间受益少，应排列在前。根据表4-5资料，其费用分配率计算结果如下：

$$供水费用分配率=\frac{3712.40}{14200}=0.26;$$

$$修理费用分配率=\frac{7059.20+728}{1950+300+180}=3.205。$$

各受益单位分配结果，如表4-5所示。

表 4－5　　　　**辅助生产费用分配表(顺序分配法)**

××××年××月××日　　　　金额单位:元

辅助车间			直接发生费用	供水车间	修理车间	合计
分配率				0.26	3.205	
辅助生产成本	供水	数量		14 200		
		金额	3 712.40	－3 712.40		
	机修	数量		2 800	2 430	
		金额	7 059.20	728	－7 787.20	
基本生产成本	A 产品	数量		3 800		
		金额		988		988
	B 产品	数量		4 600		
		金额		1 196		1 196
制造费用		数量		400	1 950	
		金额		104	6 249.75	6 353.75
管理费用		数量		1 600	300	
		金额		436.40	960.55	1 396.95
销售费用		数量		1 000	180	
		金额		260	576.9	836.9

根据表 4－5，编制会计分录如下：

借:生产成本——辅助生产成本——机修　　728.00
　　　　——基本生产成本——A 产品　　988.00
　　　　　　　　　　　——B 产品　　1 196.00
　制造费用　　6 353.75
　管理费用　　1 396.95
　销售费用　　836.90
　贷:生产成本——辅助生产成本——供水　　3 712.40
　　　　　　　　　　　　——机修　　7 787.20

(三)代数分配法

代数分配法是指通过确立辅助生产费用代数方程式求解各个辅助生产车间产品或劳务的单位成本，然后再按各受益对象接受辅助生产产品和劳务的数量分配各受益对象应负担的辅助生产费用的方法。仍以前述为例说明代数分配法分配辅助生产费用的过程。

设:X 为每一修理工时的单位成本，Y 为每吨水的单位成本。可建立二元一次方程如下：

$2630X = 7059.2 + 2800Y$;

$14200y = 3712.4 + 200X$。

解得:$X = 3$

$Y = 0.3$

根据上列计算结果，可编制代数分配法的辅助生产费用分配表，如表4－6。

表4－6　　　　　　**辅助生产费用分配表(代数分配法)**

××××年××月××日　　　　　　　　金额单位:元

项目 \ 费用分配 \ 辅助车间		修理车间		供水车间		合计
		数量	金额	数量	金额	
待分配费用		2 630	7 059.2	14 200	3 712.4	10 771.6
实际单位成本			3		0.3	
辅助生产成本	供水车间	200	600			600
	修理车间			2 800	840	840
	小计	200	600	2 800	840	1 440
基本生产成本	A产品			3 800	1 140	1 140
	B产品			4 600	1 380	1 380
	小计			8 400	2 520	2 520
制造费用		1 950	5 850	400	120	5 970
管理费用		300	900	1 600	480	1 380
销售费用		180	540	1 000	300	840
合　计		2 630	7 890	14 200	4 260	12 150

根据表4－6，编制会计分录如下：

借:生产成本——辅助生产成本——供水　　600
　　　　　　　　　　　　　——机修　　840
　生产成本——基本生产成本——A产品　　1 140
　　　　　　　　　　　　　——B产品　　1 380
　制造费用　　5 970
　管理费用　　1 380
　销售费用　　840
　贷:生产成本——辅助生产成本——供水　　4 260
　　　　　　　　　　　　　　——机修　　7 890

采用代数分配法分配费用，其结果最准确。但在分配之前要解联立方程，如果辅助生产部门较多，则未知数较多，计算工作就比较复杂。因而在成本核算工作中已经实行电算化的单位比较适宜采用这种方法。

(四)一次交互分配法

一次交互分配法也称交互分配法，是指将辅助生产车间直接发生的费用，先在辅助生产车间之间进行一次交互分配，然后加、减分进、分出的费用后，再在辅助生产车间以外的各受益对象间进行分配的一种方法。这种方法一般要计算两个费用分配率:一是交互分配率;二是对外分配率。计算公式如下：

第一，辅助生产交互分配：

$$交互分配率=\frac{该辅助生产车间待分配费用}{该车间提供的产品或劳务总量}$$

辅助生产交互分配额＝该辅助生产车间耗用量×交互分配率

第二，辅助生产对外分配：

$$辅助生产对外分配率=\frac{该辅助生产车间待分配费用+分进费用-分出费用}{该辅助生产车间对外提供产品或劳务总量}$$

某受益车间（部门）应负担费用＝该受益车间耗用量×对外分配率

仍以上列资料，编制交互分配法的辅助生产费用分配表，如表4－7所示。

表4－7　　**辅助生产费用分配表（交互分配法）**

××××年××月××日　　金额单位：元

项目（辅助车间/费用分配）		修理车间 数量	修理车间 分配率	修理车间 金额	供水车间 数量	供水车间 分配率	供水车间 金额	合计
（1）待分配费用		2 630	2.68	7 059.2	14 200	0.26	3 712.4	10 771.6
交互分配		200		536	2 800		728	
辅助生产成本	供水车间	200		536				536
	修理车间				2 800		728	728
（2）对外分配		2 430	2.98	7 251.2	11 400	0.31	3 520.4	10771.6
基本生产成本	A产品				3 800		1 178	1 178
	B产品				4 600		1 426	1 426
制造费用		1 950		5 811	400		124	5 935
管理费用		300		903.8	1 600		482.4	1 386.2
销售费用		180		536.4	1 000		310	846.4

表中的主要分配计算过程如下：

$$修理车间交互分配率=\frac{7059.20}{2630}=2.68$$

$$供水车间交互分配率=\frac{3712.4}{14200}=0.26$$

$$修理车间对外分配率=\frac{7059.20+728-536}{1950+300+180}=2.98$$

$$供水车间对外分配率=\frac{3712.4+536-728}{3800+4600+400+1600+1000}=0.31$$

根据表4－7，编制会计分录如下：

①交互分配：

借：生产成本——辅助生产成本——供水　　536

　　　　　　　　　　　　　——修理　　728

　贷：生产成本——辅助生产成本——供水　　728

——修理　　536

②对外分配：

借：生产成本——基本生产成本——A 产品　　1 178.00
　　　　　　　　　　　　　　——B 产品　　1 426.00
　制造费用　　5 935.00
　管理费用　　1 386.20
　销售费用　　846.40
　贷：生产成本——辅助生产成本——修理　　7 251.20
　　　　　　　　　　　　　　——供水　　3 520.40

从以上可见，这种方法由于对辅助生产内部相互提供劳务进行了交互分配，因而分配结果比较准确。但是，由于分配过程要计算两个费用分配率，进行两次费用分配，这又增加了计算工作量。交互分配法一般适用于各个辅助生产车间之间相互提供劳务量大，且受益程度无明显顺序的企业。

（五）计划成本分配法

计划成本分配法是指采用计划单位成本和实际耗用量分配辅助生产费用，并按照一定程序将计划成本调整为实际成本的方法。采用这种方法一般要按以下步骤进行：

1. 按辅助生产的计划成本对各受益对象进行分配。这里的受益对象既包括辅助车间以外的各车间、部门，也包括辅助车间相互提供劳务或产品的“受益”。

2. 将实际辅助生产费用与计划成本之间的成本差异，在辅助生产之外的各受益对象之间进行分配。这样分配计算的工作量比较繁杂。其计算公式如下：

第一，按计划成本分配：

某受益对象应分配费用 = 该受益对象的受益数量 × 计划单位成本

第二，分配成本差异：

成本差异 = 各辅助生产部门发生的费用 + 按计划成本分配转入的费用
　　　　　－按计划成本分配转出的费用

$$成本差异分配率 = \frac{成本差异额}{辅助生产部门以外的受益单位受益数量（或分配的计划成本）}$$

某受益单位应分成本差异 = 该受益单位受益数量（或分配的计划成本）× 成本差异分配率

仍根据前面的资料，假定机修的计划单位成本为 3 元，供水的计划单位成本为 0.28 元，编制按计划成本分配的辅助生产费用分配表，如表 4－8 所示。

根据表 4－8，编制会计分录如下：

借：生产成本——辅助生产成本——供水　　600
　　　　　　　基本生产成本——修理　　784
　　　　　　　　　　　　　——A 产品　　1 064
　　　　　　　　　　　　　——B 产品　　1 288
　制造费用　　5 962
　管理费用　　1 348
　销售费用　　820

贷:生产成本——辅助生产成本——供水　　3 976

——修理　　7 890

表 4－8　**辅助生产费用分配表(计划成本分配法)**

××××年××月××日　　金额单位:元

项目＼费用分配＼辅助车间		修理车间		供水车间		合计
		数量	金额	数量	金额	
待分配费用与数量		2 630	7 059.20	14 200	3 712.40	10 771.60
计划单位成本			3.00		0.28	
辅助生产成本	供水车间	200	600			600
	修理车间			2 800	784	784
	小计	200	600	2 800	784	1 384
基本生产成本	A 产品			3 800	1 064	1 064
	B 产品			4 600	1 288	1 288
	小计			8 400	2 352	2 352
制造费用		1 950	5 850	400	112	5 962
管理费用		300	900	1 600	448	1 348
销售费用		180	540	1 000	280	820
按计划成本分配合计		2 630	7 890	14 200	3 976	11 866
辅助生产实际成本			7 843.20		4 312.40	12 155.60
辅助生产成本差异			－46.80		＋336.40	289.60
成本差异分配率			0.02		0.03	
基本生产成本	A 产品			3 800	＋114	＋114
	B 产品			4 600	＋138	＋138
	小计			8 400	＋252	＋252
制造费用		1 950	－39	400	＋12	－27
管理费用		300	－4.20	1 600	＋42.4	－38.20
销售费用		180	－3.60	1 000	＋30	－26.40
成本差异分配合计		2 430	－46.80	11 400	＋336.40	289.60

成本差异分配的会计分录如下:

借:生产成本——基本生产成本——A 产品　　114.00

——B 产品　　138.00

制造费用　　27.00

管理费用　　38.20

销售费用　　26.40

贷:生产成本——辅助生产成本——供水　　336.40

　　　　　　　　　　　　　　——修理　　46.80

在实际工作中，为了简化分配工作，辅助生产成本差异也可以一次记入“管理费用”账户。

在辅助生产费用分配表中，辅助生产成本的计算如下：

修理实际成本 =7 059.2 +784 =7 843.2(元)

供水实际成本 =3 712.2 +600 =4 312.4(元)

以上的实际成本，由于分配转入的辅助生产费用784元和600元均为按计划成本转入的，因而它们并不是完全的实际成本。

辅助生产成本采用计划成本分配法，能反映和考核辅助生产车间生产成本计划的执行情况；又由于辅助生产成本按比例分配的差异在实际工作中可全部计入管理费用，各受益单位所负担的劳务费用都不包括辅助生产成本差异因素，因而还便于分析和考核各受益单位的成本，有利于分清内部各单位的经济责任。但采用这种方法的前提是制定的计划单位成本必须准确，否则会影响分配结果的合理性。

第二节　制造费用的核算

一、制造费用的内容

企业在生产过程中，除了发生的各种直接费用外，还会发生与产品制造有关的其他费用。直接费用可根据费用凭证直接计入产品成本和劳务成本。其他费用也是为了产品的顺利生产而发生的，但大多没有专设成本项目。对于工业企业在生产产品(或提供劳务)过程中发生的应计入产品成本，但没有专设成本项目的各项费用，称为制造费用。主要包括：

1. 间接用于产品生产的费用。例如，机物料消耗，生产车间用房屋、建筑物的折旧费、修理费、保险费等，车间生产用照明费、取暖费、运输费、劳动保护费以及停工损失等。

2. 直接用于产品生产，但管理上不要求或核算上不便于单独核算，因而未专设成本项目的费用。例如，生产用机器设备的折旧费、修理费、保险费、租赁费，生产用低值易耗品的摊销，试验检验费等。

3. 生产部门用于组织和管理生产而发生的费用。例如，生产部门管理人员工资及福利费，生产部门管理用房屋及设备的折旧费、保险费或租赁费，以及生产管理部门用照明费、差旅费、办公费等。这些具有管理性质的费用似乎应作为管理费用处理，但由于这些费用是直接从事生产的单位或部门发生的，因而为了简化核算，也作为制造费用进行核算。

这项费用应单独核算，以便同按部门分别编制的制造费用预算进行比较，揭示实际费用脱离预算的差异，并分析差异产生的原因，为加强控制提供资料。在实际工作中，制造费用包括的内容是很复杂的，为便于加强管理和控制，一般都按一定标准划分为若干费用项目。费用项目的划分应以费用的经济用途为标准，也可以费用的经济性质为标准。不管采用什么标准划分，其根本目的是满足管理的要求。例如，为了分析和考核低值易耗品的消耗情况，可按照费用的经济性质，在制造费用中设立“低值易耗品摊销”项目；为了分析和考核劳动保护费的支出情况，可按照费用的经济用途，在制造费用中设立“劳动保护费”项目，将所有用于劳动保护方面的费用，都在这个项目中核算。

制造费用的内容比较复杂，主要包括：

1. 人工费用。它是指各生产单位的管理人员、工程技术人员和除生产工人之外的其他生产人员的工资，以及按工资总额的14%提取的职工福利费、社会保险费、住房公积金、工会经费、职工教育经费、非货币性福利等。

2. 折旧费。它是指各生产单位的机器设备、房屋、建筑物等固定资产的折旧费用。

3. 修理费用。它是指各生产单位因修理固定资产而发生的各项修理费用，包括大修理费用和日常修理费用。

4. 租赁费。它是指各生产单位支付租入固定资产的租金，但不包括融资租赁费。

5. 低值易耗品摊销。它是指各生产单位因使用低值易耗品而产生的低值易耗品摊销费用。

6. 办公费。它是指各生产单位办理公务耗用的文具、邮电、宣传和其他办公用品等费用。

7. 水电费。它是指各生产单位在组织、管理生产中耗用的自制或外购的水电费，但不包括直接用于生产的水电费用。

8. 差旅费。它是指各生产单位职工因公外出发生的交通、住宿及出差补助等费用。

9. 劳动保护费。它是指各生产单位为保护职工劳动安全而发生的劳动用品费，包括工作服、工作帽、工作鞋、劳保眼镜、手套等用品费。

10. 保险费。它是指各生产单位应负担的财产物资保险费。

11. 设计制图费。它是指各生产单位应负担的图纸、委托设计部门设计制图而发生的费用。

12. 试验检验费。它是指各生产单位对材料、半成品、产品进行试验和检验而发生的费用。

13. 停工损失。它是指各生产单位因季节性停工或修理期间停工而发生的损失费用，但不包括因意外事故停工发生的停工损失费用。

14. 其他制造费用。它是指除以上各项之外的应计入制造费用的其他费用，如机物料消耗等。

二、制造费用的归集

制造费用应该通过“制造费用”账户进行归集。该账户应按不同的车间、部门设立明细账，账内按照费用项目设立专栏或专户，分别反映各车间、部门各项制造费用的发生情况。该账户应该根据有关的付款凭证、转账凭证和前述各种费用分配表进行登记。

在进行具体核算时，基本生产车间和辅助生产车间关于制造费用的处理，可以根据企业的具体情况选择两种不同的处理方法：

1. 基本生产车间和辅助生产车间发生的制造费用均通过“制造费用”账户核算，在这个总账账户下按不同的车间或部门设立明细账，账内再设立专栏或专户进行反映。

2. 基本生产车间的制造费用通过“制造费用”账户核算，辅助生产车间的制造费用不在“制造费用”账户核算，而直接在“生产成本——辅助生产成本”账户核算。根据前述发生的制造费用（如表3－6、3－8、3－9、3－11～3－13、4－3、4－7所示的有关资料）登记“制造费用”明细账，如表4－9所示。

表 4－9　　　　　　　　　　**制造费用明细账**

车间名称:基本生产车间　　　　　　　　　　　　　　　　金额单位:元

××年		摘 要	人工费用	折旧费	修理费	水电费	保险费	机物料	合计
月	日								
		原材料耗用(表 3－7)						1 760	1 760
		工资费用(表 3－7)							1 720
		职工福利费(表 3－9)							240.8
		动力费用(表 3－10)				200			200
(略)	(略)	保险费(表 3－12)	1 960.8				414		414
		修理费(表 3－12)			7 000				7 000
		折旧费用(表 3－13)		3 180					3 180
		低值易耗品摊销						300	300
		辅助生产成本转入(表 4－7)			5 632	118			5 750
		本月合计	1 960.80	3 180	12 632	318	414	2 060	20 564.80
		分配转出	1 960.80	3 180	12 632	318	414	2 060	20 564.80
		期末余额							

三、制造费用的分配

(一)制造费用分配的程序

生产一种产品的车间中，制造费用是直接计入费用的，因此应直接计入该种产品的成本。在生产多种产品的车间中，在各生产小组按产品品种分工的情况下，各小组本身发生的制造费用也是直接计入费用的，因此也应直接计入各该产品的成本;各小组共同发生的制造费用是间接计入费用，应采用适当的分配方法分配计入各种产品的成本。在各小组按生产工艺分工的情况下，车间的全部制造费用都是间接计入费用，都应采用适当的分配方法，分配计入该车间各种产品的成本。

在企业的组织机构分为车间、分厂和总厂若干层次的情况下，分厂发生的制造费用，也应比照车间发生的制造费用进行分配;在生产一种产品的情况下，直接计入该种产品的成本;在生产多种产品的情况下，应采用适当的分配方法分配计入该分厂各种产品的成本。制造费用的绝大部分是由企业的生产单位(车间或分厂)发生的，应按照不同的车间或分厂进行归集和分配。另外，也可能有一部分是由企业的行政管理部门(厂部或总厂)发生的。例如，设计制图费和试验检验费等，这一部分制造费用应由厂部或总厂进行归集，并在全厂或整个总厂的各种产品之间进行分配，计入各该产品的成本。

(二)制造费用分配的方法

制造费用的分配方法很多，通常采用的有生产工时比例分配法、生产工人工资比例分配法、机器工时比例分配法和按年度计划分配率分配法等。

1. 生产工时比例分配法。这是指按照各种产品所用生产工人实际工时的比例分配费用的方法。按照生产工时比例分配制造费用，同分配工资费用一样，也能将劳动生产率与产品负担的费用水平联系起来，使分配结果比较合理。由于生产工时是分配间接费用常用的分配标准之一，因而必须正确组织产品生产工时的核算。做好生产工时的记录和核算工作，不仅是计算产品成本的一项重要的基础工作，而且对于分析和考核劳动生产率水平、加强生产管理和劳动管理也有着重要意义。

生产工时比例分配法的计算公式如下：

$$制造费用分配率 = \frac{制造费用总额}{各种产品生产工时总额}$$

某产品应分配额 = 该产品生产工时 × 分配率

例如，假定某企业基本生产车间本月实际制造费用发生额为 20 564.80 元，该企业采用生产工时比例法分配，本月生产总工时为 12 853/小时，其中 A 产品为 8 000 小时，B 产品为 4 853 小时。编制制造费用分配表，如表 4－10 所示。

表 4－10　　　　制造费用分配表

车间:基本生产车间　　　　金额单位:元

应借账户		生产工时	分配率	分配金额
生产成本——基本生产成本	A 产品	8 000	1.6	12 800.00
	B 产品	4 853	1.6	7 764.80
合　计		12 853		20 564.80

根据制造费用分配表，编制会计分录如下：

借:生产成本——基本生产成本——A 产品　　12 800.00

　　　　　　　　　　　　　——B 产品　　7 764.80

　贷:制造费用　　　　　　　　　　　　　20 564.80

生产工时比例分配法所需的工时资料，在实际工作中比较容易取得，因而采用得比较普遍。采用生产工时比例分配法时，可以用实际工时，也可以用定额工时。一般地说，用实际工时为标准更合适，它更能反映劳动生产率的提高或降低对成本中制造费用水平的影响。

2. 生产工人工资比例分配法。这是按照各种产品的生产工人工资为标准分配费用的方法。这种方法主要适用于生产工人工资可以直接计入产品成本的企业。如这种产品成本中的工资是采用生产工时分配时，应用这种方法实质上同按生产工时比例分配法是一样的，可以直接采用生产工时比例法分配。同时，还应注意，采用这种方法分配时，必须是各种产品的机械化水平大致相同。否则，机械化水平低、用工多的产品，其工资费用多，从而分配的制造费用就要多，但制造费用中所占比重较大的费用是与使用机械设备有关的维护、修理和折旧费，这样就造成了机械化水平低的产品反而多负担费用的不合理现象。生产工人工资比例分配法的计算公式如下：

$$制造费用分配率 = \frac{制造费用总额}{各种产品生产工人工资总额}$$

某产品应分配额 = 该产品生产工人工资 × 分配率

3. 机器工时比例分配法。这是按照各种产品生产时所用机器设备运转时间的比例分配制造费用的方法。这种方法适用于产品生产的机械化程度较高的车间。因为在这种车间的制造费用中，与机器设备使用有关的费用比重较大，而这一部分费用与机器设备运转的时间有着密切的联系。采用这种方法，必须具备各种产品所用机器工时的原始记录。

由于制造费用包括各种性质和用途的费用，为了提高分配结果的合理性，在增加核算工作量不多的情况下，也可以将制造费用加以分类。例如，分为与机器设备使用有关的费用和由于管理、组织生产而发生的费用两类，分别采用适当的分配方法进行分配。前者可按机器工时比例分配，后者可按生产工时比例分配。

机器工时比例分配法的计算公式如下：

$$制造费用分配率 = \frac{制造费用总额}{各种产品耗用机器工时总数}$$

某产品应分配额 = 该产品耗用机器工时数 × 分配率

4. 按年度计划分配率分配法。这是按照年度开始前确定的全年度适用的计划分配率分配费用的方法。这种方法主要适用于季节性生产企业。因为在这种企业中，全年产品生产具有明显的季节差异，而制造费用的发生相对比较均匀，差异不大。根据受益原则，制造费用应该由全年生产的产品平均负担。假定以定额工时作为分配标准，其分配计算的公式如下：

$$年度计划分配率 = \frac{年度制造费用计划总额}{年度各产品计划产量的定额工时总数}$$

某产品应分配额 = 该月该种产品实际产量的定额工时数 × 年度计分配率

这一分配方法要以定额工时为分配标准，即分配率计算公式的分母要按定额工时计算，是因为各种产品的产量不能直接相加。

采用这种分配方法，不管各月实际发生的制造费用是多少，每月各种产品中的制造费用都按年度计划分配率分配。但在年度内如果发现全年的制造费用实际数及产量实际数与计划数可能发生较大的差额时，应及时调整计划分配率。

例如，假定兴隆公司全年制造费用计划为 85 000 元，全年 A、B 产品产量分别为 700 件和 300 件，单位产品的工时定额分别为 10 小时和 5 小时。则：

$$制造费用年度计划分配率 = \frac{85000}{700 \times 10 + 300 \times 5} = 10（元/小时）$$

假定该企业 10 月份实际产量为：A 产品 60 件；B 产品 30 件。该月实际制造费用为 7 700 元，则：

A 产品应分配的制造费用 = 60 × 10 × 10 = 6 000（元）

B 产品应分配的制造费用 = 30 × 5 × 10 = 1 500（元）

如果“制造费用”账户 10 月初贷方余额为 300 元，则该月制造费用的实际发生额和配转出额登记情况如下图所示。

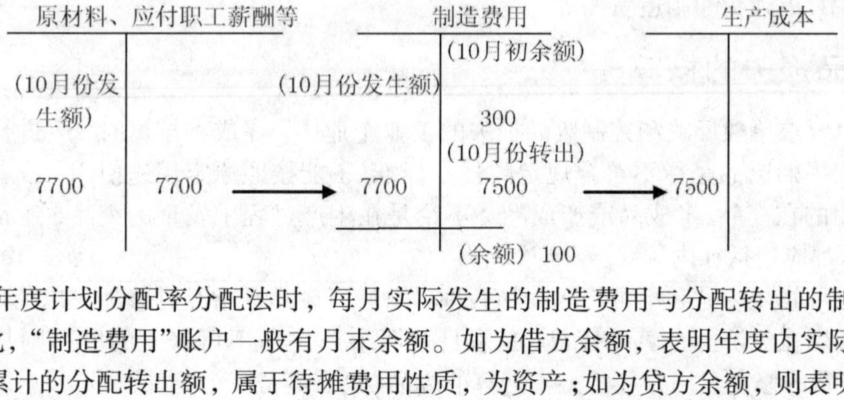

采用年度计划分配率分配法时，每月实际发生的制造费用与分配转出的制造费用金额不等，因此，“制造费用”账户一般有月末余额。如为借方余额，表明年度内实际发生的制造费用大于累计的分配转出额，属于待摊费用性质，为资产；如为贷方余额，则表明年度内实际

发生的制造费用小于累计的分配转出额，属于预提费用性质，为负债。"制造费用"账户如果年末还有余额，一般应在年末调整进入12月份的产品成本。对其处理的方法是:年末将其余额(差异)按已分配的比例进行再一次分配，计入各生产单位所生产的各产品成本中去。实际数大于已分配数的，用蓝字补记;小于已分配数的，用红字冲销。

采用年度计划分配率分配法分配制造费用，因年度内各个月份并不进行差异的再分配，相对来说可简化分配手续，并能及时计算产品成本，这种方法特别适合季节性生产的企业。因为，这种企业每月发生的制造费用相差不多，但产量相差悬殊，如果按实际费用分配，各月产品成本中的制造费用将随之或高或低，不便于对成本进行分析。采用年度计划分配率法，则可较好地避免这个问题。

通过上述制造费用的归集和分配，除了采用按年度计划分配率分配法的企业以外，"制造费用"总账账户和所属明细账户都应没有月末余额。

至此，在不单独核算废品损失和停工损失的企业中，应计入本月产品成本的生产费用，都已归集在"生产成本——基本生产成本"总账账户的借方，并已在所属产品成本明细账的本月发生额中按照成本项目分别反映。在不单独核算上述这两种损失的企业中，生产费用在各种产品之间横向的分配和归集已经完毕。

第三节　生产损失的核算

一、生产损失的内容

生产损失是指在生产过程中，由于原材料质量不符合要求，或者由于生产工人不严格遵守技术操作规程，以及其他由于生产组织上的缺陷等原因所引起的损失。通常情况下，将其归为四类:一是生产损耗，即投入原材料的跑、冒、滴、漏及自然损耗等;二是生产废料，即生产过程中产生的边角废料;三是废品损失;四是停工损失。由于前两类在核算时已经进行了考虑，有的被列入了产品成本，有的被变卖或作价入库成为收入。因此，真正属于成本核算的生产损失是指废品损失和停工损失两类。

废品损失是指由于生产过程中出现废品而造成的损失，包括各种不可修复废品的报废损失和可修复废品的修复费用。

停工损失是指生产车间或班组在停工期间发生的各项费用，包括停工期间发生的原材料费用、工资费用、福利费和制造费用等。

二、废品损失的核算

在管理上要求单独反映和控制废品损失的工业企业中，在成本核算时，应进行废品损失的核算。生产中的废品是指不符合规定的技术标准、不能按照原定用途使用，或者需要加工修理才能使用的在产品、半成品或产成品。不论是在生产过程中发现的废品，还是在入库后发现的废品，都应包括在内。

废品分为可修复废品和不可修复废品两种。可修复废品是指经过修理可以使用，而且所花费的修复费用在经济上合算的废品(必须具备两个条件);不可修复的废品则是指不能修复，或者所花费的修复费用在经济上不合算的废品(只需具备一个条件)。

正确组织废品损失的核算，对于改进生产技术、提高产品质量、降低产品成本，都有重要意义。

废品损失包括在生产过程中发现的和在入库后发现的不可修复废品的生产成本，以及可修复废品的修复费用，扣除回收的废品残料价值和应由过失单位或个人赔款以后的损失。经过质量检验部门鉴定不需要返修、可以降价出售的不合格品的成本与合格品的成本相同，其降价损失，应在计算销售损益时体现，不应作为废品损失处理。产成品入库后，由于保管不善等原因而损坏变质的损失，属于管理上的问题，应作为管理费用处理，也不作为废品损失处理。实行“三包”（包退、包修、包换）的企业，在产品出售以后发现的废品所发生的一切损失，也应计入销售费用，不包括在废品损失内。

质量检验部门发现废品时，应该填制废品通知单，列明废品的种类和数量、产生废品的原因和过失人等。废品分工废和料废两类，工废是由于工人操作上的原因造成的废品，属于操作工人的责任；料废是由于送来的加工原材料或半成品的质量不符合要求所造成的废品，不属于操作工人的责任。成本会计人员应该会同检验人员对废品通知单所列废品产生的原因和过失人等项目加强审核。只有经过审核的废品通知单，才能作为废品损失核算的根据。

为了单独核算废品损失，可以在“基本生产成本”明细账户下设置“废品损失”明细账户；在成本项目中应增设“废品损失”项目。

“废品损失”明细账户是为了归集和分配废品损失而设立的。该明细账户应按车间设立明细账，账内按产品品种分设专户，并按成本项目分设专栏或专行进行明细核算。不可修复废品的生产成本和可修复废品的修复费用都应在“废品损失”明细账户的借方进行归集。其中，不可修复废品的生产成本，应根据不可修复废品损失计算表（后面述及），借记“废品损失”明细账户，贷记“生产成本——基本生产成本”账户；可修复废品的修复费用，应根据前述各种费用分配表，借记“废品损失”明细账户，贷记“原材料”、“应付职工薪酬”和“制造费用”等账户。因此，在单独核算废品损失的企业中，在编制各种费用分配表时，应该为修复废品而发生的费用，加填借记“废品损失”明细账户的行次。废品残料的回收价值和应收的赔款，应从“废品损失”明细账户的贷方转出，借记“原材料”和“其他应收款”等账户，贷记“废品损失”明细账户。“废品损失”明细账户的借方发生额大于贷方发生额的差额就是废品损失，应分配转由本月同种产品的成本负担，借记“生产成本——基本生产成本”账户，贷记“废品损失”明细账户。通过上述归集和分配，“废品损失”明细账户月末没有余额。

（一）不可修复废品损失的核算

进行不可修复废品损失的核算，首先，应计算截止报废时已经发生的废品生产成本；然后，扣除残值和应收赔款，算出废品损失。由于废品报废以前发生的各项费用是与合格品一起计算的，因而，要将废品报废以前与合格品计算在一起的各项费用，采用适当的分配方法，在合格品与废品之间进行分配，计算出废品的实际成本。不可修复废品的生产成本，可按废品所耗实际费用计算，也可按废品所耗定额费用计算。

1. 按废品所耗实际费用计算废品损失的核算。这种方法是指在废品报废时，根据废品和合格品发生的全部实际费用，采用一定的分配标准，在合格品与废品之间进行分配，计算出废品的实际成本。其计算公式如下：

$$\text{废品负担的直接材料费用}=\frac{\text{某产品直接材料总额}}{\text{合格品数量}+\text{废品数量(或约当产量)}}\times\begin{matrix}\text{废品数量}\\\text{(或约当产量)}\end{matrix}$$

$$废品负担的直接人工费用=\frac{某产品直接人工总额}{合格品数量+废品数量(或工时)}\times\begin{matrix}废品数量\\(或工时)\end{matrix}$$

$$废品负担的制造费用=\frac{某产品制造总额}{合格品数量+废品数量(或工时)}\times\begin{matrix}废品数量\\(或工时)\end{matrix}$$

废品损失的计算一般是通过编制废品损失计算表进行的。下面举例说明。

例如，某工业企业某车间生产 A 产品 400 件，生产过程中发现其中 4 件为不可修复废品。该产品成本明细账所记合格品和废品共同发生的生产费用为：原材料费用 500 000 元，工资及福利费 20 150 元，制造费用 98 800 元，合计 618 950 元。原材料是在生产开始时一次投入的，因而原材料费用应按合格品数量 396（400 - 4）件和废品数量 4 件的比例进行分配；其他费用按生产工时比例分配，生产工时为：合格品 6 020 小时，废品 480 小时，合计 6 500 小时。废品回收的残料计价 600 元。根据上述资料，应编制不可修复废品损失计算表，如表 4 - 11 所示。

表 4 - 11　　**不可修复废品损失计算表（按实际成本计算）**

车间：基本生产车间　　产品：A　　××××年××月　　金额单位：元

项　目	数量（件）	原材料	生产工时	人工费用	制造费用	成本合计
合格品和废品生产费用	400	500 000	6 500	20 150	98 800	618 950
费用分配率		1 250		3.1	15.2	
废品生产成本		5 000	480	1 488	7 296	13 784
减残料价值		600				600
废品损失	4	4 400		1 488	7 296	13 184

在上列不可修复废品损失计算表中，原材料费用分配率应根据原材料费用总数 500 000 元除以合格品和废品数量 400 件计算；工资及福利费和制造费用分配率应根据这两项费用总数分别除以生产工时总数计算。

上列计算表所列废品损失，尚未扣除应收赔款，这种废品损失亦称废品报废损失；扣除赔款以后的废品损失，亦称废品净损失。根据上列不可修复废品损失（报废损失）计算表，应编制会计分录如下：

①将废品生产成本从其所记的“生产成本——基本生产成本”账户和所属明细账的贷方转出：

借：生产成本——基本生产成本——废品损失（A 产品）　　13 784
　贷：生产成本——基本生产成本——A 产品（原材料）　　5 000
　　（工资及福利费）　　1 488
　　（制造费用）　　7 296

②回收废品残料价值：

借：原材料　　600
　贷：生产成本——基本生产成本——废品损失（A 产品）　　600

③假定应收过失单位赔款为 1 000 元，根据索赔凭证，登记应收赔款：

借:其他应收款　　　　　　　　　　　　　　　　　　　　　　1 000
　　贷:生产成本——基本生产成本——废品损失(A 产品)　　　　　　　1 000

④将废品净损失 12 184(13 784 - 600 - 1 000)元，分配计入同种合格品的成本，记入 A 产品成本明细账“废品损失”成本项目:

借:生产成本——基本生产成本——A 产品(废品损失)　　　　　12 184
　　贷:生产成本——基本生产成本——废品损失(A 产品)　　　　　12 184

在上列四项会计分录中，第①项会计分录是从 A 产品成本明细账的各成本项目中将属于废品的成本项目转出;第④项会计分录是将其废品净损失转入该产品成本明细账中的“废品损失”项目。这样，既可通过“废品损失”明细账户总括反映整个企业的废品损失，又可通过产品成本明细账“废品损失”项目具体反映各种产品的废品损失。这两项会计分录相比较，从“生产成本”账户和所属明细账的贷方转出、减少产品成本的废品生产成本为 13 784 元，而转入“生产成本”账户和所属明细账的借方、增加产品成本的废品净损失只有 12 184 元。这并不意味着产品成本由于发生废品而降低。因为这里降低的只是产品的总成本。由于发生废品，减少了合格品的数量，因而合格产品的单位成本不是降低，而是提高了。

如果废品是在完工以后发现的，这时，单位废品负担的各项生产费用应与单位合格产品完全相同，可按合格品产量和废品的数量比例分配各项生产费用。计算废品的实际成本时，按废品的实际费用计算和分配废品损失，符合实际，但核算工作量较大。

2. 按废品所耗定额费用计算废品损失的核算。这种方法是按废品的数量和各项费用定额计算废品的定额成本，再将废品定额成本扣除废品残值或应收赔款后即为损失，而不考虑废品实际发生的生产费用是多少。

例如，假定某工业企业某车间在生产 B 产品的过程中，产生不可修复废品 50 件，按其所耗定额费用计算废品的生产成本。其原材料费用定额为 420 元，已完成的定额工时共计 360 小时，每小时的费用定额为:工资及福利费 5.60 元，制造费用 27 元。回收废品残料计价 2 400 元。根据上列资料，应编制不可修复废品损失(报废损失)计算表，如表 4 - 12 所示。

表 4 - 12　　　　　　**不可修复废品损失计算表(按定额成本计算)**

车间:基本生产车间　产品:B　　　　××××年××月　　　　　　废品数量:50 件

项　目	原材料	生产工时	人工费用	制造费用	成本合计
每件或每小时费用定额	420		5.6	27	
废品定额成本	21 000	360	2 016	9 720	32 736
减:残料价值	2 400				2 400
废品报废损失	18 600		2 016	9 720	30 336

在所列不可修复废品损失计算表中，废品的定额原材料费用应根据原材料费用定额乘以废品数量计算，定额工资及福利费和定额制造费用应根据各该费用定额乘以定额工时计算。根据该表所应编制的会计分录的账户对应关系，与按实际费用计算废品生产成本的方法相同。

按产品的定额费用计算废品的定额成本，由于费用定额事先规定，不仅计算工作比较简便，而且还可以使计入产品成本的废品损失数额不受废品实际费用水平高低的影响，不受成本差异(价差)的影响，从而有利于损失和产品成本的分析和考核。但是，采用这一方法计算生产成本，必须具备准确的消耗定额和费用定额资料。

（二）可修复废品损失的计算

可修复废品损失是指在修复过程中发生的各项费用，即废品的修复费用。因此，修复后的产品成本应该由修复前发生的生产费用和修复过程中发生的各项修复费用共同构成。如果有回收残值或应收赔款，也应从废品损失中扣除。返修发生的各种费用，应根据前述各种费用分配表，记入“废品损失”明细账户的借方；其回收的残料价值和应收的赔款，应从“废品损失”明细账户的贷方，转入“原材料”和“其他应收款”账户的借方。废品修复费用减去残值和赔款后的废品净损失，也应从“废品损失”明细账户的贷方转入“生产成本——基本生产成本”账户的借方，在所属有关的产品成本明细账中，记入“废品损失”成本项目。

在不单独核算废品损失的企业中，不设立“废品损失”明细账户和成本项目，只在回收废品残料时，借记“原材料”账户，贷记“生产成本——基本生产成本”账户，并从所属有关产品成本明细账的“原材料”成本项目中扣除残料价值。“生产成本——基本生产成本”和所属有关产品成本明细账归集的完工产品总成本，除以扣除废品数量以后的合格品数量，就是合格产品的单位成本。这样核算很简便，但由于合格产品的各成本项目中都包括不可修复废品的生产成本和可修复废品的修复费用，没有对废品损失进行单独的反映，因而会对废品损失的分析和控制产生不利的影响。

以上所述的废品损失是指基本生产的废品损失。辅助生产的规模一般不大，为了简化核算工作，都不单独核算废品损失。

（三）停工损失的核算

在管理上要求单独反映和控制停工损失的工业企业中，在进行成本核算时，还应进行停工损失的核算。

停工损失是指生产车间或车间内某个班组在停工期间发生的各项费用，包括停工期间发生的原材料费用、工资及福利费和制造费用等。其中，应由过失单位或保险公司负担的赔款，应从停工损失中扣除。为了简化核算工作，停工不满1个工作日的，一般不计算停工损失。计算停工损失的时间起点，由企业或主管企业的上级机构规定。

发生停工的原因很多，例如，电力中断、原材料不足、机器设备发生故障或进行大修理、发生非常灾害，以及计划减产等，都可能引起停工。可以取得赔偿的停工损失，应该索赔；由于自然灾害等引起的非正常停工损失，应计入营业外支出；其他停工损失，例如，季节性和固定资产修理期间的停工损失，应计入产品成本。

在停工时，车间应该填列停工报告单，并在考勤记录中进行登记。会计部门和车间核算人员，应对停工报告单所列停工范围、时数及其原因和过失单位等事项进行审核。只有经过审核的停工报告单，才能作为停工损失核算的根据。

为了单独核算停工损失，可以在“基本生产成本”明细账户下设置“停工损失”明细账户，在成本项目中应增设“停工损失”项目。

“停工损失”明细账户是为了归集和分配停工损失而设立的。该明细账户应按车间设立明细账，账内按成本项目分设专栏或专行进行明细核算。停工期间发生的、应该计入停工损失的各种费用，都应在该账户的借方归集，借记“停工损失”明细账户，贷记“原材料”、“应付职工薪酬”和“制造费用”等账户。因此，在单独核算停工损失的企业中，编制各种费用分配表时，应该将属于停工损失的费用，加填借记“停工损失”明细账户的行次；而在“制造费用”的费用项目中，则可不再设立“季节性和修理期间停工损失”费用项目。在“停工损失”明细账户借方归集的停工损失中，应取得赔偿的损失，以及应计入营业外支出的损失，应从该明细账户的贷方分别转入“其他应收款”和“营业外支出”账户的借方；应记入产品成本的损失，则应从该账户的贷方，转入“生产成本——基本生产成本”账户的借方。应计入产品成本的停工损失，如果停工的车间只生产一种产品，应直接计入该种产品成本明细账的“停工损失”成本项目；如果停工的车间生产多种产品，则应采用适当的分配方法（一般采用分配制造费用的方法），分配计入该车间各种产品成本明细账的“停工损失”成本项目。通过上述归集和分配，“停工损失”明细账户应无月末余额。

在不单独核算停工损失的企业中，不设立“停工损失”明细账户和成本项目。停工期间发生的属于停工损失的各种费用，直接记入“制造费用”和“营业外支出”等账户分别反映。这样核算很简便，但对于停工损失的分析和控制会产生一定的不利影响。

以上所述的停工损失，都是指基本生产的停工损失。辅助生产由于规模一般不大，为简化核算工作，都不单独核算停工损失。

至此，在单独核算废品损失和停工损失的企业中，也已将应计入本月产品成本的生产费用全部归集在“生产成本”账户的借方，并在各产品成本明细账的本月发生额中按“原材料”、“人工费用”、“制造费用”、“废品损失”和“停工损失”等成本项目分别反映。生产费用在各种产品之间横向的分配和归集已经完毕。

● 思考与练习

一、单选题

1. 下列制造费用的分配法中，采用（　　）分配时，必须是各种产品的机械化水平大致相同才行。

A. 生产工时比例分配法　　B. 生产工人工资比例分配法

C. 机器工时比例分配法　　D. 按年度计划分配率分配法

2. 在辅助生产费用的分配中，若用分配率计算出的费用分配总额与费用发生额不完全相符，一般处理方法是将分配尾差记入（　　）账户。

A. 管理费用　　B. 销售费用

C. 生产成本　　D. 制造费用

3. 在辅助生产费用的分配方法中，结果最准确的分配方法是（　　）。

A. 直接分配法　　B. 顺序分配法

C. 代数分配法　　D. 一次交互分配法

4. 在辅助生产费用的计划成本分配法下，辅助生产成本按比例分配的差异在实际工作中可全部计入（　　）。

A. 销售费用　　B. 生产成本

C. 制造费用　　D. 管理费用

5. 在制造费用的分配方法中，（　　）方法可能会导致“制造费用”账户 1 - 11 月份月末出现余额。

A. 生产工时比例分配法　　B. 生产工人工资比例分配法

C. 机器工时比例分配法　　D. 按年度计划分配率分配法

6. 产成品入库后，由于保管不善等原因而损坏变质的损失，应作为(　　)处理。

A. 废品损失　　B. 销售费用

C. 管理费用　　D. 制造费用

7. 在实行"三包"的企业，在产品出售以后发现的废品所发生的一切损失，应作为(　　)处理。

A. 废品损失　　B. 销售费用

C. 管理费用　　D. 制造费用

8. 由于自然灾害而引起的非正常停工损失，应计入(　　)。

A. 营业外支出　　B. 生产成本

C. 管理费用　　D. 销售费用

9. 季节性和固定资产修理期间的停工损失，应计入(　　)。

A. 营业外支出　　B. 生产成本

C. 管理费用　　D. 销售费用

10. 不可修复废品的成本，应借记"废品损失"，贷记(　　)账户。

A. 库存商品　　B. 生产成本

C. 制造费用　　D. 原材料

11. 某企业有供水和供电两个辅助生产车间，供水车间待分配的费用为 5 260 元，供水车间耗电 1 128 元，供电车间耗水 656 元。如果该企业的辅助生产费用采用交互分配法，则供水车间对外分配的费用是(　　)元。

A. 5 260　　B. 732

C. 6 388　　D. 4 604

12. 采用交互分配法，各种辅助生产费用(　　)。

A. 都要计算一个费用分配率　　B. 都要计算两个费用分配率

C. 不需要计算费用分配率　　D. 均按相同的费用分配率计算

13. 某企业的辅助生产费用按计划成本分配法进行分配，按计划成本分配的费用是 18 230 元，辅助生产实际成本为 18 320 元，其差额应(　　)。

A. 借记"管理费用"账户

B. 红字借记"管理费用"账户

C. 借记"生产成本——辅助生产成本"账户

D. 借记"生产成本"账户

14. 采用交互分配法分配辅助生产费用时，交互分配之后的费用要在(　　)之间进行分配。

A. 辅助生产以外的各受益单位　　B. 各受益单位

C. 辅助生产部门内部　　D. 各基本生产部门

15. 辅助生产费用直接分配法的特点是辅助生产费用(　　)。

A. 计入"生产成本——辅助生产成本"账户

B. 分配给所有受益单位

C. 分配给辅助生产以外的各受益单位

D. 计入辅助生产提供的劳务成本

16. 在辅助生产车间之间相互提供产品或劳务的情况下，分配辅助生产费用最为准确的方法是(　　)。

A. 按计划成本分配法　　B. 交互分配法

C. 直接分配法　　D. 代数分配法

17. 为了简化辅助生产费用的分配，辅助生产成本差异一般全部记入(　　)。

A. "制造费用"账户　　B. "管理费用"账户

C. "营业外支出"账户　　D. "生产成本——基本生产成本"账户

18. 辅助生产的顺序分配法，其基本要求是(　　)。

A. 受益多的分配在前，受益少的分配在后

B. 受益少的分配在前，受益多的分配在后

C. 费用多的分配在前，费用少的分配在后

D. 费用少的分配在前，费用多的分配在后

19. 下列提法中，正确的是(　　)。

A. 制造费用中不包括直接生产费用

B. 制造费用均为间接生产费用

C. 制造费用一般应按产品制定定额

D. 制造费用项目一经确定，不应任意变更

20. 在季节性企业，制造费用的分配方法通常采用(　　)。

A. 按生产工时比例分配　　B. 按直接费用比例分配

C. 按机器工时比例分配　　D. 按年度计划分配率分配

21. 制造费用按年度计划分配率分配法，其制造费用账户如有余额，一般应(　　)调整计入产品成本。

A. 在分配制造费用的当月　　B. 在分配制造费用的次月

C. 在每年 12 月份　　D. 在每年 1 月份

22. 某种产品发生不可修复废品时，如果废料不予回收，将会使该种产品的(　　)。

A. 总成本降低，单位成本增加

B. 总成本不变，单位成本增加

C. 总成本增加，单位成本增加

D. 总成本与单位成本均不变

23. 下列各项中，不应计入废品损失的是(　　)。

A. 不可修复废品的生产成本　　B. 可修复废品的生产成本

C. 用于修复废品的人工费用　　D. 用于修复废品的材料费用

24. 生产车间固定资产修理期间发生的停工损失应计入(　　)。

A. 产品成本　　B. 营业外支出

C. 管理费用　　D. 废品损失

25. 可修复废品的废品损失是指(　　)。

A. 返修前发生的原材料费用

B. 返修前发生的制造费用

C. 返修后发生的修理费用

D. 返修前发生的生产费用加上返修后发生的修理费用

26. 某种产品发生不可修复废品后，如果有回收的废料，将会使该种产品的（　　）。

A. 总成本降低，单位成本增加　　B. 总成本增加，单位成本降低

C. 总成本与单位成本同时增加　　D. 总成本与单位成本同时降低

二、多选题

1. 下列哪些项目不应记入“制造费用”账户（　　）。

A. 由于自然灾害而引起的停工损失

B. 待业保险费

C. 职工教育经费

D. 车间管理人员工资

2. 辅助生产费用的计划成本分配法，是采用（　　）和（　　）分配辅助生产费用，并按一定程序将计划成本调整为实际成本的方法。

A. 计划单位成本　　B. 实际单位成本

C. 计划耗用量　　D. 实际耗用量

3. 废品损失是指由于生产过程中出现废品而造成的损失。包括（　　）。

A. 降价出售不合格品而造成的降价损失

B. 不可修复废品的报废损失

C. 可修复废品的修复费用

D. 以上均不正确

4. 必须是同时具备（　　）条件的废品才可称为可修复废品。

A. 不管花费多少修复费用

B. 技术上可以修复

C. 所花费的修复费用在经济上合算

D. 只要修复后可以使用

5. 在下列有关顺序分配法的说法中正确的是（　　）。

A. 排在前面的分给排在后面的　　B. 排在前面的不分给排在后面的

C. 排在后面的分给排在前面的　　D. 排在后面的不分给排在前面的

6. 在辅助生产车间完工产品入库或劳务分配时，可能借记的账户有（　　）。

A.“生产成本”账户　　B.“原材料”账户

C.“低值易耗品”账户　　D.“在建工程”账户

7. 有关辅助生产费用的归集与分配说法正确的是（　　）。

A. 辅助生产成本账中应按成本项目设立专栏或专行，进行明细核算。

B. 专设成本项目的间接计入费用，应单独地分配记入该账户和所属有关明细账的借方。

C. 辅助生产车间发生的制造费用，必须记入“制造费用”下的“辅助生产车间”明细账。

D.“制造费用——辅助生产车间”当月的借方发生额应直接转入或分配转入“辅助生产成本”总账账户和所属明细账的借方。

8. 辅助生产费用的交互分配法，具有下列特点：（　　）。

A. 核算工作十分简便

B. 核算工作量较大

C. 分配结果的正确性较直接分配法为高

D. 辅助生产费用不必对外分配

9. 辅助生产费用的分配方法有(　　)。

A. 代数分配法　　B. 约当产量比例法

C. 定额比例法　　D. 直接分配法

10. 辅助生产费用分配转出时,可以(　　)。

A. 借记"生产成本——基本生产成本"

B. 借记"制造费用"

C. 借记"管理费用"

D. 借记"生产成本——辅助生产成本"

11. 下列各项中,不属于成本项目的有(　　)。

A. 工资　　B. 税金

C. 工资及福利费　　D. 利息支出

12. "制造费用"账户核算的内容包括(　　)。

A. 直接用于产品生产但没有专设成本项目的费用

B. 车间用于组织和管理生产的费用

C. 车间废品发生的修复费用

D. 间接用于产品生产的费用

13. 各生产车间分配制造费用时,下列账户可能借记的有(　　)。

A. "生产成本——辅助生产成本"账户　　B. "累计折旧"账户

C. "生产成本——基本生产成本"账户　　D. "废品损失"账户

14. "制造费用"账户月末(　　)。

A. 可能没有余额　　B. 可能有余额

C. 余额一定在借方　　D. 余额可能在借方

15. 废品损失不包括(　　)。

A. 不合格品的降价损失　　B. 不可修复废品的报废损失

C. 可修复废品的修复费用　　D. 产品保管不善的损坏变质损失

16. 下列各项中,可以用于计算不可修复废品的生产成本的有(　　)。

A. 按所耗实际费用计算

B. 按所耗定额费用计算

C. 按所耗实际费用扣除残值计算

D. 按所耗定额费用扣除残值计算

17. 废品按其报损程度和修复价值,可分为(　　)。

A. 料废品　　B. 工废品

C. 不可修复废品　　D. 可修复废品

18. 可修复废品必须具备的条件包括(　　)。

A. 经过修理可以使用

B. 经过修理可以使用,但所花费的修复费用在经济上不合算

C. 所花费的修理费用在经济上合算

D. 具备上述A和C之一即可

19. 企业如果收回废品残料，可能贷记的账户有(　　)。

A. 原材料　　B. 废品损失

C. 基本生产成本　　D. 制造费用

20. “停工损失”账户借方的对应账户可能有(　　)。

A. “原材料”　　B. “应付工资”

C. “应付职工薪酬”　　D. “制造费用”

三、判断题

1. 采用直接分配法分配辅助生产费用，既简单又准确。(　　)

2. “生产成本——辅助生产成本”账户，月末肯定没有余额。(　　)

3. 如果企业里的辅助生产车间规模不大，制造费用不多，又不对外提供产品和劳务，为此也可不单设“制造费用——辅助生产成本”账户，而直接通过“生产成本——辅助生产成本”账户核算。(　　)

4. 废品损失账户月末一般没有余额。(　　)

5. 料废是由于工人操作上的原因造成的废品，属于操作工人的责任。(　　)

6. 产品成本由于发生废品而降价。(　　)

7. 停工损失账户月末一般没余额。(　　)

8. 企业无论在什么环节发现的废品，都应并入废品损失核算。(　　)

9. 辅助生产费用的分配方法中，年度计划分配率法特别适合季节性生产的企业。(　　)

10. 在年度计划分配率法中，年末将差额按已分配的比例进行再次分配，计入各生产单位所生产的各产品成本中去，实际数大于已分配数的，用红字冲销，反之，用蓝字补记。(　　)

11. 辅助生产车间发生的各种生产费用都直接记入“生产成本——辅助生产成本”账户。(　　)

12. 在辅助生产费用分配的各种方法中，交互分配法的结果最正确。(　　)

13. 在辅助生产车间、部门之间相互提供劳务，采用交互分配法时，交互分配前辅助生产车间的待分配费用总额等于交互后对外分配的待分配费用总额。(　　)

14. 辅助生产产品和劳务成本的计算方法、与基本生产一样，应该按照生产特点和管理要求确定。(　　)

15. 辅助生产费用分配方法中，代数分配法分配最正确，计划成本分配法分配可分清内部经济责任。(　　)

16. 按计划成本分配法分配辅助生产费用时，分配差额都记入“管理费用”账户。(　　)

17. 如果企业辅助生产部门规模较大，制造费用较多，且对外提供产品和劳务，则可以在“制造费用”账户下单设“辅助生产成本”明细账核算。(　　)

18. 当生产工人工资按照生产工时比例分配时，按生产工人工资分配制造费用，实际上就是按生产工时比例分配制造费用。(　　)

19. 制造费用分配后，其总账账户如有月末余额，则一定是借方余额。(　　)

20. 在生产多品种的车间，其制造费用都经分配计入各产品成本中。(　　)

21. 在实际工作中，为简化核算，有关三包范围内的废品损失，发生时可直接计入“销售费用”账户。(　　)

22. 可修复废品是指在技术上可以修复的废品，不可修复废品则反之。(　　)

23. 不可修复废品的生产成本只能按废品所耗实际费用计算。(　　)

24. "废品损失"账户月末应无余额。(　　)

四、简答题

1. 什么是辅助生产费用？其分配的特点是什么？

2. 辅助生产费用分配的方法有哪些？

3. 对比分析直接分配法、顺序分配法、交互分配法的特点及优缺点。

4. 制造费用分配的方法有哪些？按年度计划分配率分配法的特点和适用范围是什么？

5. 什么是废品损失？如何进行不可修复废品损失和可修复废品损失的核算？

五、业务计算题

习题一

目的：练习辅助生产费用的分配。

资料：某企业设置供水、供电两个辅助生产车间。该企业本月发生的辅助生产费用分别为供水车间 3 228 元，供电车间 6 946 元，其提供的产品劳务数量，如下表所示。

辅助生产车间供应产品劳务数量

受益单位	耗水(立方米)	耗电(度)
辅助生产车间——供电	10 000	
辅助生产车间——供水		6 000
小计	10 000	6 000
基本生产车间——甲产品		6 000
基本生产车间——乙产品	33 000	2 000
专设销售机构	3 000	1 000
行政管理部门	8 000	2 000
合计	54 000	17 000
辅助生产车间内部耗用比重	18.52%	35.29%

要求：

(1) 根据上列有关资料，采用直接分配法编制辅助生产费用分配表和相应的会计分录。

(2) 根据上列有关资料，采用交互分配法编制辅助生产费用分配表和相应的会计分录。

(3) 根据上列有关资料，采用代数分配法编制辅助生产费用分配表和相应的会计分录。

(4) 根据上列有关资料，假设每度电的计划成本为 0.50 元，每立方米水的计划成本为 0.10 元，采用计划成本分配法编制辅助生产费用分配表和相应的会计分录。

习题二

目的：练习制造费用的归集和分配。

资料：某企业有一个基本生产车间和一个辅助生产车间，前者生产甲、乙两种产品，后者提供一种劳务。本月份发生的经济业务如下：

(1) 生产耗用原材料 13 590 元。其中，直接用于甲产品生产 4 500 元，用于乙产品生产 3200 元，用作基本生产车间机物料 1 210 元；直接用于辅助生产 2 700 元，用作辅助生产车间机物料 930 元；用于企业行政管理部门 1 050 元。

(2)发生工资费用7 800元。其中，基本生产车间生产工人工资3 400元，管理人员工资1300元;辅助生产车间生产工人工资1 100元，管理人员工资500元;企业行政管理人工资1 500元。

(3)按工资总额的14%计提职工福利费。

(4)计提固定资产折旧费6 430元。其中，基本生产车间2 740元，辅助生产车间1 530元，行政管理部门2 160元。用银行存款支付其他制造费用5 900元。其中，基本生产车间2 600元，辅助生产车间1400元，行政管理部门1 900元。

(6)基本生产车间的制造费用按产品机器工时比例分配，其机器工时为:甲产品1 670小时，乙产品1 658小时。辅助生产车间提供的劳务采用直接分配法分配。其中，应由基本生产车间负担5 280元，应由行政管理部门负担3 104元。

要求:

(1)编制会计分录，归集和分配辅助生产车间和基本生产车间的制造费用。

(2)计算基本生产车间甲、乙产品应分配的制造费用。

习题三

目的:练习年度计划分配率分配法。

资料:某车间全年制造费用计划为18 560元;全年各种产品的计划产量为:甲产品560件，乙产品740件;单件产品的工时定额为:甲产品60小时，乙产品80小时;本月实际产量为:甲产品45件，乙产品60件;本月实际发生的制造费用为2 000元。本月初“制造费用”账户贷方余额为200元。

要求:根据上述资料，采用年度计划分配率分配法分配制造费用，并设置、登记“制造费用”账户。

习题四

目的 :练习废品损失的核算。

资料:(1)某企业的基本生产车间本月生产甲产品500件，其中有50件是不可修复废品;合格品的生产工时为5 600小时，废品的生产工时为400小时，全部生产工时为6 000小时。甲产品生产明细账所列合格品和废品的全部生产成本为:原材料4 800元、燃料及动力660元、工资及福利费720元、制造费用2 400元，共计8 580元。废品残料回收价值为50元，原材料是生产开工时一次投入，故原材料费用按合格品数量与废品数量比例分配;其他费用按生产工时比例分配。

(2)某企业基本生产车间生产的产品完工验收入库时发现甲产品有10件为不可修复废品，单件费用定额为260元，回收残料价值180元。

要求:

(1)根据资料(1)，按实际费用计算法编制废品损失计算表及会计分录。

(2)根据资料(2)，按定额费用计算法编制废品损失计算表及会计分录。

习题五

目的:练习年度计划分配率分配法。

资料:某工业企业只有一个生产车间，全年制造费用计划为88 704元。全年的计划产量为:甲产品1 200件，乙产品960件，丙产品400件;单件产品的工时定额为:甲产品8小时，乙产品5小时，丙产品6小时;11月份的实际产量为:甲产品100件，乙产品90件，丙产品50件;该月实际制造费用为8 100元;该月“制造费用”账户月初有借方余额80元。

要求：

(1)计算制造费用的年度计划分配率。

(2)计算、结转11月份应分配转出的制造费用，并确定11月份制造费用的月末余额。

(3)若12月份的实际产量为：甲产品90件，乙产品100件，丙产品60件，该月实际制造费用为8 388元，请计算结转12月份应分配转出的制造费用，并作出相应的调整分录(甲、乙、丙产品分别按5∶3∶2的比例调整)。

习题六

目的：练习废品损失的核算。

资料：某工业企业甲种产品可修复废品的修复费用为：原材料2 000元，工资及福利费860元，制造费用1 640元。另有不可修复废品30件，按定额成本计价：每件原材料费用定额50元，废品的定额工时共为120小时，每小时的工资及福利费3元，每小时制造费用4元。不可修复废品的残料作为辅助材料入库，共计200元，应由过失人赔款300元。

要求：

(1)计算可修复废品和不可修复废品的净损失。

(2)作出相应的会计分录。

第五章　生产费用的核算
——生产费用在完工产品和在产品之间的分配

【内容提示】

企业在生产过程中发生的生产费用，期末需要在完工产品和在产品之间进行分配。通过本章的学习，要求学生理解完工产品和在产品的涵义，掌握在完工产品和在产品之间分配费用的各种方法。

第一节　生产费用在完工产品和在产品之间的分配概述

一、生产费用在完工产品和在产品之间分配的意义

企业在生产过程中发生的生产费用，经过一定的程序在各种产品之间进行分配和归集以后，本月应计入各种产品成本的生产费用，都已集中在按产品开设的产品生产成本明细账中。为了计算产品生产成本，还需要加上期初在产品成本，月末如果产品已经全部完工，那么生产成本明细账中归集的生产费用就是该种产品的生产成本；如果本月没有完工品，生产成本明细账中归集的生产费用就是期末在产品的生产成本；如果既有完工产品，又有在产品，该种产品本月发生的生产费用加上月初在产品的成本，需要采用适当的分配方法，在本月完工产品和期末在产品之间进行分配，分别计算出完工产品的成本和月末在产品的成本。

月初在产品生产费用、本月生产费用、本月完工产品生产成本和月末在产品生产成本四者之间的关系用公式表示：

月初在产品费用＋本月生产费用＝本月完工产品成本＋月末在产品成本

公式前两项是已知数，公式后两项是未知数。公式前两项费用之和，应在完工产品和期末在产品之间采用一定的方法进行分配。完工产品和月末在产品分配费用的方法一般有两类：一类是先确定月末在产品成本，然后再计算完工产品的成本；另一类是将月初在产品的费用加上本月的生产费用，采用一定的标准进行分配，同时计算出完工产品的成本和月末在产品的成本。无论采用哪一种方法，都必须正确组织在产品的数量核算，取得在产品收、发、存的数量资料，这是正确计算完工产品成本的前提。

二、在产品的涵义及特点

（一）在产品的涵义

企业的在产品是指没有完成全部生产过程，不能作为商品销售的产品。它包括正在车间加工中的在产品和需要继续加工的半成品；已经完成一个或几个生产步骤，但有待继续加工的零件、部件和半成品，以及尚未验收入库的产成品、正在返修和等待返修的废品等。以上在产品的划分是从广义或者就整个企业来说的。从狭义的或者只就某一车间或某一生产步骤来说，在产品只包括车间或生产步骤正在加工中的那部分在产品和尚未验收入库的自制半成品

库中的零件、部件和半成品。该车间或生产步骤已经完工交出的自制半成品不包括在内。

（二）在产品的特点

一般情况下，零件、部件和半成品的管理是由中间仓库负责，正在加工和装配中的在产品由车间进行管理。工业企业的在产品具有如下特点：

1. 处于不断的流动中。工业生产中，从原材料投入生产，到制成产成品，中间往往经过若干道生产工序。减少在产品在各道工序的停留时间与毁损，是减少在产品资金占用、降低生产损耗的重要环节。

2. 成本计算的复杂性。期末停留在各个工序的在产品往往呈现出不同的加工程度，所包含的物化劳动与活劳动的量不同，因而其成本计算较为复杂。

3. 品种规格多。一般情况下，在产品的品种规格繁多，在装配式生产的企业尤为突出。合理组织零部件生产、提高生产配套性，也是减少资金占用，降低生产耗费的重要环节。

（三）在产品数量的核算

核算的在产品数量，应同时具备账面核算资料和实际盘点资料，做好在产品收发存的日常核算工作和在产品的清查工作，既可以从账面上随时掌握在产品的动态，又可以查清在产品的实存数量。应该根据在产品实际盘存数量，计算在产品成本。但对于在产品品种多、数量大，每月都要组织实地盘点确有困难的企业，可根据在产品业务核算资料的期末结存量来计算在产品成本。车间在产品收发存的日常核算，通常是通过在产品收发存账进行的，该账分别车间，并按照产品品种和在产品的名称（零、部件名称）设置，提供车间各种在产品收发存动态的业务核算资料。它是根据领料凭证、在产品内部转移凭证、产品检验凭证和产品交库凭证及时登记在产品收发存账，最后由车间核算人员审核汇总的。在产品收发存账，如表5－1所示。

表5－1　　**在产品收发存账**

车间名称：第一车间

零部件名称：1001　　计量单位：件

日期	摘要	收入		转出			结存	
		凭证号	数量	凭证号	合格品	废品	完工	未完工
	结存		17		10		3	2 2
合计			226		220	4	1	1

对在产品的管理与固定资产及其他存货一样，应该定期或不定期地进行清查，达到在产品账、实相符，保护在产品的安全完整。清查结果，根据实际盘点数和账面资料编制在产品盘存表，列明在产品的账面数、实有数、盘盈盘亏数，以及盘盈盘亏的原因和处理意见等，对于报废和毁损的在产品还要登记残值。成本核算人员应对在产品盘存表进行认真审核，并报有关部门审批，同时对在产品盘盈、盘亏进行会计处理。

（1）盘盈的会计处理如下：

①在产品发生盘盈时：

借：生产成本——基本生产成本——×产品

　　贷：待处理财产损溢——待处理流动资产损溢

②按照规定核销时：

借:待处理财产损溢——待处理流动资产损溢

　　贷:管理费用

(2)盘亏或毁损的会计处理如下：

①在产品发生盘亏或毁损时：

借:待处理财产损溢——待处理流动资产损溢

　　贷:生产成本——基本生产成本——×产品

②批准核销，按不同情况处理时：

借:原材料(毁损在产品的残值)

　　其他应收款(过失人、过失单位或保险公司赔偿)

　　营业外支出(自然灾害造成的非常损失)

　　管理费用(无法收回的损失)

　　贷:待处理财产损溢——待处理流动资产损溢

需要说明的是，在产品盘亏、毁损要换算应负担的增值税，其增值税税额也记入“待处理财产损溢”账户，即借记“待处理财产损溢”，贷记“应交税金——应交增值税——进项税额转出”账户。另外，为了正确地归集和分配制造费用，在产品盘盈、盘亏的账务处理，应该在结转制造费用之前进行。

第二节　在完工产品和在产品之间分配费用的方法

产品成本在完工产品与在产品之间的分配是成本工作中的一个重要问题。由于在产品具有品种规格多、流动性大、完工程度不同等特点，在产品的成本计算较为复杂。企业应该根据在产品数量的多少、各月在产品数量变化的大小、各项费用比重的大小，以及定额管理基础的好坏等具体条件，选择适当的分配方法。实务中常用的方法有不计算在产品成本法、在产品按固定数额计价法、在产品按所耗原材料费用计价法、约当产量法、在产品按完工产品计价法、在产品按定额成本计价法和定额法。

一、不计算在产品成本法

采用该方法，月末虽然有在产品，但不计算在产品成本。该方法适用于各月月末在产品数量很少的产品。因为各月在产品数量很少，那么月初和月末在产品的成本就很小，月初在产品成本和月末在产品成本差额就更小，算不算各月在产品成本对于完工产品成本的影响也就很小。所以，期末在产品成本可以忽略不计。例如，食品行业生产周期短，月末即使有在产品，数量也很少，为简化核算，月末一般不应计算在产品成本。

二、在产品按固定数额计价法

采用该方法，各月末在产品成本固定不变。该方法适用于各月末在产品数量较小，或者在产品数量虽大，但各月之间变化不大的产品。例如，炼铁企业和化工企业的产品，由于高炉和化学反应装置的容积固定，采用该方法，可以大大简化期末成本计算的工作量，这些企业本月发生的各项费用，均是本月完工产品成本。

但是，在年末应根据实际盘点的在产品数量，计算年末在产品实际成本，以免由于间隔时间太长，在产品的固定数额与实际出入太大，影响产品成本计算的正确性，同时也可将其作为下一年度各个月份固定的在产品成本。

例如，某企业甲产品月末在产品数量各月之间变化不大，采用在产品按年初成本计价法分配生产费用。20××年年初在产品 10 件，成本为：直接材料 500 元，直接人工 300 元，制造费用 100 元。11 月份发生直接材料费用 9 000 元，直接人工费用 4 000 元，制造费用 1 500 元。11 月份完工产品 150 件，在产品 10 件。12 月份发生直接材料费用 10 000 元，直接人工费用 6 000 元，制造费用 3 000 元。12 月份完工产品 191 件，在产品 9 件（假定在产品视同完工产品分配生产费用）。

本例中，在产品成本按年初数固定计算，因而 11 月末在产品成本应为直接材料 500 元，直接人工 300 元，制造费用 100 元。11 月份在产品成本和完工产品成本计算如下：

月末在产品成本 = 500 + 300 + 100 = 900（元）

完工产品成本 = 9 000 + 4 000 + 1 500 + 900 − 900

= 14 500（元）

12 月末应根据实际盘点的在产品数量重新确定计算在产品成本。12 月份在产品成本和完工产品成本计算如下：

$$直接材料费用分配率 = \frac{500 + 10000}{191 + 9} = 52.5$$

$$直接人工费用分配率 = \frac{300 + 6000}{191 + 9} = 31.5$$

$$制造费用分配率 = \frac{100 + 3000}{191 + 9} = 15.5$$

月末在产品成本 = 52.5 × 9 + 31.5 × 9 + 15.5 × 9 = 895.5（元）

完工产品成本 = 52.5 × 191 + 31.5 × 191 + 15.5 × 191 = 19 004.5（元）

三、在产品按所耗原材料费用计价法

采用该方法，月末在产品只计算其所耗原材料费用，不计算工资等加工费用。该方法适用于原材料费用在产品成本中占有很大比重的产品。例如，纺织、造纸、酿酒等行业，其原材料费用都占产品成本的 70%，为了简化核算，对这些行业期末在产品成本一般只计算原材料费用。其具体计算公式如下（假定原材料在生产开始时一次投入）：

$$单位产品原材料成本 = \frac{原材料费用总额}{完工产品数量 + 月末在产品数量}$$

月末在产品成本 = 月末在产品数量 × 单位产品原材料成本

完工产品成本 = 月初在产品成本 + 本月生产费用 − 月末在产品成本

例如，某车间 C 产品的原材料费用占成本的 80% 左右，月末在产品的成本只计算原材料费用。C 产品本月完工 1 000 件，月末有 200 件未完工。原材料在生产开始时一次投入。有关成本资料，如表 5 − 2 所示。

表5-2　　　　　　　　　　　　成本资料　　　　　　　　　　　金额单位:元

	直接材料	直接人工	制造费用	合 计
期初余额	5 678			
本月发生额	90 322	20 130.50	2 450	112 902.50

$$原材料费用分配率 = \frac{5678 + 90322}{1000 + 200} = 80(元);$$

月末在产品成本 = 200 × 80 = 16 000(元)

完工产品从成本 = 5 678 + 112 902.5 - 16 000 = 102 580.5(元)

四、约当产量法

采用该方法，在月末计算在产品成本时，需将在产品的数量按照完工程度折算为相当于完工产品的产量，称为约当产量。约当产量一般以实物量表示，也可用定额工时表示。约当产量法按照完工产品产量与在产品的约当产量的比例，分配计算完工产品的费用和月末在产品的费用。该方法适用于月末在产品数量较多，各月在产品数量不稳定，尤其是产品生产工序较多，月末在产品完工率差别较大的企业。由于在产品的各项费用的投入程度不同，因此，要分别成本项目计算在产品的约当产量。一般来说，原材料按投料程度计算约当产量，工资和其他费用按加工程度计算约当产量。

1. 按投料程度计算约当产量。其计算公式如下：

$$原材料费用分配率 = \frac{月初在产品材料成本 + 本月投入材料成本}{本月完工产品数量 + 月末在产品约当产量}$$

在产品应负担的材料费 = 月末在产品约当产量 × 原材料费用分配率

在产品的投料程度是在产品已投材料占完工产品应投材料的百分比。在生产过程中，材料投入方式通常有三种:在生产开始时一次投入、在生产过程中陆续投入及在每道生产工序开始时一次投入。由于投料方式不同，在产品的投料程度也就不一样，从而计算的在产品约当产量也就不一样。

第一，如原材料在生产开始时一次投入，则在产品和完工产品所耗原材料数量相同，在产品投料程度为100%。这样，无论在产品完工程度如何，在分配原材料费用时，直接按完工产品数量和在产品数量的比例分配。

第二，如原材料在生产过程中陆续投入，则材料的投料程度与生产工时的投入进度基本一致，分配材料费用的在产品约当产量按在产品的完工程度折算。其投料程度的计算公式如下：

$$某工序投料程度(\%) = \frac{\begin{matrix}在产品上道工序累计\\投入原材料费用(或数量)\end{matrix} + \begin{matrix}在产品在本工序投入\\材料费用(或数量)\end{matrix} \times 50\%}{完工产品应投入材料费用(或数量)} \times 100\%$$

上述公式中的材料费用或数量可以是实际数也可以是定额数。

例如，某产品经两道工序加工完成，原材料消耗定额为第一工序 50 千克，第二工序 150 千克。各工序在产品数量为第一工序 200 件，第二工序 220 件。原材料在生产开始后逐步投入。分配原材料费用的约当产量计算表及材料费用分配表，如表 5－3、表 5－4 所示。

表 5－3　　约当产量计算表

工序	在产品数量（件）	材料消耗定额（千克）	投料率计算	在产品约当产量
1	200	50	[（0＋50）×50%]÷200×100%＝12.5%	200×12.5%＝25
2	220	150	（50＋150×50%）÷200×100%＝62.5%	220×62.5%＝137.5
合计		200		162.5

表 5－4　　材料费用分配表

	产量	分配率	原材料成本
完工产品	2 000		90 000
在产品	162.5		7 312.5
合 计	2 162.5	45	97 312.5

第三，如原材料是在每道生产工序开始时一次投入，则投料程度的计算公式如下：

$$某工序投料程度(\%)=\frac{在产品上道工序累计投入原材料费用(或数量)+在产品在本道工序投入材料费用(或数量)}{完工产品应投入材料费用(或数量)}\times 100\%$$

假定上例原材料是在每道工序开始时一次投入的，分配原材料费用的约当产量计算表及材料费用分配表，如表 5－5、表 5－6 所示。

表 5－5　　约当产量计算表

工序	在产品数量（件）	材料消耗定额（千克）	投料率计算	在产品约当产量
1	200	50	50/200 ×100%＝25%	200×25%＝50
2	220	150	（50＋150）/200×100%＝100%	220×100%＝220
合计		200		270

表 5－6　　材料费用分配表

	产量	分配率	原材料成本
完工产品	2 000		85 737.80
在产品	270		11 574.70
合计	2 270	42.8689	97 312.50

2. 按加工程度计算约当产量。其计算公式如下：

$$加工费用分配率=\frac{月初在产品加工费用+本月投入加工费用}{本月完工产品数量+月末在产品约当产量}$$

在产品应负担的加工费用＝月末在产品约当产量×加工费用分配率

对于直接材料以外的其他成本项目的在产品约当产量，通常按完工程度计算。因为这些费用的发生与完工程度关系密切，它们随工艺过程的进行而逐渐投入，产品完工程度越高，在产品的耗费应该越多。完工程度可以按各工序分别计算，也可以确定一个平均完工程度。

第一，分工序计算在产品完工程度。分工序计算在产品完工程度是指根据截至某工序为止的在产品实耗工时（或定额工时）占完工产品实耗工时（或定额工时）的百分比。完工程度的计算公式如下：

$$某工序在产品完工程度(\%)=\frac{单位在产品上道工序累计工时定额+单位在产品本道工序工时定额\times 50\%}{单位完工产品工时定额}\times 100\%$$

例如，某产品的工时定额为50小时，经三道工序制成。各道工序的工时定额分别为：20小时、15小时、15小时。各工序完工率及月末加工费用分配表，如表5－7、表5－8所示。

表5－7　　各工序完工率

工序	在产品数量	工时定额	完工率计算	在产品约当量
1	150	20	(20×50%)/50×100%＝20%	30
2	180	15	(20＋15×50%)/50×100%＝55%	99
3	200	15	(20＋15＋15×50%)/50×100%＝85%	170
合计		50		299

表5－8　　月末加工费用分配表

	数量	分配率	加工成本
完工产品	2 000		46 000
在产品	299		6 877
合计	2 299	23	52 877

第二，不分工序计算在产品完工程度。不分工序计算在产品完工程度是指企业对在产品确定一个平均完工程度（一般是50%）作为各工序在完工程度的一种方法。这种方法比较简单，适用于各工序产品数量和单位产品在各工序的加工量相差不多的情况。

上例按此方法计算的约当产量＝150×50%＋180×50%＋200×50%＝265（件）

下面举一综合例子。

例如，某车间生产D产品，本月完工1 500件，尚有150件未完工，月末在产品完工程度平均为50%，原材料在生产开始时一次投入。本月有关D产品的成本资料，如表5－9所示。

表5－9　　D产品成本资料　　金额单位：元

	直接材料	直接人工	制造费用	合计
期初余额	21 000	9 865	4 670	35 535
本期发生额	69 750	29 510	11 080	110 340
合计	90 750	39 375	15 750	145 875

材料费用分配率＝(21 000＋69 750)÷(1 500＋150)＝55（元）

在产品应负担材料成本 = 150 × 55 = 8 250（元）

直接人工分配率 =（9 865 + 29 510）÷（1 500 + 150 × 50%）= 25（元）

在产品应负担直接人工成本 = 75 × 25 = 1 875（元）

制造费用分配率 = =（4 670 + 11 080）÷（1 500 + 150 × 50%）= 10（元）

在产品应负担制造费用 = 75 × 10 = 750（元）

月末在产品成本 = 8 250 + 1 875 + 750 = 10 875（元）

本月完工产品成本 = 145 875 − 10 875 = 135 000（元）

五、定额成本法

采用该方法，月末在产品的各项费用按各自的费用定额计算。即按月末在产品的数量乘以定额成本求出在产品成本。该方法适用于定额管理基础较好，定额资料比较完整而且各月末在产品数量比较稳定的产品。

例如，某车间生产 E 产品，原材料系生产开始时一次投入。月末在产品数量 250 件，在产品的定额工时总计 2 500 小时。E 产品车间完工产品与在产品的成本计算表，如表 5 − 10 所示。

表 5 − 10　　E 产品车间完工产品与在产品的成本计算表　　金额单位：元

摘 要	产量	定额工时	直接材料	直接人工	制造费用	合计
生产费用累计			59 760	17 200	15 000	91 960
在产品定额			25	1.60	1.50	
在产品定额成本	250	2 500	6 250	4 000	3 750	14 000
完工产品成本			53 510	13 200	11 250	77 960

从上述计算中可以看出，月末在产品成本的定额差异全部计入完工产品成本。若是定额制定得比较接近实际，该方法既简便又合理。因此，采用这种方法的企业，在定额资料中的某些因素发生变化时，要及时加以修订，否则会影响产品成本的正确性。

六、定额比例法

采用该方法，生产费用按完工产品与月末在产品的定额消耗量或定额费用的比例进行分配。其中，原材料费用按照原材料定额消耗量或原材料定额费用比例分配；工资和福利费、制造费用等费用可按定额工时比例分配。该方法可以避免在按定额成本法计算时，在产品成本的定额差异全部由完工产品成本负担的不足，但要逐项计算费用定额比例，再根据比例分配完工产品成本与在产品成本，计算工作量较大。定额比例法适用于定额管理基础较好，各项消耗定额或费用定额比较准确、稳定，月末在产品数量变动较大的产品。

定额比例法的计算公式如下：

$$耗用量分配率 = \frac{月初在产品实际耗用量 + 本月实际耗用量}{完工产品定额耗用量 + 月末在产品定额耗用量}$$

完工产品实际耗用量 = 完工产品定额耗用量 × 耗用量分配率

完工产品费用 = 完工产品实际耗用量 × 原材料单价（或单位工时工资、费用）

月末在产品实际耗用量 = 月末在产品定额耗用量 × 消耗量分配率

月末在产品费用 = 月末在产品实际耗用量 × 原材料单价（或单位工时工资、费用）

按照上述公式分配，不仅可以提供完工产品和月末在产品的实际费用资料，还可以提供实际耗用量的资料，便于考核和分析各项消耗定额的执行情况。但是，在各种产品所耗原材料品种较多的情况下，采用这种分配方法工作量较大。为了简化核算工作，也可以采用下列公式分配：

原材料费用分配率 =

$$\frac{\text{月初在产品实际原材料耗用量} + \text{本月实际原材料耗用量}}{\text{完工产品定额原材料费用} + \text{月末在产品定额原材料费用}}$$

完工产品原材料费用 = 完工产品定额原材料费用 × 原材料费用分配率

月末在产品原材料费用 = 月末在产品定额原材料费用 × 原材料费用分配率

或 = 月初在产品实际原材料费用 + 本月实际原材料费用 − 完工产品原材料费用

$$\text{工资（制造费用）分配率} = \frac{\text{月初在产品实际工资（制造费用）} + \text{本月实际工资（制造费用）}}{\text{完工产品定额工时} + \text{月末在产品定额工时}}$$

完工产品实际工资（制造费用）= 完工产品定额工时 × 工资（制造费用）分配率

月末在产品实际工资（制造费用）= 月末在产品定额工时 × 工资（制造费用）分配率

或 = 月初在产品实际工资（制造费用）+ 本月实际工资（制造费用）− 完工产品工资（制造费用）

按照上列公式计算分配费用，必须取得完工产品和月末在产品的定额耗用量或定额费用资料。完工产品和月末在产品的原材料、工时定额耗用量，是根据完工产品和月末在产品的实际数量乘以单件原材料、工时消耗定额计算求得的。完工产品和月末在产品的定额费用，是根据完工产品和月末在产品的原材料、工时定额耗用量，乘以原材料计划单价或单位小时计划工资、费用计算求得的。所以，采用这种方法，在在产品的种类和工序繁多的情况下，核算工作量繁重。因此，月末在产品定额耗用量及其分配率可采用简化的方法计算（倒轧的方法）。其计算公式如下：

月末在产品定额耗用量 = 月初在产品定额耗用量 + 本月投入的定额耗用量 − 本月完工产品定额耗用量

$$\text{耗用量分配率} = \frac{\text{月初在产品实际耗用量} + \text{本月实际耗用量}}{\text{月初在产品定额耗用量} + \text{本月投入定额耗用量}}$$

上列公式中，月初在产品的定额耗用量，是根据上月成本资料取得的，本月投入的定额耗用量，其中原材料定额耗用量，是根据领料凭证所列原材料定额耗用量等数据计算求得的；本月投入的定额工时，是根据有关工时定额的原始记录计算求得的。用这种方法计算月末在产品的定额数据，虽然可以简化计算工作，但在发生在产品盘盈、盘亏的情况下，计算求得的成本资料就不能如实反映产品的成本水平。

在具备了月初在产品的定额耗用量（或定额费用）和定额工时、本月投入的定额耗用量（或定额费用）和定额工时，以及本月完工产品定额耗用量（或定额费用）和定额工时资料的情况下，倒轧出月末在产品的定额资料。可以按下列公式分配费用。

$$\text{费用分配率} = \frac{\text{月初在产品实际费用} + \text{本月实际费用}}{\text{月初产品定额费用（定额工时）} + \text{本月投入定额费用（定额工时）}}$$

完工产品和月末在产品费用的计算公式同前。

定额比例法的计算公式还可以归纳为：

$$费用分配率 = \frac{月初在产品某项费用额 + 本月某项费用实际发生额}{完工产品某项费用定额耗用量(定额费用) + 月末在产品某项费用定额耗用量(定额费用)}$$

完工产品某项费用实际成本 = 完工产品某项费用定额耗用量(定额费用) × 费用分配率

例如，某车间生产 F 产品，月初在产品直接材料费用 2 万元，直接人工费用 2 000 元，制造费用 1 000 元；本月实际发生的材料费用 16 万元，直接人工费用 2 万元，制造费用 1 万元。完工产品材料定额成本 14 万元，定额工时 18 000 小时，月末在产品材料定额成本 1 万元，定额工时 2 000 小时。月末完工产品与在产品成本计算表，如表 5 – 11 所示。

表 5 – 11　　**月末完工产品与在产品成本计算表**　　金额单位:元

	工时	直接材料	直接人工	制造费用	合 计
月初在产品费用		20 000	2 000	1 000	23 000
本月实际发生费用		160 000	20 000	10 000	190 000
本月累计		180 000	22 000	11 000	213 000
月末在产品定额	2 000	10 000			
完工产品定额	18 000	140 000			
定额合计	20 000	150 000			
定额比例		1.2	1.1	0.55	
完工产品成本		168 000	19 800	9 900	197 700
月末在产品成本		12 000	2 200	1 100	15 300

七、在产品按完工产品计价法

采用该方法，是将在产品视同完工产品分配生产费用。它适用于在产品已接近完工，只是尚未包装或尚未验收入库的产品。因为，此时的在产品成本也就基本等于完工产品成本，为了简化计算，可按两者的数量比例分配各项生产费用。

第三节　完工产品成本的结转

企业生产产品发生的各项生产费用，在各种产品之间进行了分配，在此基础上通过以上各种方法，又在同种产品的完工产品和月末在产品之间进行了分配，计算出完工产品的成本和月末在产品的成本。

月末完工产品成本应从“生产成本”账户中转出，记入“库存商品”账户，并在产品成本明细账中结转本月完工产品的成本。仍以前例 F 产品完工产品成本转出为例，编制会计分录如下：

借:库存商品　　　　197 700

　贷:生产成本——基本生产成本　　　　197 700

前例 F 产品成本明细账中月末结转情况，如表 5 – 12 所示。

表 5-12　　产品成本明细账

品名称:F 产品　　2004×年××月　　金额单位:元

20××年 月	日	摘　要	直接材料	直接人工	制造费用	合 计
		月初余额	20 000	2 000	1 000	23 000
		本月发生额	160 000	20 000	10 000	190 000
		本月累计	180 000	22 000	11 000	213 000
		结转本月完工产品成本	168 000	19 800	9 900	197 700
		月末在产品成本	12 000	2 200	1 100	15 300

● 思考与练习

一、单选题

1. 下列各项中，属于狭义在产品范围的是(　　)。

A. 该产品已加工完工但尚未验收入库的自制半成品

B. 该车间已加工完工但转入下一车间继续加工的某一部件

C. 该产品已加工完工并且验收入库的自制半成品

D. 已完成全部生产过程但尚未验收入库的产成品

2. 在产品数是通过从(　　)获取。

A. 领料凭证　　B. 产品交库凭证

C. 产品内部转移凭证　　D. 在产品收发存账

3. 在产品盘亏时，应借记“待处理财产损溢”，贷记(　　)账户。

A. 库存商品　　B. 生产成本

C. 自制半成品　　D. 管理费用

4. 原材料在产品成本中占有很大比重的企业里，为了简化核算工作，在产品成本可按(　　)计算。

A. 固定数额　　B. 定额成本

C. 原材料费用　　D. 约当产量

5. 若原材料在生产开始时一次投入，则在产品投料程度为(　　)。

A. 50%　　B. 100%

C. 25%　　D. 不确定

6. 采用约当产量法，当各工序在产品数量和单位产品在各工序的加工量都相差不多的情况下，全部在产品完工程度可按(　　)平均计算。

A. 50%　　B. 100%

C. 25%　　D. 75%

7. 假设某企业产品工时定额为 50 小时，经两道工序完成，每道工序的工时定额分别为 30 小时和 20 小时，则第二道工序的完工程度为(　　)。

A. 20%　　B. 100%

C. 50%　　D. 80%

8. 某产品所耗原材料在生产开始时一次性投入，本月生产 100 件该产品，其中完工产品 80 件，在产品 20 件，本月应分配材料费用 10 000 元，请问完工产品成本中材料费是(　　)元。

A. 2 000　　B. 8 000

C. 9 000　　D. 1 000

9. 在产品成本按定额成本法计算，适用于(　　)企业。

A. 各月在产品数量很少

B. 原材料费用在产品成本中占有很大比重

C. 定额管理基础较好，定额资料比较完整且各月末在产品数量比较稳定

D. 定额管理基础较好，各项消耗定额比较准确，稳定，但各月末在产品数量变动较大

10. 计算月末在产品约当产量的依据是(　　)。

A. 本月完工产品数量

B. 本月末在产品数量

C. 本月末在产品数量和完工程度

D. 本月末在产品定额成本和定额工时

11. 约当产量是指将月末在产品数量按照(　　)折算为相当于完工产品的数量。

A. 新旧程度　　B. 完工程度

C. 预计完工率　　D. 预计废品率

12. 假定某工业企业某种产品本月完工 250 件，月末在产品 160 件，在产品完工程度测定为 40%，月初和本月发生的原材料费用共 56 520 元，材料随着加工进度陆续投入，则完工产品和月末在产品的原材料费用分别为(　　)。

A. 45 000 元和 11 250 元　　B. 40 000 元和 16 250 元

C. 34 298 元和 21 952 元　　D. 45 000 元和 11 520 元

13. 某种产品经两道工序加工完成，各道工序的工时定额分别为 24 小时、16 小时。各道工序的在产品在每道工序的加工程度按工时定额的 50% 计算。据此计算的第二道工序在产品累计工时定额为(　　)。

A. 16 小时　　B. 20 小时

C. 32 小时　　D. 40 小时

14. 某种产品各月末在产品数量较大，但各月之间变化很小，为了简化成本计算工作，其生产费用在完工产品与在产品之间进行分配时，适宜采用的方法是(　　)。

A. 不计算在产品成本法　　B. 在产品年初固定成本计价法

C. 在产品按完工产品计算法　　D. 在产品按定额成本计价法

15. 某种产品经两道工序加工完成。第一工序的月末在产品数量为 100 件，完工程度为 20%；第二道工序的月末在产品数量为 200 件，完工程度为 70%。据此计算的月末在产品约当产量为(　　)。

A. 20 件　　B. 135 件

C. 140 件　　D. 160 件

16. 对于月末在产品数量较大，各月末在产品数量变化也较大，产品成本中原材料费用和工资及福利费等加工费用的比重相差不多的产品，应采用(　　)。

A. 在产品按固定成本计价法　B. 在产品按定额成本计价法

C. 约当产量比例法　　　　　D. 在产品按所耗原材料费用计价法

17. 分配加工费用时所采用的在产品完工率，是指产品(　　)与完工产品工时定额的比率。

A. 所在工序的工时定额

B. 前面各工序工时定额之和与所在工序工时定额之半的合计数

C. 所在工序的累计工时定额

D. 所在工序的工时定额之半

18. 如果产品的消耗定额准确、稳定，各月末在产品数量变化不大，产品成本中原材料费用所占比重较大，为了简化成本计算，月末在产品可以(　　)。

A. 按定额原材料费用计价　　B. 按定额成本计价

C. 按所耗原材料费用计价　　D. 按定额加工费用计价

19. 某企业产品经过两道工序，各工序的工时定额分别为30小时和40小时，则第二道工序的完工率为(　　)。

A. 68%　　　　B. 69%

C. 70%　　　　D. 71%

20. 约当产量比例法适用于(　　)的产品。

A. 月末在产品数量较大

B. 各月之间在产品数量变化较大

C. 产品成本中各项费用比重相差不多

D. 以上三项条件同时具备

21. 如果企业定额管理基础较好，能够制定比较准确、稳定的消耗定额，各月末在产品数量变化较大的产品，应采用(　　)。

A. 定额比例法

B. 在产品按定额成本计价法

C. 在产品按所耗原材料费用计价法

D. 在产品按固定成本计价法

二、多选题

1. 广义在产品包括(　　)。

A. 正在车间中加工的在产品

B. 已经完成一个或几个生产步骤，但有待继续加工的半成品

C. 已完工但尚未验收入库的产成品

D. 正在返修和等待返修的废品

2. 计算本月完工产品成本时，需依据的成本资料主要有(　　)

A. 月初在产品费用　　　　B. 本月生产费用

C. 本月月末在产品成本　　D. 上月完工产品成本

3. 在产品盘亏，批准转销时，在贷记“待处理财产损溢——待处理流动资产损溢”的同

时，有可能借记(　　)账户。

A. 原材料　　B. 其他应收款

C. 营业外支出　　D. 管理费用

4. 在生产过程中，材料投入方式通常有(　　)。

A. 在生产一开始时一次投入　　B. 在生产过程中陆续投入

C. 在每道工序开始时一次投入　　D. 以上皆有可能

5. 在计算约当产量时，可按(　　)计算。

A. 定额　　B. 投料程度

C. 月末在产品数量　　D. 加工程度

6. 约当产量比例法适用于分配(　　)。

A. 直接材料　　B. 直接人工

C. 制造费用　　D. 管理费用

7. 在确定生产费用在完工产品与在产品之间分配的方法时，应考虑的因素有(　　)。

A. 各月在产品数量变化的大小　　B. 在产品数量的多少

C. 定额管理基础的好坏　　D. 各项费用比重的大小

8. 分配计算完工产品和月末在产品的费用时，采用在产品按定额成本计价法所应具备的条件是(　　)。

A. 各月末在产品数量变化较大　　B. 产品的消耗定额比较稳定

C. 各月末在产品数量变化较小　　D. 产品的消耗定额比较准确

9. 采用约当产量比例法，计算在产品完工程度的方法有(　　)。

A. 按50%平均计算各工序完工率

B. 分工序分别计算完工率

C. 按定额比例法计算

D. 按定额工时计算

10. 在产品按年初数固定计算法，适用于(　)产品。

A. 各月末在产品结存数量较小

B. 各月末在产品结存数量很大

C. 各月末在产品结存数量虽大，但各月之间变化不大

D. 各月末在产品数量变化较大

11. 生产费用在完工产品和月末在产品之间分配的方法有(　　)。

A. 定额比例法　　B. 按定额成本计价法

C. 约当产量比例法　　D. 计划成本分配法

12. 采用约当产量比例法分配完工产品和在产品费用，适用于(　　)产品。

A. 月末在产品数量不大

B. 月末在产品数量较大

C. 产品成本中各项费用所占比重相差不多

D. 各月在产品数量变动较大

13. 各月份在产品数量较多且变化也较大，在完工产品与月末在产品之间分配生产费用时不宜采用的方法有(　　)。

A. 在产品不计算成本法　　　　B. 在产品按固定成本计价法
C. 约当产量比例法　　　　　　D. 在产品按定额成本计价法

三、判断题

1. 在定额成本法下，月末在产品成本的定额差异全部计入完工产品成本。(　　)

2. 原材料在生产过程中分次投入时，应当根据各工序在产品累计已投入的材料费用占完工产品应投入的材料费用的比重计算确定在产品的投料程度。(　　)

3. 企业的在产品已接近完工，这时可采用在产品按固定数额计价法。(　　)

4. 定额成本法和定额比例法下，定额差异均是由完工产品成本负担的。(　　)

5. 在产品的数量按照其完工程度折算为相当于完工产品的数量，称为约当产量。(　　)

6. 在计算约当产量时，不用区分材料、人工和其他费用，而用一个标准来处理。(　　)

7. 在“在产品按固定数额计价法”中，各月末在产品成本固定不变，到年末也不需调整。(　　)

8. 本月完工产品成本 = 月初在产品费用 + 本月生产费用 − 月末在产品成本。(　　)

9. 在“在产品按所耗原材料费用计价法”中，月末在产品只有材料费用，而没有直接人工费和制造费用。(　　)

10. 某产品生产需三道工序，共需投料 100 千克，其中一、二、三工序分别投入 50 千克，30 千克，20 千克，若原材料是在每道生产工序开始时一次性投入，则处于第三道工序的在产品投料程度是 90%。(　　)

四、简答题

1. 什么是在产品？如何理解在产品的涵义？

2. 生产费用在完工产品和在产品之间分配的意义是什么？如何根据企业的具体情况选择适当的分配方法？

3. 生产费用在完工产品和在产品之间分配的分配方法有哪几种？适用范围怎样？

4. 试说明定额比例法和定额成本法的区别。

5. 在约当量比例法下，如何测定在产品生产过程中的投料程度和加工程度？

6. 简述在产品清查结果的账务处理。

五、业务计算题

习题一

目的：练习投料程度的计算。

资料：某产品经两道工序制成，各工序原材料消耗定额为：第一道工序 200 千克，第二道工序 50 千克。

要求：

(1) 计算原材料于每道工序开始时一次投入情况下各工序的完工率。

(2) 计算原材料陆续投入情况下各工序的完工率。

习题二

目的：练习在产品按所耗原材料成本计价法。

资料：某企业只生产甲产品一种产品，所耗原材料在生产开始时一次投入，产品成本中原材料费用所占比例较大，月末在产品按所耗原材料成本计价。5 月初在产品成本为 10 000 元，5 月份发生生产费用如下：原材料 150 000 元，燃料动力费用 20 000 元，工资福利费 15

000 元，制造费用 16 000 元，本月完工产品 600 件，月末在产品 200 件。

要求:分配计算甲完工产品成本和月末在产品成本。

习题三

目的: 练习约当产量比例法。

资料:某产品经过两道工序完工，完工产品工时定额为 50 小时，第一道工序为 30 小时，第二道工序为 20 小时，每道工序在产品工时定额按本工序工时定额的 50% 计算，该产品本月完工产品 500 件，第一道工序在产品为 200 件，第二道工序在产品为 100 件，期初在产品和本月发生的制造费用共为 64 000 元。

要求:

(1) 计算该产品第一、第二两道工序在产品的加工程度。

(2) 分配计算该产品完工产品和月末在产品的制造费用。

习题四

目的 : 练习在产品按定额成本计价法及定额比例法。

资料:某企业生产 A 产品，经过两道工序连续加工制成，本月完工 450 件，原材料在生产开始时一次投入。单件产品原材料费用定额为 90 元，工时定额 10 小时，每小时直接人工费用定额 45 元，制造费用定额 1.5 元，各工序工时定额及在产品数量如下:

工序	工时定额	月末在产品数量
第一道工序	6 小时	150 件
第二道工序	4 小时	100 件
	10 小时	250 件

各工序月末在产品平均加工程度为 50%。A 产品月初及本月生产费用的合计数为:原材料 63 000 元，工资及福利费 11 500 元，制造费用 8 625 元。

要求:

(1) 分别采用在产品按定额成本计价法及定额比例法分配计算完工产品成本和在产品成本。

(2) 试分析两种方法的计算结果为何不同。

习题五

目的: 练习约当产量比例法。

资料: 某产品由两道工序完成，原材料随着加工程序陆续投入。原材料消耗定额为第一道工序 60%，第二道工序 40%。在产品在本工序的消耗定额按 50% 计算，月末在产品数量为:第一道工序 2 500 件，第二道工序 1 500 件，该月月初在产品原材料费用和本月原材料费用合计为 48 000 元，该月完工产品为 2 250 件。

要求: 按约当产量比例法分配计算完工产品和月末在产品的原材料费用。

习题六

目的: 练习在产品的计价。

资料:

(1) 某企业生产甲、乙两种产品，月初在产品成本和本月生产费用资料如下表所示。

月初在产品成本和本月生产费用资料

项 目	月初在产品成本		本月生产费用	
	甲产品	乙产品	甲产品	乙产品
直接材料	68 400	62 000	114 692	122 000
直接人工	6 400	10 000	112 000	
间接制造费用	8 880	16 240	122 080	

（2）直接人工和间接制造费用均按耗用工时的比例分配。甲、乙产品实际耗用工时数分别为：3 000 小时、4 000 小时。

（3）生产甲产品所耗材料，在生产开始时投入40%（按金额），在加工程度达25%时再投入20%，在加工程度达40%时又投入10%，其余30%的材料在加工程度达60%时投入，直接人工和制造费用随加工程度逐渐发生。

（4）乙产品的生产有三道工序，每件乙产品所耗的材料定额成本为50元，在生产开始时投入材料30元（按定额成本），在第二道工序开始时再投入材料20元。第一道工序工时定额4小时，第二道工序工时定额2小时，第三道工序工时定额4小时。

（5）甲、乙两种产品的产量资料如下表所示。

甲产品的产量资料

项 目	产成品	月末在产品					合计
		加工程度20%	加工程度30%	加工程度50%	加工程度70%	小计	
实际产量（件）	6 000	1 500	2 000	1 800	1 000	6 300	12 300

乙产品的产量资料

项 目	产成品	月末在产品					合计
		第一道工序加工50%	第一道工序加工完毕	第二道工序加工完毕	第三道工序已加50%	小计	
实际产量（件）	3 000	400	600	600	400	2 000	5 000

要求：

（1）按约当产量比例法划分甲产品的完工产品成本和月末在产品成本。

（2）按定额比例法划分乙产品的完工产品成本和月末在产品成本。

第六章　产品成本计算的基本方法

【内容提示】

本章是成本会计的核心内容。通过本章的学习，要求学生掌握产品成本计算的品种法、分批法、分步法的涵义、适用范围、特点、计算程序及计算方法。

第一节　产品成本计算概述

产品成本计算方法是指将一定时期所发生的生产费用对象化到各种产品上去，以求得各种产品总成本和单位成本的方法。产品成本是在生产过程中形成的，因此生产的特点在很大程度上影响着成本计算方法的特点；另外，成本计算是为管理服务的，采用什么方法、提供哪些资料，都要考虑管理的要求。当然，成本管理的要求也不能脱离生产的特点。因此企业在确定成本计算方法时，必须从企业具体情况出发，同时考虑企业的生产特点和管理要求。

不同工业部门、不同行业的生产特点千差万别，但按照工业生产的一般特点，可作以下分类。

一、生产按工艺过程特点分类

生产按工艺过程特点可分为单步骤生产和多步骤生产。

1. 单步骤生产。单步骤生产也称简单生产，是指生产工艺过程不能间断，不可能或者不需要划分为几个生产步骤的生产，如发电、采掘等生产。

2. 多步骤生产。多步骤生产也称复杂生产，是指生产步骤由若干个可以间断的、分散在不同地点、在不同时间进行的生产步骤所组成的生产。多步骤生产按其对产品的加工方式，又可分为连续加工式生产和平行加工式生产。

连续加工式生产是指原材料投入后经过若干步骤的逐步加工制成产成品的生产。如棉纺织业的生产，它在生产过程中，先将棉花经过清棉、梳棉、并条、粗纺和细纺等步骤制成棉纱，然后对棉纱经过络筒、整经、装纱、穿经和织造等步骤制成棉布。这种方式除了最后步骤生产出完工产品外，其余步骤生产的都是半成品。

平行加工式生产又称装配式生产，是指各种原材料投入到不同的加工部门制成所产产品的各种零部件，再将零部件装配成产成品的生产。如自行车的制造，就是将材料分别加工成车把、前叉、车轮、车架等，然后组装成自行车。

二、生产按组织方式分类

生产按生产组织的方式可分为大量生产、成批生产和单件生产。

1. 大量生产。大量生产是指不断重复生产相同产品的生产。在这种企业或车间里，产品生产的品种较少，而且比较稳定。如面粉、化肥等。

2. 成批生产。成批生产是指按照事先规定的产品批别和数量进行的生产。在这种企业或车间里，产品生产的品种较多。成批生产按每批生产数量的多少，又分为大批生产和小批生产。大批生产类似于大量生产，不断重复生产一种或几种产品；小批生产类似于单件生产，由于批量小，一般可以同时完工。

3. 单件生产。单件生产是指根据订货单位的要求，生产个别的、特殊的产品的生产。如机械制造等。

三、生产特点和管理要求对产品成本计算的影响

生产类型不同，对成本进行管理的要求也不一样。而生产特点又必然对产品成本计算产生影响。这一影响主要表现在对产品成本计算对象的确定上。

从产品生产工艺过程看，单步骤生产由于其生产过程不能间断，因而不可能，也不需要按照生产步骤计算产品成本，只能按生产产品的品种计算产品成本。而在多步骤生产中，为了加强各个生产步骤的成本管理，往往要求按产品的生产步骤计算成本。

从生产特点看，在大量生产的情况下，一种产品或几种产品连续不断地投入生产，相同的产品同时又不断地产出，因而管理上只要求，而且也只能按产品的品种计算成本；大批生产往往集中投料，生产一批零部件供几批耗用，零部件的生产批别与产品的生产批别往往是脱离的，因而不能按产品的批别计算产品成本，只能按产品的品种计算产品的成本；在小批、单件生产的情况下，由于一次生产的产品数量少，产品往往同时完工，因而有可能按照产品的批别计算产品成本。

综上所述，在产品成本计算工作中有着三种不同的成本计算对象：产品的品种、产品的批别、产品的生产步骤。以此为主要标志，产品成本的基本计算方法也分为三种：品种法、分批法和分步法。下面将分别介绍这几种基本的成本计算方法。

第二节　品种法

一、品种法及其适用范围

产品成本计算的品种法亦称简单法，是以产品品种为成本计算对象，归集生产费用，计算产品成本的一种方法。品种法是成本计算方法中最基本的方法，不论什么特点的企业，不论什么类型的产品生产，也不论管理要求如何，最终都必须按照产品品种计算出产品成本。这种方法在实际工作中应用比较广泛，其适用范围主要包括：

1. 大量、大批单步骤生产的企业，如发电、采掘等企业。在这种类型的生产中，产品的生产过程不可能或者不需要划分为几个生产步骤，只是由一个企业单独完成，所以也就不可能或者不需要按照生产步骤计算产品成本。只能以最终产品作为成本计算对象，归集生产费用，计算产品成本。

2. 大量、大批多步骤生产且管理上不要求分步计算的企业，如小型水泥厂、织布厂、铸件熔铸等企业。这类企业或车间规模较小，或者车间是封闭式的，从原材料投入到产品完工都在一个车间进行，或者生产是按流水线组织的，管理上不要求按照生产步骤计算产品成本。这类企业也可以采用品种法计算产品成本。

3. 大中型企业中的辅助生产车间，如为基本生产车间提供产品和劳务的供电、供水、供气

车间等，其成本也可采用品种法计算。

二、品种法的特点

品种法的主要特点是：

1. 以产品品种为成本计算对象。这一特点对成本会计工作最直接的影响是，应根据产品成本设置生产成本明细账归集生产费用，计算产品成本。

在采用品种法计算产品成本的企业或车间里，如果只生产一种产品，则该种产品就是成本计算对象，并为这种产品设置产品成本明细账，按成本项目设专栏。在这种情况下，所发生的全部费用都是直接费用，可以直接记入该产品成本明细账的有关成本项目中，而不存在各成本计算对象之间费用分配的问题。

生产多种产品，应按产品品种分别设置产品成本明细账，以每种产品为成本计算对象，归集生产费用，计算产品成本。生产多种产品的直接费用，可以根据有关凭证或费用分配表，直接记入有关成本明细账；应由几种产品成本共同负担的间接费用，应采用一定的分配方法，并编制费用分配表，在有关产品之间进行分配，然后记入成本明细账。

2. 每月末计算一次完工产品成本。成本计算期与会计报告期一致，即按日历月份，每月定期计算产品成本。

采用品种法计算产品成本，无论是大量、大批生产一种产品，还是大量、大批生产多种产品，产品成本要每月定期计算一次。因此，产品成本的计算期与会计报告期一致，与产品的生产周期并不一致。

3. 期末如有在产品，要采用适当的方法在完工产品与在产品之间分配生产费用，以计算完工产品和期末在产品成本。

①不计算在产品成本。单步骤生产中，月末计算成本时，一般不存在尚未完工的在产品，或者在产品数量很小，因而可以不计算在产品成本。在这种情况下，产品成本明细账中按成本项目汇集的生产费用，就是该产品的总成本，除以该产品的产量，即可求得该产品的平均单位成本。

②月末计算在产品成本。在规模较小，而且管理上又不要求按照生产步骤计算产品成本的大量、大批多步骤生产中，月末一般都有在产品，而且数量较多，这就需要将产品成本明细账中归集的生产费用，选择适当的方法，在完工产品与月末在产品之间进行分配，以计算出完工产品成本和月末在产品成本。

三、品种法的计算程序

品种法的成本计算程序如下：

1. 按产品品种设置成本明细账，并按成本项目分别设置专栏，以便按成本项目归集生产费用。

2. 根据原始凭证或原始凭证汇总表，编制各种要素费用分配表。对于直接费用如直接材料、直接工资等费用，可以直接记入成本明细账；对于间接费用可以先在制造费用明细账中归集，然后按一定分配标准进行分配，分别记入有关产品的成本明细账。

3. 月份终了时，将各种产品成本明细账归集的生产费用，在完工产品和在产品之间进行分配并结转完工产品成本，剩余部分就是在产品成本。对于只生产一种产品，不要求计算在产品成本的成本明细账中归集的生产费用总额全部转入“库存商品”账户。结转完工产品成本时还应根据完工产品的产量计算完工产品的单位成本，如图6－1所示。

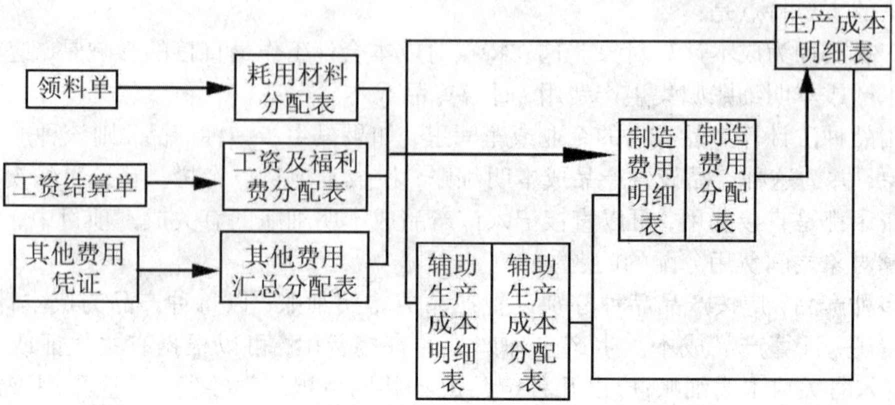

图6－1　品种法核算程序图

四、品种法举例

（一）生产单一品种，且月末不计算在产品成本

产品生产周期较短，产品品种单一，月末没有在产品，或有少量在产品但不予计算，按成本计算对象归集起来的费用，就是完工产品的总成本，除以数量就是单位产品成本。因为这种品种法的计算方法简单，所以称之为简单法。它是品种法的简单形式。现以火力发电厂为例说明成本计算的简单法。

火力发电厂是利用燃料燃烧产生的热力，使锅炉中的水变成蒸汽，推动汽轮机迅速旋转带动发电机运转而发出电力来。火力发电厂有的只生产电力一种产品，有的生产电力和蒸汽两种产品。这里只介绍生产电力一种产品的成本计算的简单法。

例如，某火力发电厂的燃料是电力制造成本的75%，该厂某年4月份生产电力50 000千度，该月份电力成本明细账归集的生产费用如表6－1所示。

表6－1　电力成本明细账

产品产量:50 000千度　　金额单位:元

摘 要	直接材料	直接人工	制造费用	合 计
耗用燃料	1 500 000			1 500 000
耗用辅助材料	60 000			60 000
耗用水	6 000			6 000
付职工薪酬		114 000		114 000
支付间接费			320 000	320 000
合 计	1 566 000	114 000	320 000	2 000 000

根据上列电力成本明细账归集的生产费用，编制电力成本计算表，如表6－2所示。

表 6－2　　电力成本计算表

产品产量:50 000 千度　　20××年 4 月份　　金额单位:元

成本项目	总成本	单位成本
直接材料	1 566 000	31.32
直接人工	114 000	2.28
制造费用	320 000	6.40
制造成本	2 000 000	40.00

该厂电力总成本 200 万元，每千度电的成本为 40 元。

（二）生产多品种，且月末计算在产品成本

假设某工厂是大量生产的企业，由于半成品对外不销售，管理上不要求计算成本，因此，用品种法计算产品成本。企业设有一个基本生产车间，生产甲、乙两种产品，设有修理车间。该厂实行一级成本核算，采用约当产量法计算在产品成本。为了归集生产费用计算产品成本，设置了甲、乙两种产品的成本明细账和机修车间的辅助账，还设置了基本生产车间和机修车间的制造费用明细账。该厂某年 12 月份各种产品实际产量和消耗工时表，如表 6－3 所示。

表 6－3　　产品实际产量和消耗工时表

产品名称	完工产品产量（件）	在产品数量（件）	消耗工时（小时）
甲产品	750	50	10 000
乙产品	235	30	2 500
合计	985	80	12 500

品种法成本计算程序举例说明如下：

1. 根据原始凭证汇总表编制各种费用分配表或汇总表，分配各种要素费用。

①材料费用分配表，如表 6－4 所示。

表 6－4　　材料费用分配表

20××年 12 月份　　金额单位:元

分配对象	成本项目或明细项目	原材料			低值易耗品		
		计划成本	差异（2%）	实际成本	计划成本	差异（－2%）	实际成本
甲产品	直接材料	25 000	500	25 500			
乙产品	直接材料	20 000	400	20 400			
机修车间	直接材料	2 200	44	2 244			
机修车间	低值易耗品摊销				200	－4	196
基本生产车间	机物料消耗	800	16	816			
基本生产车间	劳动保护费				400	－8	392
合 计		48 000	960	48 960	600	－12	588

根据材料费用分配表，编制会计分录如下：

借:生产成本——基本生产成本——甲产品　　25 500
　　　　　　　　　　　　　——乙产品　　20 400
　　　　　——辅助生产成本——机修车间　　2 244
　制造费用——基本生产车间　　1 208
　　　　　——机修车间　　196
　贷:原材料　　　　48 000
　　周转材料　　　　600
　　材料成本差异　　　　948

②动力费用分配表，如表 6－5 所示。

表 6－5　**动力费用分配表**

20××年 12 月份　　金额单位:元

分配对象	成本项目或明细项目	耗电量	单价	分配金额
甲产品	直接材料	6 000	0.40	2 400
乙产品	直接材料	2 000	0.40	800
机修车间	动力费	1 200	0.40	480
基本生产车间	水电费	500	0.40	200
合 计		9 700	0.40	3 880

根据动力费用分配表，编制会计分录如下:

借:生产成本——基本生产成本——甲产品　　2 400
　　　　　　　　　　　　　——乙产品　　800
　　　　　——辅助生产成本——机修车间　　480
　制造费用——基本生产车间　　200
　贷:银行存款(库存现金)　　　　3 880

③人工费用分配表，如表 6－6 所示。

表 6－6　**人工费用分配表**

20××年 12 月份　　金额单位:元

分配对象	成本项目	分配标准(工时)	分配率	分配金额
甲产品	直接人工	10 000	1.25	12 500.00
乙产品	直接人工	2 500	1.25	3 125.00
机修车间	直接人工			1 500.00
机修车间	工资			500.00
基本生产车间	工资			600.00
合 计				18 225.00

根据人工费用分配表，编制会计分录如下:

借:生产成本——基本生产成本——甲产品　　12 500
　　　　　　　　　　　　　——乙产品　　3 125
　生产成本——辅助生产成本——(机修车间)　　1 500

制造费用——基本生产车间　　600

　　　　——机修车间　　500

贷:应付职工薪酬——工资　　18 225

④提取的职工福利费分配表，如表6－7所示(注:2007年1月1日后不再提取工福利费，改为据实列支)。

表6－7　　提取的职工福利费分配表

20××年×12月份　　金额单位:元

分配对象	成本项目或明细项目	提取职工福利费的工资额	提取百分比	提取金额
甲产品	直接人工	12 500.00	14%	1 750.00
乙产品	直接人工	3 125.00	14%	437.50
机修车间	直接人工	1 500.00	14%	210.00
机修车间	福利费	500.00	14%	70.00
基本生产车间	福利费	600.00	14%	84.00
合　计		18 255.00		2 551.50

根据职工福利费分配表，编制会计分录如下:

借:生产成本——基本生产成本——甲产品　　1750.00

　　　　　　　　　　　　——乙产品　　437.50

　　　　——辅助生产成本——(机修车间)　　210.00

制造费用——基本生产车间　　84.00

　　　　——机修车间　　70.00

贷:应付职工薪酬——福利费　　2551.50

⑤折旧费分配表，如表6－8所示。

表6－8　　折旧费分配表

20××年12月份　　金额单位:元

分配对象	分配金额
基本生产车间	1 200
机修车间	400
合　计	1 600

根据折旧费分配表，编制会计分录如下:

借:制造费用——基本生产车间　　1 200

　　　　——机修车间　　400

贷:累计折旧　　1 600

⑥长期待摊费用摊销分配表，如表6－9所示。

表6－9　　长期待摊费用分配表

20××年12月　　金额单位:元

分 配 对 象	长期待摊费用
	修 理 费
基本生产车间	400
机修车间	100
合　计	500

根据长期待摊费用分配表，编制会计分录如下：

借:制造费用——基本生产车间　　400

——机修车间　　100

贷:长期待摊费用　　500

⑦其他费用分配表，如表6－10所示。

表6－10　　**其他费用分配表**

分配对象	办公费	差旅费	保险费	低值易耗品摊销	运输费	修理费	合计
基本生产车间	450	750	500	200	800	500	3 200
机修车间	180		150	50	200		580
合　计	630	750	650	250	1 000	500	3 780

根据其他费用分配表，编制会计分录如下：

借:制造费用——基本生产车间　　3200

——机修车间　　580

贷:库存现金(等)　　3780

2. 根据各种要素费用分配表，登记机修车间制造费用明细账，并分配和结转制造费用，机修车间制造费用明细账，如表6－11所示。

表6－11　　**制造费用明细账**

车间名称:机修车间　　20××年12月份　　金额单位:元

××年 月	××年 日	凭证号数	摘要	工资	福利费	保险费	修理费	办公室	运输费	折旧费	低值易耗品摊销	合计
12	31	6－4	分配低值易耗品摊销								196.00	196.00
		6－6	分配工资	500.00								500.00
		6－7	分配福利费		70.00							70.00
		6－8	分配折旧费							400.00		400.00
		6－9	分配长期待摊费用				100.00					100.00
		6－10	分配其他费用			150.00		180.00	200.00		50.00	580.00
			月计	500.00	70.00	150.00	100.00	180.00	200.00	400.00	246.00	1846.00
		6－12	结转机修成本	500.00	70.00	150.00	100.00	180.00	200.00	400.00	246.00	1846.00

根据表6－11，结转机修车间制造费用，编制会计分录如下：

借:生产成本——辅助生产成本——机修车间　　1 846

贷:制造费用——机修车间　　1 846

根据各种要素费用分配表，机修车间制造费用明细账，登记机修车间辅助生产成本明细账并分配机修费用，机修车间辅助生产成本明细账，如表6－12所示。

表 6－12　　辅助生产成本明细账

车间名称：机修车间　　20××年12月　　金额单位：元

20××年 月	日	凭证号码	摘要	直接材料	直接人工	制造费用	合计
12	31	6－4	分配原材料	2 244			2 244
		6－5	分配动力费	480			480
		6－6	分配工资		1 500		1 500
		6－7	分配福利费		210		210
		6－11	结转制造费用			1846	1 846
			月计	2 724	1 710	1846	6 280
		6－13	月末转出	2 724	1 710	1846	6 280

本月机修车间共完成修理工时1000小时，其中，基本生产车间200小时，企业管理部门300小时，对外提供修理劳务500小时，以机修工时作为分配标准进行分配，编制机修费用分配表，如表6－13所示。

表 6－13　　机修费用分配表

车间名称：　　20××年12月　　金额单位：元

受益单位	修理工时	分配率	分配金额
对外销售成本	500		3 140
企业管理部门	300		1 884
基本生产车间	200		1 256
合计	1 000	6.28	6 280

根据表6－13结转对外销售成本、管理费用，登记基本生产车间制造费用明细账。

根据机修费用分配表，编制会计分录如下：

借：销售费用　　3 140

　管理费用　　1 884

　制造费用——基本生产车间　　1 256

　贷：生产成本——辅助生产成本——机修车间　　6280

3. 根据各种要素费用分配表、辅助生产费用分配表等资料，登记基本生产车间制造费用明细账，并分配车间制造费用。车间制造费用明细账，如表6－14所示（见242页）。

将车间制造费用明细账中归集的费用，按照各种产品耗用工时进行分配，编制车间制造费用分配表，如表6－15所示。

表 6－15　　制造费用分配表

车间名称：基本生产车间　　20××年12月　　金额单位：元

产品名称	生产工时（小时）	分配率	分配金额
甲产品	10 000		6 518.40
乙产品	2 500		1 629.60
合计	12 500	0.65184	8148.00

根据表6－15，将基本生产车间的制造费用分配到甲、乙两产品的生产成本中，编制会计分录如下：

借：生产成本—基本生产成本——甲产品　　6 518.40
　　　　　　　　　　　　——乙产品　　1 629.60
　贷：制造费用——基本生产车间　　　　　　8 148.00

4. 分配完工产品和在产品成本。本厂12月份生产的两种产品，都是在投产时一次投入全部直接材料，连续进行加工的。采用约当产量法计算在产品成本。在产品投料程度为100%，加工程度为50%。两种产品的约当产量计算如下：

甲产品投入材料的约当产量为800（750＋50×100%）件，加工约当产量为775（750＋50×50%）件。

乙产品投入材料的约当产量为265（235＋30×100%）件，加工约当产量250（235＋30×50%）件。

约当产量计算出来之后，可以用下列计算公式在完工产品和在产品之间分配生产费用，计算完工产品成本。

①分配直接材料，其计算公式如下：

直接材料分配率＝直接材料费用合计÷投入材料约当产量

完工产品应负担的直接材料＝完工产品数量×直接材料分配率

②分配其他各项费用，其计算公式如下：

某项费用分配率＝该项费用合计÷加工约当产量

完工产品应负担的某项费用＝完工产品数量×该项费用分配率

从直接材料和其他各项费用中扣除完工产品应负担的费用，其余部分就是在产品成本。根据各项费用分配表、产品产量和在产品约当产量资料登记甲、乙两种产品成本明细账，计算完工产品和期末在产品成本，如表6－16和表6－17所示。

表6－16　　　　甲产品成本明细账

完工产量：750件　　　　　　　　　　金额单位：元

20××年		凭证号数	摘要	直接材料	直接人工	制造费用	合计
月	日						
12	1		期初在产品	1 745.00	456.00	209.00	2 410.00
	31	6－4	分配原材料	25 500.00			25 500.00
		6－5	分配动力费	2 400.00			2 400.00
		6－6	分配工资		12 500.00		12 500.00
		6－7	分配福利费		1 750.00		1 750.00
		6－15	分配制造费用			6 518.40	6 518.40
			合计	29 645.00	14 706.00	6 727.40	51 078.40
			投料或施工约当产量	800.00	775.00	775.00	
			分配率	37.06	18.98	8.68	
12	31	6－18	完工产品成本	27 795.00	14 235.00	6 510.00	48 540.00
			期末在产品	1 850.00	471.00	217.40	2 538.40

表 6－17 **乙产品成本明细账**

完工产量:235 件 金额单位:元

20××年 月	日	凭证号数	摘 要	直接材料	直接人工	制造费用	合计
12	1		期初在产品	2 500.00	228.00	100.00	2 828.00
	31	6－4	分配原材料	20 400.00			20 400.00
		6－5	分配动力费	800.00			800.00
		6－6	分配工资		3 125.00		3 125.00
		6－7	分配福利费		437.50		437.50
		6－15	分配制造费用			1 629.60	1 629.60
			合 计	23 700.00	3 790.50	1 729.60	29 220.10
			投料或施工约当产量	265.00	250.00	250.00	
			分配率	89.43	15.162	6.9184	
12	31	6－18	完工产品成本	21 016.05	3 563.07	1 625.82	26 204.94
			期末在产品	2 683.95	227.43	103.78	3 015.16

5. 结转产成品成本。根据甲、乙两种产品成本明细账的记录，编制产品成本汇总表，如表 6－18 所示。

表 6－18 **产品成本汇总表**

20××年 12 月 金额单位:元

成本项目	甲产品		乙产品		合 计
	总成本	单位成本	总成本	单位成本	
直接材料	27 795.00	37.06	21 016.05	89.43	48 811.05
直接人工	14 235.00	18.98	3 563.01	15.16	17 798.07
制造费用	6 510.00	8.68	1 625.82	6.92	8 135.82
制造成本合计	48 540.00	64.72	26 204.94	111.51	74 744.94

根据产品成本汇总表填制转账凭证，将完工产品成本转入“库存商品”账户，并分别登记甲、乙两种产品的库存商品明细账。根据上表，编制会计分录如下：

借:库存商品——甲产品 48 540.00

　　　　　——乙产品 26 204.94

　贷:生产成本——基本生产成本——甲产品 48 540.00

　　　　　　　　　　　　　——乙产品 26 204.94

第三节 分批法

一、分批法及其适用范围

产品成本计算的分批法，是指以产品的批别为成本计算对象，归集生产费用计算产品成本的一种方法。

分批法适用于单件、小批装配式复杂生产的企业，如重型机械制造、船舶制造等，企业中专用工具、模具和设备的制造，机械设备的大中修理和新产品试制等。对于某些生产性能比较特殊的简单生产，如果生产是按单件小批组织，管理上又要求分批计算成本，这些都可采用分批法计算产品成本。

一些企业每批产品的品种、规格、数量都不一定完全相同，每批产品的生产任务，可能由上级下达或者是根据顾客订货单下达生产通知单组织生产，并组织成本核算，所以，这种产品的成本计算方法也叫做“订单法”。在按订单组织生产的企业，如果在一张订单中规定的不是一种产品，还可按产品品种划分批次组织生产，计算产品成本；如果一张订单只规定一种产品，但数量较大，不能集中一次投产或客户要求分批交货，可分数批组织生产，计算产品成本；如果一张订单中只规定一种大型复杂、价值较大、生产周期较长的产品，也可以按产品的组成部分组织生产，计算产品成本；有时为合理、经济地组织生产，也可将相同产品合为一批组织生产，计算产品成本。

二、分批法的特点

成本计算的分批法有以下特点：

1. 分批法是以产品的批次（订单、生产通知单）作为成本计算对象，设置生产成本明细账。采用分批法以产品的批次（订单、生产通知单）组织生产，其日常成本核算就以产品的批次作为成本计算对象，财会部门按批次设置生产成本明细账，归集生产费用。凡能直接计入各成本计算对象的直接材料、直接工资、专属费用、废品损失，就应根据原始凭证，直接计入该批次生产成本明细账；凡不能直接计入该批次的共同生产费用，如共用材料、制造费用等，就应根据一定标准进行分配，然后计入各有关批次的生产成本明细账。

2. 成本计算不是定期进行的。采用分批法，每批产品的生产费用虽然也是按月归集，但由于各批产品生产的复杂程度、数量、要求不同，其生产周期也就不同，因此，成本的计算期就因各批次产品的生产周期而异，其实际成本必须等到该批产品完工以后才能计算出来。所以，采用分批法计算产品成本的计算期与产品的生产周期相同但与会计的报告期不同。

3. 一般不存在生产费用在月末完工产品和在产品之间的分配问题。按批次组织生产，月末在该批产品未完工之前全部产品都处于在产品状态，不需计算完工产品成本，月终归集的生产费用都是在产品成本。而当该批产品完工之后，该批产品生产结束，不存在在产品，月终所归集的生产费用，就是该批完工产品的总成本，不需计算在产品成本。

企业在有些情况下也会发生批内产品跨月陆续完工入库并销售的情况，如果数量不多，可按计划成本、定额成本或最近一批相同产品的实际成本结转完工入库产品成本，待该批产品全部完工入库以后，再计算该批产品的实际总成本和单位成本，但对于已经转账的产成品成本，不再调整；如果跨月陆续完工入库数量较多，月终则要将产品成本明细账中归集的生产费用，在完工产品和在产品之间进行分配，计算完工产品和在产品成本。

三、分批法成本计算程序

分批法的成本计算程序如下：

1. 企业生产计划部门按订单或者产品批别签发“生产通知单”（也称“工作令号”），一方面，通知车间进行生产；另一方面，通知供应、会计部门。会计部门根据“生产通知单”设置成本明细账，并按成本项目分列，对于各批产品直接耗用的材料费用和其他直接费用，都要在有关的原始凭证上填明“生产通知单”的编号。

2. 月终根据各项费用要素分配表、辅助生产分配表、制造费用分配表分别登记各产品成本明细账。

3. 当某批产品完工时，车间应对属于该完工批次所剩余的半成品和材料进行盘点计价，办理退库手续，并填制“完工通知单”通知会计部门。

4. 会计部门收到“完工通知单”后，把该批产品成本明细账上已归集的生产费用加计总数，扣除退库材料、半成品及废料的价值，就是该批产品的实际总成本。

四、分批法举例

某企业按购货单位的要求生产甲产品10件，4月份投产，5月份全部完工，批号为401；投产乙产品一批60件，5月份投产，批号为501，当月完工40件并已交货，尚有20件没有完工。两批产品生产成本明细账，如表6－19、表6－20所示。

由于501批号产品部分完工，而且完工产品数量占总批量的比重较大，应采用适当的方法将产品的生产费用在完工产品与在产品之间进行分配。本例中因原材料是在生产开始时一次投入，因此原材料费用按完工产品数量分配，其他费用按约当产量法分配。

表6－19　　**产品成本明细账**

批号:401　　开工日期:4月18日

产品名称:甲产品　　完工日期:5月20日

委托单位:达奇公司 批量:10件　　金额单位:元

项　目	直接材料	直接人工	制造费用	合 计
4月末余额	12 000	900	3 400	16 300
5月发生费用:				
材料费用分配表	4 600			4 600
人工费用分配表		1 700		1 700
制造费用分配表			8 000	8 000
合 计	16 600	2 600	11 400	30 600
结转产品(10件)成本	16 600	2 600	11 400	30 600
单位成本	1 660	260	1 140	3 060

表6－20　　**产品成本明细账**

批号:501　　开工日期:5月4日

产品名称:乙产品　　完工日期:

委托单位:迅达公司 批量:60件　　金额单位:元

项　目	直接材料	直接人工	制造费用	合 计
5月份发生费用:				
材料费用分配表	8 000			18 000
人工费用分配表		1 650		I 650
制造费用分配表			4 800	4 800
合 计	18 000	1 650	4 800	24 450
结转产品(40件)成本	12 000	1 320	3 840	17 160
单位成本	300	33	96	429
月末在产品成本	6 000	330	960	7 290

原材料费用分配，如表6－20所示。

产成品应负担原材料费用＝18 000/(40＋20)×40＝12 000(元)

在产品应负担原材料费用＝18 000/(40＋20)×20＝6 000(元)

其他费用按约当产量法在乙产品的产成品和在产品之间分配。

乙产品的约当产量计算，如表6－21所示。

表6－21　　**乙产品的约当产量计算表**

工序	完工程度 ①	在产品(件)		完工产品(件)	产品合计(件)
		盘存数	约当产量	④	⑤－③＋④
		②	③＝①×②		
1	15%	4	0.6		
2	25%	4	1		
3	70%	12	8.4		
合计		20	10	40	50

直接人工在完工产品和在产品之间的分配如下:

$$产成品应负担人工费用=\frac{1650}{40+10}\times 40=1\ 320(元)$$

$$在产品应负担人工费用=\frac{1650}{40+10}\times 10=330(元)$$

制造费用在完工产品和在产品之间的分配如下:

产成品应负担人工费用＝4800/(40＋10)×40＝3 840(元)

在产品应负担制造费用＝4800/(40＋10)×10＝960(元)

根据各项费用分配表记入501批乙产品成本明细账，即可计算出乙产品的产成品成本和月末在产品成本。

五、不分批计算在产品成本的分批法成本计算程序及实例

采用分批法计算产品成本，在同一月份投产批数较多，而大多数又是跨月生产，月末未

完工批数较多的情况下，按多批产品计算在产品成本的工作量过大，为了简化核算，可以采用不分批计算在产品成本的分批法。

成本计算程序如下：

1. 会计部门除按订单或批别设置产品成本明细账外，还要设置基本生产二级账，账内按产品工时和成本项目设专栏。

2. 月末，根据各要素费用分配表、辅助生产费用分配表、制造费用分配表，将本月发生的各项费用按成本项目，不分批地登记基本生产二级账，只登记本月投入的生产工时。产品成本明细账中仅登记该批产品应负担的直接费用(如材料费用)和本月投入的生产工时。

3. 月末，对于各批中完工产品成本的计算分两步进行：第一步，完工产品应负担的直接费用(如材料费用)，可以根据产品成本明细账中累计的生产费用，采用适当的分配方法，在完工产品与在产品之间分配计算。第二步，完工产品应负担的间接费用，应根据基本生产二级账中间接费用的累计数与累计生产工时，计算间接费用分配率，按完工产品累计工时计算。其计算公式如下：

$$间接费用分配率=\frac{全部产品累计间接费用}{全部产品累计工时}$$

某批完工产品应负担的间接费用 = 该批完工产品累计工时 × 间接费用分配率

以上所谓的直接费用，是指能直接分清批次的原材料和自制半成品领用、工资的支付等发生的费用，这些费用可以直接计入该批产品明细账中；间接费用是指那些分不清批次的原材料和自制半成品领用、工资的支付等发生的费用，这些费用先在基本生产二级帐中归集；后用一定方法进行分配。

4. 月末，将完工产品成本从成本明细账中转出，成本明细账中余额即为月末在产品成本。产品成本明细账中期末余额仅是该批产品应负担的直接费用。各批产品应负担的间接费用没有反映在各批产品成本明细账中，而是汇总反映在基本生产二级账的期末余额中。

这种分批法的优点是在月末完工产品批数较多的情况下，因不用按批计算在产品成本，从而简化了核算工作。但是，如果各批产品间接费用水平在各月之间相差悬殊时，按照这种方法计算，就会使各批完工产品应负担的间接费用与实际脱节，影响产品成本计算的正确性。

假设某厂属小批生产，该厂某年 4 月份各批次生产资料、生产成本二级账和产品成本的明细账，如表 6 - 22 ~ 6 - 28 所示。

表 6 - 22　　本月各批次生产资料

批次	产品	产量(件)	投产月份	完工月份
K204	A1	2 000	2	4
K206	A2	3 000	2	6
K307	A3	1 500	3	6
K401	A4	2 600	4	5(4 月完工 1 000 件)
K402	A5	1 000	4	6

表 6－23 生产成本二级账 金额单位:元

日期	摘 要	直接材料	生产工时	直接人工	制造费用	合计
3/31	本月初累计余额	454 136	167 542	335 084	102 431	891 651
4/30	本月发生费用	121 463	47 351	112 794	41 353	275 610
	本月止累计余额	575 599	214 893	447 878	143 784	1 167 261
	累计分配率			2.08	0.67	
	完工产品成本	191 670	88 866	184 841.28	59540.22	436 051.50
	结转后余额	383 929	126 027	263 036.72	84 243.78	731 209.50

表 6－24 产品成本明细账

批次:K204 产量:2 000 件

产品:A1 投产期:2 月 完工期:4 月

金额单位:元

日期	摘 要	直接材料	生产工时	直接人工	制造费用	合 计
3/31	本月初累计余额	163 816	72 148			
4/30	本月发生费用	1 250	5 718			
	本月止累计余额	165 066	77 866			
	累计分配率			2.08	0.67	
	完工产品成本结转	165 066		161 961.28	52 170.22	379 197.50
	单位成本	82.53	77 866	80.98	26.09	189.60

表 6－25 产品成本明细账

批次:K206 产量:3 000 件

产品:A2 投产期:2 月 完工期:6 月

金额单位:元

日期	摘 要	直接材料	生产工时	直接人工	制造费用	合 计
3/31	本月初累计余额	187 654	63 209			
4/30	本月发生	1 170	7 644			
	本月止累计余额	188 824	70 853			

表 6－26 产品成本明细账

批次:K307 产量:1 500 件

产品:A3 投产期:3 月 完工期:6 月

金额单位:元

日期	摘 要	直接材料	生产工时	直接人工	制造费用	合 计
3/31	本月初累计余额	102 666	32 185			
4/30	本月发生	2 708	8 141			
	本月止累计余额	105 374	40 326			

表 6－27　　　　**产品成本明细账**

批次:K401　　　　产成品定额工时:11　　　　产量:2 600 件

产品:A4　　　　投产期:4 月　　　　完工期:5 月(4 月完工 1 000 件)

金额单位:元

日期	摘 要	直接材料	生产工时	直接人工	制造费用	合 计
4/30	本月发生	69 172	18 332			
	本月止累计余额	69 172	18 332			
	累计分配率	26.60	11	2.08	0.67	
	完工结转 1 000 件	26 604	11 000	22 880	7 370	56 854
	完工产品单位成本	26.60	11	22.88	7.37	56.85
	结转后余额	42 568	7 332			

表 6－28　　　　**产品成本明细账**

批次:K402　　　　产量:1 000 件

产品:A5　　　　投产期:4 月　完工期:6 月

金额单位:元

日期	摘 要	直接材料	生产工时	直接人工	制造费用	合 计
4/30	本月发生	47 163	7 516			
	本月止累计余额	47 163	7 516			

1. 各批次生产资料。本二级账中，直接工资累计分配率为 2.08(447 878/214 893)，制造费用累计分配率为 0.67(143 784/214 893)。

2. 各批次产品成本明细账。

各批次产品成本明细账中，不计算在产品成本，以简化计算手续，在其中只登记直接材料及生产工时数。对已完工产品的结转，根据生产成本二级账中计算的累计分配率和累计生产工时计算直接人工和制造费用，K204 批次本月全部完工，直接材料全部结转，并按上述分配方法计算其直接人工、制造费用和产品总成本。K401 批次完工 1 000 件，直接材料费用按完工件数分配为 26 604(69 172/2 600 × 1 000)元;生产工时按定额工时每件产品 11 工时计算，计为 11 000 工时;按累计分配率计算应结转的直接人工为 22 880 元，制造费用为 7 370 元。结转的完工产品 1 000 件的产品总成本为 56 854 元。

完工产品成本结转后，根据各批次产品成本明细账中结转完工产品成本汇总记入生产成本二级账，其余额即为月末在产品的成本。

第四节　分步法

一、分步法及其适用范围

产品成本计算的分步法，是指以产品的生产步骤为成本计算对象，归集生产费用，计算产品成本的一种方法。

产品成本计算的分步法，主要适用于大量、大批的多步骤生产，如冶金、造纸、纺织以及大量大批生产的机械制造业等。在这些企业里产品的生产工艺过程可以划分为若干个生产步骤，如纺织企业可以分为纺纱、织布等步骤，造纸企业可以分为制浆、制纸、包装等步骤，冶金企业的生产工艺又可分为炼铁、炼钢、轧钢等步骤。这样，从原材料投入生产每经过一个加工步骤就形成一种半成品；这些半成品是下一步骤的加工对象，直到最后一步生产出来的是产成品。为了加强各步骤的成本管理，往往不仅要求按照产品的品种归集生产费用、计算产品成本，而且还要求按照产品的生产步骤归集生产费用、计算各步骤的产品成本，提供反映各种产品及其各生产步骤的成本资料。

二、分步法的特点

成本计算的分步法有如下特点：

1. 以各种产品的生产步骤为成本计算对象，设置成本明细账。分步法成本计算对象是各个加工步骤的各种或各类产品，也就是说该种方法是以产品的生产步骤和产品品种作为成本计算对象。成本明细账是按每个加工步骤的各种或各类产品来设置的，或者是按照生产步骤设立的，账中按照产品品种反映。如果只生产一种产品，成本计算对象就是该种产成品及其所经过的各个生产步骤，产品成本明细账应该按照产品的生产步骤设置。如果生产多种产品，成本计算对象则应是各种产品及其所经过的各个生产步骤。产品成本明细账应该按照多种产品的各个步骤设置。

在实际工作中，产品成本计算的分步与产品实际的生产步骤的划分并不一定完全一致，计算产品成本时，可以只对管理上有必要分步计算成本的生产步骤单独设立产品成本明细账，单独计算成本；管理上不要求单独计算成本的生产步骤，则可以与其他生产步骤合并设立产品成本明细账，合并计算成本。

2. 计算产品成本一般是按月定期进行。在大量大批生产的企业里，原材料连续投入，产品连续不断地转移到下一生产步骤，生产过程中始终有一定数量的在产品，成本计算一般在月末进行。所以，成本计算是定期的，成本计算期与产品的生产周期不一致，但与报告期一致。

3. 生产费用需要在完工产品与在产品之间分配。在大量、大批的多步骤生产中，由于生产过程较长，而且往往都是跨月陆续完工的，在月终计算成本时各步骤都有在产品，因此，要将生产费用采用适当的方法，在完工产品与在产品之间进行分配。

4. 各步骤之间的成本需要结转。由于产品生产是分步进行的，上一步骤生产的半成品是下一步的加工对象。因此，为了计算各种产品的产成品成本，还需要按照产品的品种，结转各步骤成本。也就是说，与其他成本计算方法的不同之处是在采用分步法计算产品成本时，在各个步骤之间还有个成本结转问题，这是分步法的一个重要特点。

三、逐步结转分步法

（一）逐步结转分步法的成本计算程序

在分步法下，由于各步骤成本计算与结转的方法不同，其计算程序又可分为逐步结转和平行结转两种方式。因而产品成本计算的分步法也就相应地分为逐步结转分步法和平行结转分步法两种。

逐步结转分步法的产品成本计算程序是：先计算第一步骤半成品成本；然后，加上第二步骤加工费用，以求得第二步骤半成品成本。半成品成本随着加工步骤，逐步累计结转，到最后一个步骤所计算出来的成本，就是产成品成本。

逐步结转分步法成本计算程序，如图 6－2 所示。

第一步骤　耗用原材料 + 加工费用 = 半成品成本 + 在产品成本

第二步骤　上半步骤转来半成品成本 + 加工费用 = 半成品成本 + 在产品成本

……

最后步骤　上半步骤转来半成品成本 + 加工费用 = 半成品成本 + 在产品成本

图 6－2　逐步结转分步法成本计算程序

（二）逐步结转分步法的特点及其适用范围

逐步结转分步法又称顺序结转分步法，它是指分步计算半成品成本的分步法，所以也称计算半成品成本的分步法。采用这种方法能够提供各个生产步骤的半成品的成本资料。

采用逐步结转分步法，在计算各生产步骤的在产品成本时，上一步骤所生产的半成品成本，要随着半成品实物的转移，从上一步骤的产品成本明细账中转入下一步骤相同产品的成本明细账中，以便逐步计算各步骤的半成品成本以及最后一个步骤的产成品成本。每月月末，各项生产费用（包括上一步骤转入的半成品的费用）在各步骤产品成本明细账中归集以后，如果本步骤既有完工半成品，又有正在加工中的在产品，则应将各步骤的生产费用采用适当的分配方法在其完工半成品与加工中的在产品之间进行分配，以便计算完工半成品的成本。

这种方法适用于大量大批连续式复杂生产的企业。在这种类型的企业中，从原材料投入生产到产成品完工，要经过一系列连续加工步骤，除最后一个步骤生产出产成品以外，其他各个步骤所生产的都是各种不同的半成品，这些半成品既可自用（转给下一步骤继续加工耗用在不同产品上），又可作为商品产品对外销售。例如，钢铁厂生产的铁锭、钢锭等。因此，这种类型的企业在计算产品成本时，除了要计算各种产品成本之外，还要计算各个生产步骤的半成品成本，以便计算半成品的销售成本和以后生产步骤的产品成本。

（三）半成品成本的综合结转及成本还原

逐步结转分步法按照半成品成本在下一步骤成本明细账中反映的方法不同，可以分为“综合结转”和“分步结转”两种方式。

综合结转是指上一步骤转入的半成品成本全部记入下一步骤成本明细账中时，将其作为一个综合项目加以反映。一般以“原材料”或“自制半成品”项目在下一步骤的成本明细账中单列一栏登记。这种结转方式可以简化计算手续，但是计算出来的产成品的成本却不能提供原始成本项目反映的成本资料。在生产步骤较多的情况下，逐步综合结转以后，表现在产成品成本中的绝大部分费用是最后一个步骤所耗自制半成品的费用，其他费用只是最后一个步骤的费用，在产品成本中所显的比重很小。显然，这不能反映企业产品成本的实际结构，因而不能据以从整个企业的角度来考核、分析产品成本的构成状况，寻求降低成本的途径。因此，还必须对自制半成品项目进行成本还原，即将产成品成本还原为按原始成本项目反映的成本。

成本还原的方法是，从最后一个生产步骤起，将其耗用的上一个生产步骤的自制半成品的综合成本，按照上一生产步骤完工半成品的成本项目的比例，分解还原为原来的成本项目，如此自后向前逐步分解还原，直到第一生产步骤为止，然后再将各生产步骤相同成本项目的数额加以汇总，即可求得按原始成本项目反映的产品成本。

（四）半成品成本的分项结转

分项结转是指上一步骤转入的半成品成本，分别按照成本项目计入下一步骤成本明细账的各有关成本项目中。这样结转计算的产品成本能够真实地反映产品的成本结构，而无需进行成本还原。这种结转方式，转账手续比较麻烦，特别是当半成品经过半成品库收发时，半成品明细账也要分成本项目登记，当采用加权平均法结转半成品成本时，还要分别每一成本项目求得加权平均成本，因此，半成品成本采用分项结转工作量较大，实际工作中较少采用。

（五）综合结转分步法举例

例如，某股份有限公司A产品的产量记录及有关成本资料，如表6－29～6－32所示，假定原材料在生产开始时一次投入，各步骤在产品的完工程度均为50%。生产费用在完工产品和在产品之间的分配采用约当产量法。

表6－29　　　　产量成本资料

第一步骤产量记录

项目	数量（件）
月初在产品	40
本月投产	160
本月完工（甲半成品）	120
月末在产品	80

第二步骤产量记录

项目	数量（件）
月初在产品	20
本月投产	120
本月完工（乙半成品）	110
月末在产品	30

第三步骤产量记录

项目	数量（件）
月初在产品	10
本月投产	110
本月完工（A产成品）	100
月末在产品	20

表6－30　　　　第一步骤成本计算单

产品:甲半成品　　　　金额单位:元

项 目	直接材料	直接人工	制造费用	合 计
月初在产品成本	400	250	300	950
本月发生费用	1 600	1 150	1 300	4 050
转出甲半成品成本	1 200	1 050	1 200	3 450
月末在产品成本	800	350	400	1 550

表 6 – 31　　第二步骤成本计算单

产品:乙半成品　　金额单位:元

项　目	自制半成品	直接人工	制造费用	合　计
月初在产品成本	575	150	200	925
本月发生费用	3 450	1 600	1 675	6 725
转出乙半成品成本	3 162.5	1 540	1 650	6 352.5
月末在产品成本	862.5	210	225	1 297.5

表 6 – 32　　第三步骤成本计算单

产品:A 产成品　　金额单位:元

项　目	自制半成品	直接人工	制造费用	合　计
月初在产品成本	577.5	125	100	802.5
本月发生费用	6 352.5	2 735	1 880	10 967.5
转出 A 产成品成本	5 775	2 600	1 800	10 175
月末在产品成本	1 155	260	180	1 595

根据产量记录，第一步骤本月完工甲半成品 120 件，月末在产品 80 件，根据第一步骤成本计算单，月初在产品成本、直接材料 400 元，直接人工 250 元，制造费用 300 元，共计 950 元。本月发生费用:直接材料 1 600 元，直接人工 1 150 元，制造费用 1 300 元，共计 4 050 元。

直接材料共计为 2 000(400 + 1 600)元，应按约当产量法在完工甲半成品(120 件)和在产品(80 件)之间进行分配如下:

约当产量:

120 + 80 = 200(件)(原材料生产开始时一次投入)

(400 + 1 600)/200 × 120 = 1 200(元)(120 件甲半成品直接材料成本)

(400 + 1 600)/200 × 800(元)(80 件月末在产品直接材料成本)

直接人工费共计为 1 400(250 + 1 150)元，按约当产量法分配如下:

约当产量:

120 + 80 × 50% = 160(件)(在产品完工程度为 50%)

(250 + 1 150)/160 × 120 = 1 050(元)(120 件甲半成品直接人工成本)

(250 + 1 150)/160 × 40 = 350(元)(80 件月末在产品直接人工成本)

制造费用共计为 1 600(300 + 1 300)元，按约当产量法分配如下:

约当产量:

120 + 80 × 50% = 160(件)(在产品完工程度为 50%)

(300 + 1 300)/160 × 120 = 1 200(元)(120 件甲半成品制造费用成本)

(300 + 1 300)/160 × 40 = 400(元)(80 件月末在产品制造费用成本)

表 6 – 33　　　　成本还原计算表　　　　金额单位:元

项目	产量(件)	还原分配率	乙半成品	甲半成品	直接材料	直接人工	制造费用	成本合计
还原前 A 产成品成本	100		5775			2600	1800	10175.00
本月所产乙半成品成本				3162.5		1540	1650	6352.50
A 产成品成本中乙半成品成本还原		5775/6352.5 =0.909	–5775	2875①		1400②	1500③	0
本月所产甲半成品成本					1200	1050	1200	3450.00
甲半成品成本还原		2875/3450 =0.833		–2875	1000	875	1000	0
还原后 A 产成品总成本					1000	4875	4300	10175
还原后 A 产成品单位成本					10	48.75	43	101.75

①0.909 ×3 162.5 =2 875(元)

②0.909 ×1 540 =1 400(元)

③0.909 ×1 650 =1 500(元)

完工转出的 120 件甲半成品成本共计为 1 200 +1 050 +1 200 =3 450(元)

第二、第三步骤成本的计算程序和第一步骤相同。但第二、第三两步骤的直接材料项目或自制半成品项目分别为第一步骤完工的甲半成品和第二步骤完工的乙半成品。

第三步骤完工 A 产成品 100 件，总成本为 10 175 元，其中直接材料即乙半成品 5 775 元，直接人工 2 600 元，制造费用 1 800 元。

为了按成本原始项目反映和分析成本状况，还需要进行成本还原。成本还原是从最后步骤起，先按上一生产步骤完工半成品的成本项目比例，分解还原为原来的成本项目。如此自后向前逐步分解还原，直到第一生产步骤为止。然后，再将各生产步骤相同的成本项目的数额加以汇总，以求得按原始成本项目反映的产品成本。

还原前 100 件 A 产品成本共计为 10 175 元，其中直接材料即乙半成品成本为 5 775 元，首先，将其按本月完工的乙半成品成本比例还原分解如下:甲半成品(乙半成品中的直接材料)2 875 元，直接人工 1 400 元，制造费用 1 500 元;然后，将甲半成品 2 875 元按本月完工甲半成品成本比例还原，各成本项目分解如下:直接材料 1 000 元，直接人工 875 元，制造费用 1 000 元;最后，将相同的成本项目汇总在一起就可以计算出按原始成本项目反映的 A 产品成本，其中:直接材料 1 000 元，直接人工 4 875 元，制造费用 4 300 元。成本还原计算表，如表 6 – 33 所示。

(六)分项结转分步法举例

上例按分项结转方法计算 A 产成品成本，如表 6 – 34 ~6 – 36 所示。

表 6－34 第一步骤成本明细账 金额单位:元

项 目	直接材料	直接人工	制造费用	合 计
月初在产品成本	400	250	300	950
本月发生费用	1 600	1 150	1 300	4 050
合计	2 000	1 400	1 600	5 000
约当产量	200	160	160	
单位成本	10	8.75	10	28.75
转出甲半成品成本	1 200	1 050	1 200	3 450
月末在产品成本	800	350	400	1 550

分项结转直接材料的概念与综合结转直接材料的概念不同，前者是指直接耗用的原材料，后者则是指上一步骤转入的半成品成本(只有第一步骤指的是原材料)。

表 6－35 第二步骤成本明细账 金额单位:元

项 目	直接材料	直接人工	制造费用	合 计
月初在产品成本	575	150	200	925
本月发生费用		1 600	1 675	3 275
第一步骤转入半成品成本	1 200	1 050	1 200	3 450
合计	1 775	1 750/1 050	1 875/1 200	7 650
约当产量	140	125/140	125/140	
单位成本	12.68	14/7.5	15/8.57	57.75
转出乙半成品成本	1 394.8	2 365	2 592.7	6352.5
月末在产品成本	380.2	435	482.3	1 297.5

表 6－36 第三步骤成本明细账 金额单位:元

项 目	直接材料	直接人工	制造费用	合计
月初在产品成本	577.5	125	100	802.5
本月发生费用		2 735	1 880	4 615
上一步骤转入半成品成本	1 394.8	2 365	2 592.7	6 352.5
合 计	1 972.3	2 860/2 365	1 980/2 592.7	11 770
约当产量	120	110/120	110/120	
单位成本	16.44	26/19.71	18/21.60	101.75
转出 A 产成品成本	1 644	4 571	3 960	10 175
月末在产品成本	328.3	654	612.7	1 595

在第二步骤成本计算中，有关直接人工、制造费用的分配过程是:直接人工费用本步骤发生 1 750 元，上步骤转入1 050 元，本步骤完工产品110 件，在产品 30 件。当分配本步骤发生的 1 750 元人工费用时，约当产量为 125(110＋30×50%)件，分配率为 14(1 750÷125)元/件，完工产品应分担 1 540(110×14)元，在产品应负担 210(15×14)元，当分配上步转入的 1 050 元人工费用时，约当产量为 140(110＋30×100%)件，分配率 7.5(1 050÷140)元/件，完工产品应分担 825(110×7.5)元，在产品应分担 225(30×7.5)元。所以本月第二步骤

完工半成品人工费为2 365(1 540 +825)元，在产品应分摊435(210 +225)元。第二步骤的制造费用、第三步骤的人工费用、制造费用在完工产品和产成品之间的分配过程与上述相同。之所以要分成本步骤发生和上步骤转入两种情况来处理，是因为上步骤转入的半成品成本已经全部投入应当与本月完工产品(半成品和产成品)同等分配生产费用，本月发生的生产费用尚未全部投入，应当在计算在产品约当产量后，再与本月完工产品一起分配生产费用。

四、平行结转分步法

(一)平行结转分步法的特点及其适用范围

简单地说，平行结转分步法是指不分步计算半成品成本的分步法。这种方法一般适用于大多数装配式复杂生产的企业，如机械制造企业和部分连续式生产的企业。这种类型的企业在原材料投入后，各个生产步骤平行加工零部件，然后装配成产成品；或者各步骤生产的半成品仅供本企业下一步骤继续加工使用，很少对外出售。在这种情况下，为了简化和加速成本计算工作，在计算成本时，可以不单独计算各步骤半成品的成本，也不计算各步骤所耗上一步骤的半成品的成本(即各步骤之间不结转所耗半成品成本)，而只计算本步骤所发生的各项生产费用以及这些费用中应计入产成品的“份额”。然后，将各步骤应计入同一产成品成本的份额平行结转、汇总，即可计算出该种产品的产成品成本。

平行结转分步法的特点有：

1. 按照最终完工产品品种及其经过各步骤的成本“份额”设置产品成本明细账，按成本项目设专栏。采用这一方法，各生产步骤不计算半成品成本，只计算本步骤所发生的生产费用。除第一步骤生产费用中包括所耗用的原材料和各项加工费用外，其他各步骤只计算本步骤发生的各项加工费。

2. 半成品成本不随半成品实物转移。采用这一方法，各步骤之间不结转半成品成本。各步骤的成本明细账中仅归集本步骤发生的费用，从上一步骤转移到本步骤继续加工的半成品，其成本分别保留在上几个步骤。

3. 月终，各步骤成本明细账中归集起来的本步骤生产费用划分为两部分：一部分为耗用于最后完工产成品的费用；另一部分是尚未最后制成的在产品的费用。这里的在产品是广义的在产品，包括：①尚在本步骤加工中的在产品；②本步骤已完工转入半成品库的半成品；③已从半成品库转到以后各步骤进一步加工，但尚未最后制成的半成品。将各步骤费用中应计入产成品的“份额”，平行结转、汇总，计算该种产成品的总成本和单位成本。

4. 成本计算期与产品的生产周期不一致，而与报告期一致，是按月定期计算产品成本。

(二)平行结转法成本计算程序

平行结转分步法的产品成本计算程序是：各步骤只计算本步骤的加工费用，而不计算各步骤完工半成品的成本，各步骤的加工费用要用一定的方法计算出其应记入产成品成本的金额，然后平行地计入产成品成本内。

平行结转分步法成本计算程序，如图6 -3所示。

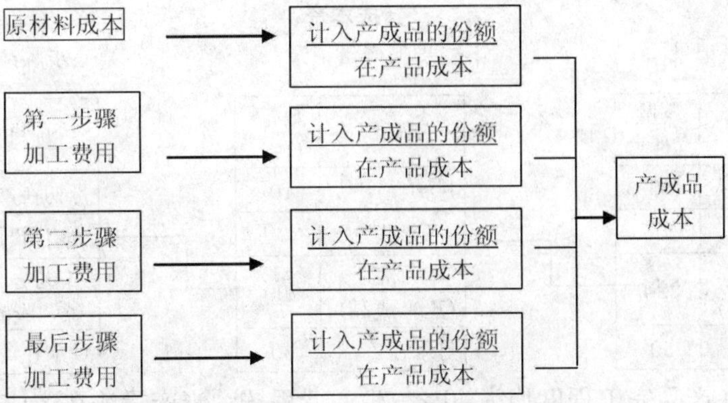

图 6－3　平行结转分步法成本计算程序

采用这种方法，完工产品的成本是以各步骤应计入产成品成本的“份额”进行结转、汇总的。如何正确地确定各步骤生产费用中应计入产成品成本的“份额”，即每一生产步骤的生产费用如何正确地在完工产成品和广义在产品之间进行分配，是这一方法能否正确计算产品成本的关键所在。

各步骤应计入产成品的“份额”，一般按下列公式计算：

某步骤应计入产成品成本份额＝该步骤单位半成品成本
×单位产成品耗用该步骤半成品数量×完工产成品数量

月末在产品成本(广义)＝该步骤本月累计生产费用－该步骤应计入产成品成本份额

其中，该步骤单位半成品成本要分成本项目进行确定，计算它的分配率。常用方法有定额比例法或约当产量法。

1. 在定额比例法下，其计算公式如下：

$$\text{分配率}=\frac{\text{该步骤本月累计生产费用}}{\text{该步骤月初在产品定额耗用量}+\text{该步骤本月投入定额耗用量}}$$

完工产成品该步骤成本份额＝产成品在该步骤定额耗用量×分配率

月末在产品成本(广义)＝本月累计生产费用－完工产成品该步骤成本份额

2. 在约当产量法下，一般首先以某产品的产成品和期末广义的在产品为产量基数，计算各步骤各项费用的分配率；然后按完工产品数量，计算各步骤各项费用应计入产品成本的份额。其计算公式如下：

$$\text{某步骤单位半成品成本}=\frac{\text{该步骤本月累计生产费用}}{\text{该步骤半成品数量}+\text{该步骤在产品约当产量}}$$

某步骤应计入产成品成本份额
＝该步骤单位半成品成本×单位产成品耗用该步骤半成品数量×完工产成品数量

月末在产品成本(广义)＝该步骤本月累计生产费用－该步骤应计入产成品成本份额

(三)平行结转分步法举例

某公司甲产品的产量成本资料，如表 6－37 所示。

表 6－37　　　　产量成本资料

第一步骤产量记录

项目	数量(件)
月初在产品	40
本月投产	200
本月完工(甲半成品)	220
月末在产品	20

第二步骤产量记录

项目	数量(件)
月初在产品	10
本月投产	220
本月完工(乙半成品)	200
月末在产品	30

第三步骤产量记录

项目	数量(件)
月初在产品	20
本月投产	200
本月完工(A产成品)	210
月末在产品	10

各步骤月末在产品完工程度均为40%，生产费用按约当产量法在产成品和在产品之间进行分配，直接材料在生产开始时一次投入。单位产成品耗用各步骤的半成品均为1件。各步骤成本明细账如表6－38～6－40所示。

表 6－38　　　　第一步骤成本明细账　　　　金额单位:元

项 目	直接材料	直接人工	制造费用	合 计
月初在产品成本	700	160	240	1 100
本月发生费用	2 000	450	700	3 150
计入产成品成本份额	2 100	496.51	765.12	3 361.63
月末在产品成本	600	113.49	174.88	888.37

约当产量:

直接材料:20＋30＋10＋210＝270(件)

直接人工:20×40%＋30＋10＋210＝258(件)

制造费用:20×40%＋30＋10＋210＝258(件)

第一步骤计入产成品的“份额”和月末在产品(广义)成本的计算如下:

直接材料:

计入产成品成本:(700＋2 000)/270×210＝2 100(元)

月末在产品成本＝2 700－2 100＝600(元)

直接人工:

计入产成品成本＝(160＋450)/258×210＝496.51(元)

月末在产品成本＝610－496.51＝113.49(元)

制造费用:

计入产成品成本＝(240＋700)/258×210＝765.12(元)

月末在产品成本＝940－765.12＝174.88(元)

表 6－39　　　　第二步骤成本明细账　　　　金额单位:元

项目	直接材料	直接人工	制造费用	合计
月初在产品成本		150	120	270
本月发生费用		3 200	2 800	6 000
计入产成品成本份额		3 032.33	2 643.10	5 675.43
月末在产品成本		317.67	276.90	594.57

约当产量：

直接人工：$30 \times 40\% + 10 + 210 = 232$（件）

制造费用：$30 \times 40\% + 10 + 210 = 232$（件）

第二步骤计入产成品的“份额”和月末在产品（广义）成本的计算如下：

直接人工：

计入产成品成本 $= (150 + 3\ 200)/232 \times 210 = 3\ 032.33$（元）

月末在产品成本 $= 3\ 350 - 3\ 032.33 = 317.67$（元）

制造费用：

计入产成品成本 $= (120 + 2\ 800)/232 \times 210 = 2\ 643.10$（元）

月末在产品成本 $= 2\ 920 - 2\ 643.10 = 276.90$（元）

表 6－40　　**第三步骤成本明细账**　　金额单位：元

项 目	直接材料	直接人工	制造费用	合 计
月初在产品成本		100	80	180
本月发生费用		1 800	1 500	3 300
计入产成品份额		1 864.49	1 550.47	3 414.96
月末在产品成本		35.51	29.53	65.04

约当产量：

直接人工：$10 \times 40\% + 210 = 214$（件）

制造费用：$10 \times 40\% + 210 = 214$（件）

第三步骤计入产成品的“份额”和月末在产品（广义）成本的计算如下：

直接人工：

计入产成品成本 $= (100 + 1\ 800)/214 \times 210 = 1\ 864.49$（元）

月末在产品成本 $= 1\ 900 - 1\ 864.49 = 35.51$（元）

制造费用：

计入产成品成本 $= (80 + 1\ 500)/214 \times 210 = 1\ 550.47$（元）

月末在产品成本 $= 1\ 580 - 1\ 550.47 = 29.53$（元）

月末，甲产品成本汇总计算单，如表 6－41 所示。

表 6－41　　**产成品成本汇总计算单**　　金额单位：元

项 目	直接材料	直接人工	制造费用	合 计
第一步骤	2 100	496.51	765.12	3 361.63
第二步骤		3 032.33	2 643.10	5 675.43
第三步骤		1 864.49	1 550.47	3 414.96
制造成本合计		5 393.33	4 958.69	12 452.02

（四）简易平行结转分步法

为了简化各生产步骤的成本计算工作，并为各生产步骤提供在产品资金管理所需要的资料，在采用平行结转分步法时，也可以不分步计算应计入产成品成本的份额，各步骤只计算本步骤发生费用及月末加工中在产品和库存半成品的数量。厂部财会部门平行汇总各步骤本月生产费用，对各步骤上报的在产品和库存半成品数量按累计单位定额成本（计划成本）、计价、汇总，并按下列公式计算产成品成本：

某种产成品成本

＝该种产品各步骤生产费用之和＋各步骤月初加工中在产品和半成品定额（计划）成本之和 －各步骤月末加工中在产品和半成品定额（计划）成本之和

简化平行结转分步法成本计算程序，如表6－42所示。

表6－42 成本计算程序

第一步骤成本计算单 单位：元

项目	直接材料	制造费用	合计
本月发生费用	4000	1200	5200
月末在产品成本	200	300	500

第二步骤成本计算单 单位：元

项目	直接材料	制造费用	合计
本月发生费用		2000	2000
月末在产品成本	300	400	700

第三步骤成本计算单 单位：元

项目	直接材料	制造费用	合计
本月发生费用		4000	4000
月末在产品成本	500	750	1250

产成品成本汇总计算 单位：元

项目	直接材料	制造费用	合计
月初在产品成本	800	1000	1800
本月发生费用	4000	7200	11200
月末在产品成本	1000	1450	2450
产成品制造成本	3800	6750	10550

采用这种计算方法，各生产步骤只计算本生产步骤生产费用，不在完工产品和在产品之间分配费用，这就简化了各生产步骤成本的计算工作。厂部财务部门可提供各生产步骤在产品、半成品成本资料，有利于各步骤生产资金的管理，但不能反映产成品成本中各生产步骤的份额。

上述半成品累计单位定额成本等于前一步骤半成品的累计单位定额成本与本步骤半成品单位定额成本之和。在产品累计单位定额成本则等于前一步骤半成品的累计单位定额成本与本步骤在产品单位定额成本之和。

（五）平行结转分步法与逐步结转分步法的比较

1.逐步结转分步法的在产品是狭义的，也仅指本步骤正在加工的在产品，它的成本是按实物所在地反映，有利于在产品资金管理。平行结转分步法的在产品是广义的，它不仅包括在本步骤加工的在产品，还包括经过本步骤加工完毕，但还没有加工成为产成品的所有半成品。它的成本留在成本发生地，按发生地反映，不随实物转移而转移。

2.逐步结转分步法计算各步骤的半成品成本，半成品成本随着实物的转移而转移；平行结转分步法不计算各步骤半成品成本，半成品成本不随实物的转移而转移。

3.逐步结转分步法的产成品成本是将最后加工步骤的半成品成本加上最后加工步骤的生产费用而得到的。在采用综合逐步结转法时，还有个成本还原问题。在平行结转分步法下，产成品成本是由直接材料加上各步骤应计入产成品的加工费用（直接人工、制造费用）而求得，所以不存在还原问题。

4. 逐步结转分步法是按加工步骤的先后顺序逐步累计结算产品成本的，即上一步骤半成品成本结算后，才能进行下一步骤的核算，会造成相互等待，以致影响成本计算工作时效性。平行结转法各步骤可以同时结算成本，最后平行计入产品成本，不存在相互等待的问题，因此成本计算工作更及时。例如，半成品直接对外销售时，平行结转分步法还须重新计算半成品成本。

5. 逐步结转法和平行结转法是分步法计算产品成本的两种不同方法，所以，计算出来的成本数值存在着一定的差异。

思考与练习

一、单选题

1. 在完工产品和在产品之间分配人工费用和制造费用时，需将本步发生和上步结转费用区别对待的成本计算方法是(　　)。

A. 综合结转法　　B. 分项结转法

C. 平行结转分步法　　D. 简易平行结转分步法

2. 进行成本还原的成本计算方法是(　　)。

A. 综合结转法　　B. 分项结转法

C. 平行结转分步法　　D. 简易平行结转分步法

3. 品种法以产品的(　　)为成本计算对象。

A. 批别　　B. 生产步骤

C. 品种　　D. 产品类别

4. 下列方法中所涉及的在产品是广义在产品的是(　　)。

A. 综合结转法　　B. 分项结转法

C. 平行结转分步法　　D. 简易平行结转分步法

5. 产品成本的计算期是产品的生产周期而不是会计分期的成本计算方法是(　　)。

A. 分批法　　B. 分步法

C. 品种法　　D. 分类法

6. 成本计算方法中最基本的方法是(　　)。

A. 分步法　　B. 分批法

C. 品种法　　D. 分类法

7. 成本计算方法命名的依据是(　　)。

A. 成本计算期　　B. 成本计算对象

C. 生产费用的分配方法　　D. 生产周期

8. 不分批计算在产品成本的分批法与分批法的主要区别是(　　)。

A. 不分批计算完工产品成本　　B. 不分配间接费用

C. 分批核算原材料费用　　D. 不分批计算在产品成本

9. 在采用综合结转分步法的情况下，下步骤耗用的上步骤半成品的成本应转入下步骤产品成本明细账中的(　　)。

A. 直接人工项目　　B. 其他直接支出项目

C. 直接材料或自制半成品项目　　D. 制造费用项目

10. 采用不分批计算在产品成本的分批法中，在产品完工之前，产品的成本明细账(　　)。

A. 不登记任何费用　　B. 只登记直接费用和生产工时

C. 只登记原材料费用　　D. 登记间接费用，不登记直接费用

11. 成本还原是将(　　)耗用各步骤半成品的综合成本由后向前逐步分解还原为原始成本项目。

A. 产成品　　B. 广义在产品

C. 狭义在产品　　D. 自制半成品

12. 分步法适用于(　　)。

A. 大量大批单步骤生产　　B. 单件生产

C. 小批生产　　D. 大量大批的多步骤生产

13. 一般说来，下列企业中适用于平行结转分步法的是(　　)。

A. 纺织企业　　B. 造纸企业

C. 机械制造企业　　D. 冶金企业

14. 分批法适用于(　　)。

A. 大批生产　　B. 单件小批生产

C. 大量生产　　D. 多步骤生产

15. 逐步结转分步法中在产品是(　　)。

A. 广义在产品　　B. 自制半成品

C. 狭义在产品　　D. 以上均不正确

16. 在大量大批多步骤生产情况下，如果管理上不要求分步计算产品成本，其所采用的成本计算方法应是(　　)。

A. 品种法　　B. 分批法

C. 分步法　　D. 分类法

17. 下列各种方法中，属于产品成本计算辅助方法的是(　　)。

A. 品种法　　B. 分批法

C. 定额法　　D. 分步法

18. 下列方法中最基本的成本计算方法是(　　)。

A. 分步法　　B. 分批法

C. 品种法　　D. 定额法

19. 选择产品成本计算基本方法时应考虑的因素是(　　)。

A. 产品消耗定额是否准确、稳定

B. 产品种类是否繁多

C. 能够简化成本计算工作

D. 生产工艺和生产组织特点及成本管理要求

20. 工业企业的(　　)，是按照生产组织的特点来划分的。

A. 单步骤生产　　B. 复杂生产

C. 多步骤生产　　D. 大量生产

21. 产品成本计算的品种法就是(　　)。

A. 一种成本计算的辅助方法
B. 单一法
C. 按照产品品种计算产品成本的方法
D. 按照产品品种和生产步骤计算产品成本的方法

22. 品种法适用于( )。
A. 单件生产　　B. 大量大批生产
C. 小批生产　　D. 任何情况

23. 采用简化的分批法，下列各项中，属于产品成本明细账登记的内容是( )。
A. 本月发生的直接材料　　B. 本月发生的直接人工
C. 本月发生的制造费用　　D. 本月发生的费用合计

24. 简化的分批法是( )。
A. 分批计算在产品成本的分批法
B. 不分批计算在产品成本的分批法
C. 不计算在产品成本的分批法
D. 不分批计算完工产品成本的分批法

25. 分批法适用于( )。
A. 单件小批生产　　B. 大量大批生产
C. 大量大批多步骤生产　　D. 大量大批单步骤生产

26. 采用简化分批法，在产品完工之前，产品成本明细账( )。
A. 不登记任何费用　　B. 只登记直接费用和生产工时
C. 只登记原材料费用　　D. 登记间接费用，不登记直接费用

27. 分批法的主要特点是( )。
A. 以产品批别为成本计算对象
B. 批内产品都能同时完工，不存在在完工产品与在产品之间分配费用的问题
C. 费用的归集与分配较简单
D. 成本计算期长

28. 半成品成本流转与实物流转相一致，又不需要成本还原的方法是( )。
A. 逐步结转分步法　　B. 综合结转分步法
C. 分项结转分步法　　D. 平行结转分步法

29. 平行结转分步法( )。
A. 需要进行成本还原
B. 不需要进行成本还原
C. 能提供完整的半成品成本资料
D. 能加强物资和资金的有效管理

30. 某种产品生产分两个步骤，采用逐步结转分步法计算成本。本月第一步骤交库的完工半成品成本为5 000元；第二步骤领用的半成品成本为4 000元，本月发生的其他生产费用为6 000元，月初、月末在产品成本分别为1 000元和800元。据此计算的该产品产成品成本为( )元。
A. 11 200　　B. 10 800

C. 10 200　　D. 9 800

31. 采用平行结转分步法，第二生产步骤的广义在产品不包括(　　)。
A. 第一生产步骤正在加工的在产品
B. 第二生产步骤正在加工的在产品
C. 第二生产步骤完工入库的半成品
D. 第三生产步骤正在加工的在产品

32. 不计算半成品成本的分步法是指(　　)。
A. 逐步分项结转分步法　　B. 平行结转分步法
C. 按实际成本综合结转分步法　　D. 按计划成本综合结转分步法

二、多选题

1. 下列方法中属于产品成本的基本计算方法的是(　　)。
A. 品种法　　B. 分批法
C. 分步法　　D. 分类法

2. 下列方法中成本计算期与会计报告期一致的是(　　)。
A. 分批法　　B. 品种法
C. 逐步结转分步法　　D. 平行结转分步法

3. 分批计算在产品成本的分批法适用条件是(　　)。
A. 同一月份投产批数较多
B. 各批产品间接费用水平在各月之间相差悬殊
C. 大多数是跨月生产
D. 月末未完工批数较多

4. 采用平行结转分步法，计算各步骤要记入产成品成本份额时要计算分配率，此时可采用的分配方法是(　　)。
A. 生产工时比例法　　B. 定额比例法
C. 定额成本法　　D. 约当产量法

5. 在下列企业中适用逐步结转分步法的有(　　)。
A. 造纸厂　　B. 冶金企业
C. 发电厂　　D. 纺织企业

6. 下列方法中，属于产品成本计算的辅助方法有(　　)。
A. 分步法　　B. 分类法
C. 定额成本法　　D. 分批法

7. 企业在确定成本计算方法时，必须从企业的具体情况出发，同时考虑以下因素(　　)。
A. 企业生产规模的大小　　B. 企业的生产特点
C. 进行成本管理的要求　　D. 月末有没有在产品

8. 品种法适用于(　　)。
A. 大量大批生产
B. 单件小批生产
C. 简单生产
D. 复杂生产，且管理上不要求分步骤计算产品成本

9. 品种法的特点有(　　)。

A. 以品种作为成本计算对象

B. 成本计算期与生产周期一致

C. 成本计算期与生产周期不一致

D. 月末不需要将生产费用在完工产品和在产品之间进行分配

10. 采用分批法计算产品成本时，成本计算对象可以按(　　)。

A. 一张定单中的不同品种产品分别确定

B. 一张定单中的同种产品分批确定

C. 一张定单中的单件产品的组成部分分别确定

D. 多张定单中的同种产品确定

11. 在分批法下，如果批内产品跨月陆续完工，已完工产品数量占全部批量的比重很小，月末计算成本时，先完工的产品成本可以(　　)。

A. 按计划单位成本计算

B. 按定额单位成本计算

C. 在全批产品完工时，计算全批产品实际总成本和单位成本

D. 按最近一期相同产品的实际单位成本计算

12. 采用分步法，作为成本计算对象的生产步骤可以(　　)。

A. 按实际生产步骤设立

B. 按生产车间设立

C. 按一个车间中的几个生产步骤分别设立

D. 按几个车间合并成的一个生产步骤设立

13. 采用平行结转分步法不能提供(　　)。

A. 按原始成本项目反映的产成品成本资料

B. 所耗上一步骤半成品成本的资料

C. 各步骤完工半成品成本的资料

D. 本步骤应计入产成品成本份额的资料

14. 采用逐步结转分步法，计算各步骤半成品成本的原因是(　　)。

A. 为了计算外售半成品成本

B. 为了与同行业半成品成本对比

C. 为了计算各种产品成本提供所耗同一种半成品成本数量

D. 为了考核与分析各生产步骤等内部单位的生产耗费与资金占用水平

三、判断题

1. 在不分批计算在产品成本的分批法中，各批产品应负担的间接费用也反映在各批产品成本明细账中。(　　)

2. 分步法是以产品的生产步骤和产品品种作为成本计算对象。(　　)

3. 装配式生产企业适合采用逐步结转分步法计算产品成本。(　　)

4. 在采用品种法的企业里，若只生产一种产品，则所发生的全部费用都是直接费用，可以直接记入该产品成本明细账的有关成本项目中，而不存在各成本计算对象之间费用的分配问题。(　　)

5. 品种法是最基本的成本计算方法。(　　)

6. 品种法的成本计算期与生产周期一致。(　　)

7. 无论采用何种计算方法，月末都需将本月归集的生产费用在完工产品和在产品之间进行分配 。(　)

8. 分批法应以产品批次作为成本计算对象设置生产成本明细账 。(　　)

9. 成本计算的基本方法都是以成本计算对象命名的。(　　)

10. 平行结转分步法，又叫做计算半成品成本的分步法。(　　)

11. 划分产品成本计算基本方法的标志是成本计算对象。(　　)

12. 大量大批的多步骤生产也可能采用品种法计算产品成本。(　　)

13. 采用分批法计算产品成本，在批内部分完工产品按计划单位成本计算结转后，待该批产品全部完工后，还应计算该批产品实际总成本，并调整前期完工产品实际成本与计划成本的差异。(　　)

14. 在小批或单件生产的企业或车间中，如果各个月份的间接计入费用的水平相差不多，月末未完工产品的批数比较多，可采用简化的分批法。(　　)

15. 在平行结转分步法下，只能采用定额比例法进行产成品和在产品之间的费用分配。(　)

16. 采用综合结转分步法时，半成品成本必须还原。(　　)

17. 在月末未完工产品批数较多的情况下，不适宜采用简化的分批法。(　　)

18. 成本计算对象是区别产品成本计算方法的主要标志。(　　)

19. 不论什么企业，不论什么生产类型，也不论管理要求如何，最终都必须按照产品品种计算产品成本。(　　)

20. 品种法不需要在各种产品之间分配费用，也不需要在完工产品和月末在产品之间分配费用，所以也称简单法。(　　)

21. 从生产工艺过程看，品种法只适用于简单生产。(　　)

22. 品种法一般适用于计算大量大批多步骤生产的产品成本。(　　)

23. 只要产品批次多，就应该采用简化的分批法计算产品成本。(　　)

24. 分批法一般不需要在完工产品和在产品之间分配生产费用，但一批产品跨月陆续完工时，则需要在完工产品和在产品之间分配生产费用。(　　)

25. 采用逐步结转分步法计算成本时，每一个步骤的成本计算都是一个品种法，实际上是

品种法的多次连续应用。(　　)

26. 采用平行结转分步法计算产品成本时，半成品成本要随着实物的转移而结转到下一加工步骤。(　)

27. 采用分步法时，不论是综合结转还是分项结转，第一个生产步骤的成本明细账的登记方法均相同。(　　)

28. 产品成本计算的分步法均应逐步结转半成品成本，最后计算出完工产品成本。(　　)

四、简答题

1. 生产类型与产品成本计算方法有何关系？

2. 试分别说明品种法、分批法、分步法的适用范围及其特点。

3. 试述不分批计算在产品成本的分批法与一般分批法的不同。
4. 在综合结转分步法下，为什么要进行成本还原？如何进行还原？
5. 试述平行结转分步法与逐步结转分步法的不同。

五、业务计算题

习题一

目的：练习产品成本计算的品种法。

资料：某公司有一个基本生产车间，大量生产甲、乙两种产品，另有一个机修车间，该公司采用品种法计算产品成本，设置“直接材料”、“直接人工”、“制造费用”三个成本项目。某年10月份有关产品产量及有关资料如下表所示。

产量资料　　计量单位:千克

项目	甲产品	乙产品
期初在产品	340	280
本月投产	860	720
本月完工	800	600
月末在产品	400	400

工时记录、材料定额消耗量

项目		生产工时	修理工时	定额消耗量
生产车间	甲产品	2 480		540
	乙产品	1 520		460
	一般		6 000	
企业管理部门			4 000	

生产费用资料　　金额单位:元

费用要素＼用途	甲产品生产用	乙产品生产用	甲、乙产品共同用	基本生产一般用	辅助生产用	辅助生产一般用	合计
原材料	24800	18000	8000	2000	600	400	53800
工资			60000	4200	5800	2500	72500
福利费			8400	588	812	350	10150
折旧费				12000		3000	15000
外购动力费				14200		12800	27000
待摊费用				9600		2400	12000
办公费及其他				15800		4200	20000

月初在产品成本：甲产品直接材料7 680元，直接人工6 592元，制造费用3 574.78元；乙产品直接材料8 320元，直接人工2 008元，制造费用2 320.02元。

材料在生产开始时一次投入，在产品的完工率为50%，甲、乙两种产品共同耗用的材料按定额消耗量比例分配，基本生产车间工人工资、制造费用按生产工时比例分配，辅助生产车间费用按修理工时比例分配，在产品成本按约当产量计算。

要求：

(1)根据资料，编制各种费用分配表及登记辅助生产成本明细账、基本生产车间和机修车间的制造费用明细账。

(2)计算甲、乙产品的总成本及单位成本，并编制完工产品入库的会计分录。

习题二

目的：练习产品成本计算的分批法。

资料：某企业按分批法计算产品成本，8月份的产品批号有：

801#甲产品100件，6月25日投产；802#乙产品80件，7月20日投产；803#丙产品300件，8月22日投产。

月初在产品成本：801#甲产品：6月，直接材料12 000元，直接人工540元，燃料及动力480元，制造费用480元；7月，直接材料540元，直接人工540元，燃料及动力600元，制造费用420元。802乙产品：7月，直接材料6 000元，直接人工660元，燃料及动力450元，制造费用390元。

本月发生费用：801#甲产品：直接材料2 460元，直接人工690元，燃料及动力315元，制造费用435元。803#丙产品：直接材料3 600元，直接人工480元，燃料及动力270元，制造费用150元。

该企业生产情况如下：

(1)批号801#甲产品在本月内已全部完工入库。

(2)批号802#乙产品在本月全部尚未完工。

(3)批号803#丙产品在本月内完工150件，因部分需要对外销售，本月完工的先行入库，故生产费用要在完工产品与在产品之间进行分配，月末在产品约当产量50件。

原材料在生产开始时一次投入，按实际产量比例分配，其他费用按完工产品数量和在产品约当产量比例分配。

要求

(1)根据上述资料，采用分批法登记产品成本明细账，计算各批产品完工产品成本和月末在产品成本。

(2)编制完工产品入库的会计分录。

习题三

目的：练习产品成本计算的分批法——不分批计算在产品成本的分批法。

资料：某机械厂属小批生产企业，产品批数较多，但月末未完工产品又很多，因而采用不分批计算在产品成本的分批法计算产品成本。

806#甲产品8件，8月14日投产，本月18日完工；901#乙产品10件，9月5日投产，尚未完工；902#丙产品7件，9月7日投产，本月完工4件；903#丁产品5件，9月15日投产，尚未完工；101#戊产品4件，10月14日投产，尚未完工。

各批号各月发生的费用及工时资料如下：

806#甲产品：8月，直接材料24 000元，直接人工1 250元，工时850小时；9月，直接材料8 000元，直接人工1 350元，工时980小时；10月，直接材料800元，直接人工820元，工时520小时。

901#乙产品：9月，直接材料35 000元，直接人工3 200元，工时1 200小时；10月，直接人工4 300元，工时1 500小时。

902#丙产品：9月，直接材料6 440元，直接人工3 500元，工时1 400小时；10月，直接人工3 200元，工时1 200小时。该批完工4件的工时1 650小时，直接材料990元，直接人工 1 070 元。

903#丁产品:9 月，直接材料 4 300 元，直接人工 2 500 元，工时 1 800 小时;10 月，直接材料 1 000 元，直接人工 2 200 元，工时 1 600 小时。

101#戊产品:10 月，直接材料 4 300 元，直接人工 3 500 元，工时 2 100 小时。

该厂 8 月份汇总的制造费用为 526 元，9 月份为 6 800 元，10 月份为 7 139 元。

(1)根据上述资料，采用不分批计算在产品成本的分批法计算各批完工产品的成本. 其中 901#与 902#产品材料在生产开始时一次投入。

(2)登记生产成本二级账，并将余额与各批产品成本明细账中的月末在产品余额核对。

习题四

目的：练习产品成本计算的逐步综合结转分步法。

资料：某厂生产丙产品，分三个步骤连续加工。第一步骤加工为甲半成品，转入第二步骤加工为乙半成品，最后由第三步骤加工成丙产品成品。第一步骤不设半成品成本项目，原材料在第一步骤一次投入，以后不再投入，各步骤产量记录及月初在产品成本和本月发生费用如下表所示。在产品成本按约当产量计算。

各步骤产量记录 金额单位:元

步骤名称	期初在产品	本期投入	本期完成	期末在产品	完工率
第一步骤甲半成品	10	90	80	20	60%
第二步骤乙半成品	20	80	90	10	0
第三步骤丙产成品	40	90	100	30	50%

月初在产品成本和本月发生费用 金额单位:元

成本项目	月初在产品成本			本月发生费用		
	第一步骤	第二步骤	第三步骤	第一步骤	第二步骤	第三步骤
直接材料	1 200			9 800		
半成品		360	2 040			
燃料及动力	98	60	140	500	660	1 240
直接人工	168	90	165	660	810	1 560
制造费用	180	120	260	740	960	1 810

要求:

(1)根据上述资料，计算完工的丙产品总成本和单位成本。

(2)进行成本还原。

习题五

目的：练习产品成本计算的分项结转分步法。

资料:

某厂生产乙产品，分两个步骤连续加工。第一步骤生产半成品乙，直接转入第二步骤连续加工。成本计算采用分项连续结转分步法。

20××年 3 月份有关资料如下:

第一步骤:月初在产品成本:直接材料 6 240 元，直接人工 2 040 元，制造费用 2 220 元。

本月发生费用:直接材料 15 010 元，直接人工 5 160 元，制造费用 5 780 元。

本月份完工半成品乙375千克，月末在产品50千克，原材料在生产开始时一次投入，完工程度50%，在产品成本按约当产量计算。

第二步骤：在产品按定额成本计算。

月初在产品定额成本：直接材料6 325元，直接人工2 035元，制造费用2 340元。

月末在产品定额成本：直接材料4 200元，直接人工1 685元，制造费用1 940元。

本月发生费用（不包括上步骤转入半成品成本）：直接人工4 200元，制造费用6 000元。本月份完工入库产成品数量为400千克。

要求：

（1）计算第一步骤乙半成品成本。

（2）计算第二步骤乙产品的总成本和单位成本。

（3）编制完工产品入库的会计分录。

习题六

目的：练习产品成本计算的平行结转分步法。

资料：

某厂设有三个基本生产车间，每一车间设一个生产步骤，第一步骤生产A半成品，交第二步骤连续加工为B半成品，交第三步骤加工成为C产品，原材料在第一步骤生产开始时一次投入，在产品完工程度均为50%，在产品成本按约当产量计算。

20××年11月份有关资料如下表所示。

各步骤产量记录（台）

项 目	第一步骤	第二步骤	第三步骤
期初在产品	80	60	20
本期投入	340	400	360
本期完成	400	360	300
期末在产品	20	100	80

月初在产品成本和本月发生费用

金额单位：元

成本项目	月初在产品成本			本月发生费用		
	第一步骤	第二步骤	第三步骤	第一步骤	第二步骤	第三步骤
直接材料	1 300			36 700		
直接人工	700	650	925	23 800	23 000	194 750
制造费用	1 100	1 350	1 050	67 500	43 800	31 930

要求：

（1）计算各步骤应计产品成本份额及月末在产品成本。

（2）编制产品成本汇总计算表。

习题七

目的：练习广义在产品的计算。

资料：企业分三个步骤生产B产品，半成品通过半成品库收发，第二步骤每投产1件产品，需领用1件第一步骤生产的半成品；第三步骤每投产1件产品，需领用1件第二步骤生产的半成品，4 月份的产量记录如下：

月初在产品	本月投产	本月完工	在产品完工程度	
第一步骤	10	90	80	80%
第二步骤	20	70	78	50%
第三步骤	30	90	110	70%

要求分别计算各步骤月末狭义在产品和广义在产品的数量。

习题八

目的：练习成本还原的计算。

资料：某企业产品生产资料如下表所示。

某企业产品生产资料情况表　　　　金额单位：元

项　目	还原分配率	半成品	原材料	工资及福利费	制造费用	成本合计
还原前产成品成本		8 400		2 800	4 160	15 360
本月所产半成品成本			2 900	1 380	2 720	7 000
成本还原						
还原后产成品总成本						
还原后产成品单位成本						

要求：计算按原始成本项目反映的产成品成本。

第七章　产品成本计算的辅助方法

【内容提示】

产品成本计算的辅助方法包括分类法、定额法等。通过本章的学习，要求学生掌握分类法、定额法的特点、计算程序和计算方法，了解联产品、副产品和等级品的成本计算内容及方法。

第一节　产品成本计算的分类法

一、分类法的特点

产品成本计算的分类法是以产品类别作为成本计算对象，归集生产费用、计算产品成本的一种方法。它是品种法的延伸。

在一些企业中，生产产品的品种、规格繁多，若按产品的品种、规格归集生产费用，计算产品成本，则成本计算工作十分繁重。在这种情况下，如果不同品种、规格的产品可以按照一定的标准分类，为了简化成本的计算工作，就可以采用分类法计算产品成本。

分类法的特点是：

1. 以产品的类别为成本计算对象，归集生产费用，计算该类产品成本；类内不同品种（或规格）产品的成本按照一定的分配方法分配确定。采用分类法计算产品成本时，首先，要根据产品所用原材料和工艺技术过程的不同，将产品划分为若干类，按照产品的类别设置产品成本明细账，按类归集生产费用，计算各类产品成本。然后，选择合理的分配标准，在每类的各种产品之间分配费用，计算出各种产品的成本。

2. 同类各种产品之间分配费用的标准，一般有定额消耗量、定额费用、售价，以及产品的体积、长度和重量等。在选择费用分配标准时，主要应考虑与产品生产耗费高低的关系，即应选择与产品各项耗费的高低有密切联系的分配标准。

3. 同类各种产品之间分配费用时，各成本项目可以按同一分配标准进行分配；为了使分配结果更为合理，也可以根据各个成本项目的性质，分别按照不同的分配标准进行分配。例如，原材料费用可以按照原材料的定额耗用量或原材料的定额费用比例进行分配，工资及福利费等其他费用可以按照定额工时的比例进行分配。

4. 为了简化分配工作，可以将分配标准折算成相对固定的系数，按照固定的系数在同类各种产品之间分配费用。确定系数时，一般在同一类内选择一种产量较大、生产比较稳定，或规格折衷的产品作为标准产品，将这种产品的系数确定为“1”；再用其他各种产品的分配标准额分别与标准产品的分配标准额相比较，计算出其他各种产品的分配标准额与标准产品的分配标准额的比率，即系数。在分类法中，按照系数分配同类各种产品成本的方法，也叫系数法。系数一经确定，在一定时期内应相对稳定。在实际工作中，也有的采用按照标准产品产量比例分配同类各种产品成本的方法，即将各种产品的产量按照系数进行折算，折算成标准产品产量，然后，按照标准产品产量的比例分配同类各种产品的成本，这也是一种系数分配法。

二、分类法成本计算程序

分类法成本计算的程序为：

1. 以产品的类别为成本计算对象，设置成本明细账，归集生产费用，计算出每类产品的总成本。类别的划分应根据企业生产的特点，按照产品的结构、性质、所耗用的原材料和工艺过程的不同进行，例如，将各种品种相同但质量不同的等级产品归为一类；将同一品种的不同规格的产品归为一类等。费用的归集，凡与某类产品生产有关的直接材料、直接人工等费用应直接计入该类产品成本；凡与几类产品生产有关的制造费用，应先通过“制造费用”账户进行归集，月末再采用一定的方法分配计入各类产品成本。

2. 将每类产品的生产费用在该类完工产品和月末在产品之间进行分配。月末，应将各类别归集的生产费用，采用一定的方法，在完工产品和在产品之间进行分配，计算出该类完工产品成本。

3. 将同类完工产品的成本，采用一定的方法，在同类各种产品之间进行分配，计算出每种产品的成本。

三、分类法的适用范围

分类法与产品的生产类型无直接关系，它可以在各种类型的生产中应用。即凡是产品品种、规格繁多，又可以按照一定标准划分为若干类别的企业和车间，均可以采用分类法计算成本。例如，钢铁厂生产的各种型号和规格的生铁、钢锭和钢材，针织厂生产的各种不同种类和规格的针织品，灯泡厂生产的各种不同类别和功率的灯泡，食品厂生产的各种饼干和面包等等。它们的生产类别有所不同，但其产品都可以分类，因而都可采用分类法计算产品成本。

四、分类法举例

（一）系数法

例如，某企业的产品规格很多，成本计算采用分类法，按其所耗原材料的工艺过程的不同把全部产品划分为甲、乙两大类，每类产品的月末在产品按平均所耗原材料定额成本计算，加工费全部由完工产品负担。同类产品中的各种产品成本的计算，以计划单位成本为分配标准（各成本项目均相同）。该企业 3 月份有关成本和产量资料如表 7－1 ~7－3 所示。

表 7－1　　**直接材料定额成本表**

产品类别	单位产品平均消耗定额（千克）	计划单价（元）	定额成本（元）
甲类	2.5	4	10
乙类	12	0.5	6

表 7-2　　产量和计划单位成本

产品类别	规 格	产量(件)	计划单位成本(元)
甲类	#1	500	13.5
	#2	1 000	15
	#3	600	16.5
	#4	700	18
乙类	#5	500	8
	#6	600	9
	#7	1 500	10

表 7-3　　月初在产品成本和本月发生费用

产品类别	月初在产品直接材料定额成本	本月发生生产费用				
		直接材料	直接人工	其他直接支出	制造费用	合计
甲类	700	30 000	10 000	1 400	6 600	48 000
乙类	180	16 500	7 000	980	2 960	27 440

月末在产品盘点数量为:甲类产品 150 件，乙类产品 130 件。月末在产品直接材料定额成本计算表，如表 7-4 所示。

表 7-4　　月末在产品直接材料定额成本计算表　　金额单位:元

产品类别	数量(件)	单位定额成本	定额成本
甲类	150	10	1 500
乙类	130	6	780

两类产品成本明细账，如表 7-5、表 7-6 所示。

表 7-5　　甲类产品成本明细账

20××年 3 月　　金额单位:元

项 目	直接材料	直接人工	其他直接支出	制造费用	合计
月初在产品成本	700				700
本月生产费用	30 000	10 000	1 400	6 600	48 000
合计	30 700	10 000	1 400	6 600	48 700
本月完工产品成本	29 200	10 000	1 400	6 600	47 200
月末在产品成本	1 500				1 500

表 7-6　　乙类产品成本明细账

20××年 3 月　　金额单位:元

项 目	直接材料	直接人工	其他直接支出	制造费用	合计
月初在产品成本	180				180
本月生产费用	16 500	7 000	980	2 960	27 440
合计	16 680	7 000	980	2 960	27 620
本月完工产品成本	15 900	7 000	980	2 960	26 840
月末在产品成本	780				780

各种不同规格完工产品的成本计算表，如表 7-7～7-9 所示。

表 7-7　　计划成本系数计算表

产品类别	规格	计划成本	计划单位系数
甲类	#1	13.5	0.9
	#2	15	1
	#3	16.5	1.1
	#4	18	1.2
乙类	#5	8	0.8
	#6	9	0.9
	#7	10	1

表 7-8　　甲类各规格完工产品成本计算表

20××年 3 月

产品规格	产量	计划成本系数	总系数（标准产量）	完工产品总成本	单位系数成本	各规格产品总成本	各规格产品单位成本
#1	500	0.9	450			7 200	14.4
#2	1 000	1	1 000			16 000	16
#3	600	1.1	660			10 560	17.6
#4	700	1.2	840			13 440	19.2
合计			2 950	47 200	16	47 200	

表 7-9　　乙类各规格完工产品成本计算表

20××年 3 月

产品规格	产量	计划成本系数	总系数（标准产量）	完工产品总成本	单位系数成本	各规格产品总成本	各规格产品单位成本
#5	500	0.8	400			4 400	8.8
#6	600	0.9	540			5 940	9.9
#7	1 500	1	1 500			16 500	11
合计			2 440	26 840	11	26 840	

从上例可见，在产品品种规格较多的企业里，采用分类法计算产品成本，可以大大简化成本计算工作。但是采用这种方法时，产品的分类是否恰当，类内产品的类距是否合适，分配标准的选择是否合理，都直接影响产品成本计算的正确性。因此，采用分类法时，对不同品种或规格的产品归类时类距不能过大，否则，成本计算就不准确。但也不能过小，过小就加大了成本计算的工作量。同时，选择的分配标准必须合理，应与产品成本的高低有密切联系，如果各成本项目不能采用同一分配标准，可以分别采用不同标准进行分配，尽量使分配的结果接近实际情况。

(二)定额比例法

例如，某企业生产甲、乙两个系列的产品，每个系列的产品又有不同规格。根据生产的特点和产品的性能结构，将每一系列的产品归为一类，采用分类法计算产品成本，同类不同规格的产成品成本用定额比例法计算。某年5月份月初甲、乙两类产品成本明细账如表7－10、表7－11所示。

表7－10　甲类产品成本明细账

20××年5月　　金额单位:元

项目	直接材料	直接人工	其他直接支出	制造费用	合计
月初在产品成本	74 000	4 000	560	3 500	82 060
本月生产费用	1 200 000	80 000	11 200	66 500	1 357 700
合计	1 274 000	84 000	11 760	70 000	1 439 760

表7－11　乙类产品成本明细账

20××年5月　　金额单位:元

项目	直接材料	直接人工	其他直接支出	制造费用	合计
月初在产品成本	6 400	460	64.4	310	7 234.4
本月生产费用	143 640	1 900	266	3 820	149 626
合计	150 040	2 360	330.4	4 130	156 860.4

该企业甲、乙两类产品的产量及其定额资料，如表7－12、表7－13所示。

表7－12　甲类产品产量及定额计算表

20××年5月

产品名称	数量	材料定额成本(元)		定额工时(小时)	
		单位	合计	单位	合计
产成品					
A1	16 000	54	864 000	12	192 000
A2	3 600	56	201 600	11	39 600
A3	500	50	25 000	10	5 000
小计			1 090 600		236 600
在产品					
#1	20 000	4	80 000	0.4	8 000
#2	15 000	1	15 000	0.2	3 000
#3	18 000	3	54 000	0.29	5 220
#4	30 200	2	60 400	0.9	27 180
小计			209 400		43 400
合计			1 300 000		280 000

表 7 - 13　　乙类产品产量及定额计算表

20××年 5 月

产品名称	数量	材料定额成本(元)		定额工时(小时)	
		单位	合 计	单位	合 计
产成品					
B1	200	58	11 600	4	800
B2	300	105	31 500	5	1 500
B3	200	134	26 800	6	1 200
B4	100	175	17 500	7	700
小计			87 400		4 200
在产品					
#5	1 000	12	12 000	0.5	500
#6	4 000	8	32 000	0.2	800
#7	200	15	3 000	1	200
#8	100	20	2 000	2	200
小计			49 000		1 700
合 计			136 400		5 900

根据表 7 - 10 ~ 7 - 13 的资料，计算甲、乙两类各种产品总成本和单位成本。产品成本计算表如表 7 - 14、表 7 - 15 所示。

表 7 - 14　　甲类产品成本计算表

20××年 5 月　　金额单位：元

项目	产成品数量	直接材料		定额工时	直接人工	其他直接支出	制造费用	合计
		定额成本	实际成本					
生产费用			1 274 000		84 000	11 760	70 000	1 439 760
定额合计		1 300 000		280 000				
分配率			0.98		0.3	0.042	0.25	
月末在产品成本		209 400	205 212	43 400	13 020	1 822.8	10 850	230 904.8
产成品成本		1 090 600	1 068 788	236 600	70 980	9 937.2	59 150	1 208 855.2
其中：								
A1 总成本	16 000	864 000	846 720	192 000	57 600	8 064	48 000	960 384
单位成本			52.92		3.6	0.504	3	60.024
A2 总成本	3 600	210 600	197 568	39 600	11 880	1 663.2	9 900	221 011.20
单位成本			54.88		3.3	0.462	2.75	61.392
A3 总成本	500	25 000	24 500	5 000	1 500	210	1 250	27 460
单位成本			49		3	0.42	2.5	54.92

表 7－15　　　　乙类产品成本计算表

20××年5月　　　　金额单位:元

项目	产成品数量	直接材料		定额工时	直接人工	其他直接支出	制造费用	合计
		定额成本	实际成本					
生产费用			150 040		2 360	330.4	4 130	156 860.4
定额合计		136 400		5 900				
分配率			1.1		0.4	0.056	0.7	
月末在产品成本		49 000	53 900	1 700	680	95.2	1 190	55 865.2
产成品成本		87 400	96 140	4 200	1 680	235.2	2 940	100 995.2
其中：								
B1 总成本	200	11 600	12 760	800	320	44.8	560	13 684.8
单位成本			63.8		1.6	0.224	2.8	68.424
B2 总成本	300	31 500	34 650	1 500	600	84	1 050	36 384
单位成本			115.5		2	0.28	3.5	121.28
B3 总成本	200	26 800	29 480	1 200	480	67.2	840	30 867.2
单位成本			147.4		2.4	0.336	4.2	154.336
B4 总成本	100	17 500	19 250	700	280	39.2	490	20 059.2
单位成本			192.5		2.8	0.392	4.9	200.592

第二节　产品成本计算的定额法

一、定额法的特点

产品成本计算的定额法，是指以产品品种为成本计算对象，以月初现行定额计算的产品定额成本为基础，加减定额差异和定额变动差异，计算产品实际成本的一种方法。在前面所介绍的成本计算的品种法、分批法、分步法和分类法中，生产费用的日常核算都是按照其实际发生额进行的，产品的成本也是根据实际生产费用计算的。因此，生产费用和产品成本脱离定额差异及其原因，只有在月末通过实际资料与定额资料的对比、分析才能得到反映，而不能在月份内生产费用发生的当时就得到反映。这样，既不利于更好地加强定额管理，又不利于及时对产品成本进行控制，不能有效地发挥成本核算对于节约费用、降低成本的作用。

产品成本计算的定额法，就是为了克服上述几种成本计算方法的弱点，解决及时反映和监督生产费用和产品成本脱离定额的差异，把产品成本的计划、控制、核算和分析结合在一起，以便加强成本管理，而采用的一种成本计算方法。其主要特点是：

1. 事前制定产品的消耗定额、费用定额和定额成本，作为控制、降低产品成本的目标。

2. 以产品品种和构成产品的各零、部件为成本计算对象，设置成本明细账，按成本项目设专栏。在构成产品的零、部件比较多的情况下，为了简化核算工作，也可以只按产品品种设置成本明细账，不计算零、部件的成本。

3. 实际发生的费用，要分成两个部分进行归集，一部分，是按现行定额计算的费用；另一部分，是脱离定额的差异。

4. 月末，在定额成本的基础上，加减各种成本差异，计算产品的实际成本。

5. 成本计算定期按月进行。

二、定额法下定额变动差异的核算

（一）计算定额成本

采用定额法计算产品成本，必须首先制定产品的原材料、动力、工时等消耗定额，并根据各种消耗定额和原材料的计划单价、计划工资率（计划每小时生产工资额）或计件工资单价、制造费用率（计划每小时的制造费用额）等资料，计算产品的各项费用定额和产品的单位定额成本。

定额成本是根据现行消耗定额和计划单位成本计算的，其计算公式如下：

原材料费用定额 = 产品原材料消耗定额 × 原材料计划单价

生产工资费用定额 = 产品生产工时定额 × 生产工资计划单价

制造费用定额 = 产品生产工时定额 × 制造费用计划单价

生产工人工资和制造费用，通常是按生产工时比例分配计入产品成本的，因而其计划单价通常是计划的每小时的各项费用额。各项费用定额的合计数就是产品的单位定额成本或计划成本。

产品的定额成本与计划成本两者都是以生产的定额耗费和计划单价为根据确定的目标成本。但两者是不同的：计算计划成本所依据的消耗定额是计划期（一般为 1 年）内平均消耗定额，也叫计划定额，在计划期内通常是不变的；而计算定额成本所依据的消耗定额是现行的定额，是企业在当前的生产技术条件下，在各项消耗上应达到的标准，它应随着生产技术的进步、劳动生产率的提高而不断修订。此外，计算计划成本的原材料等的计划单价，在计划期内通常也是不变的；而计算定额成本的生产工资和制造费用的计划单价，则可能变动。因此，计划成本在计划期内通常是不变的，定额成本在计划期内则是变动的。

从上述可知，所谓产品的定额成本，就是根据各种有关的现行定额计算的成本。制定定额成本，可以使企业的成本控制和考核更加有效，更加符合实际，从而保证成本计划的完成。

产品的单位定额成本的制定，应包括零、部件的定额成本和产成品的定额成本，通常由计划、会计等部门共同制定。一般是先制定零件的定额成本，然后汇总计算部件和产成品的定额成本。如果产品的零、部件较多，为了简化计算工作，可以不计算零件的定额成本，而直接根据零件定额卡所列的零件的原材料消耗定额、工序计划和工时消耗定额，以及原材料的计划单价、计划的工资率和计划的制造费用率等，计算部件定额成本，然后汇总计算产成品定额成本；或者根据零、部件定额卡和原材料计划单价、计划的工资率和计划的制造费用率等，直接计算产成品定额成本。

需要指出的是，编制定额成本计算表时，所采用的成本项目和成本计算方法，应与编制计划成本、计算实际成本时所采用的成本项目和成本计算方法一致，以便于成本考核和成本分析工作的进行。零件定额成本卡和部件定额成本卡的格式，如表 7－16、表 7－17 所示。

表 7－16　　　　　　　　　　　　　**零件定额成本卡**

零件编号、名称：201　　　　　　　　20××年××月

	计量单位	材料消耗定额
1301	千克	4
工序编号	工时定额	累计工时定额
1	2	2
2	4	6

表 7－17　　　　　　　　　　　　　**部件定额成本卡**

部件编号、名称：200　　　　　　20××年××月

所需部件编号、名称	部件数量	材料定额							工时金额
		1301			1302			金额合计	
		数量	计划单价	金额	数量	计划单价	金额		
201	3	12	5	60				60	18
202	2				8	4	32	32	12
装配									4
合计				60			32	92	34

定额成本项目					定额成本合计
原材料	直接人工		制造费用		
	计划工资率	金额	计划费用率	金额	
92	0.95	32.3	2	68	192.3

产成品定额成本计算卡的格式与部件定额成本计算卡的格式类似，不再列示。

（二）脱离定额差异的核算

脱离定额的差异是指生产过程中，各项生产费用的实际支出脱离现行定额或预算的数额。定额差异的核算与定额成本的核算一样，是按成本项目进行的，在发生生产费用时，为符合定额的费用和脱离定额的差异，分别编制定额凭证和差异凭证，并在有关的费用分配表和明细分类账中分别予以登记。这样，就能及时、正确地核算和分析生产费用脱离定额的差异，控制生产费用的支出。因此，对定额差异的核算是实行定额法的重要内容。为了防止生产费用的超支，避免浪费和损失，差异凭证填制以后，还必须按照规定办理审批手续。在有条件的企业，可以将脱离定额差异的日常核算与车间或班组经济责任制结合起来，依靠各生产环节的职工，控制生产费用。

第一，原材料脱离定额差异的核算。在各成本项目中，原材料费用（包括自制半成品费用）一般占有较大比重，且属于直接费用，因而更有必要和可能在费用发生的当时，就按产品

核算定额费用和脱离定额的差异，并以不同的凭证予以反映。原材料脱离定额差异的核算方法，一般有限额法、切割核算法和盘存法三种。

1. 限额法。为了控制材料的领用，在定额法下要求实行限额领料制度。限额范围内的用料，都属于定额耗用。超过限额领用的材料，如修复废品用料等应另填制领料单作为差异凭证，车间余料退库填制的退料单也是一种差异凭证。因超产而多领的材料应在办理追加限额手续后，填制专设的定额领料单领料。对于代用材料填制的领料单，要先计算出所领代用材料相当于原规定的材料的数量，从限额领料单中扣除，再计算出定额差异。

对于几种产品共同耗用的原材料，属于间接费用，需要通过分配计入各产品成本，各产品耗用材料的定额费用，根据实际产量和各种产品材料消耗定额计算确定；各种产品耗用材料的实际费用，采用适当分配方法如重量法、定额比例法等分配确定，以定额耗用量与实际耗用量相比较确定定额差异。

2. 切割核算法。对于某些比较贵重材料或经常大量使用且必须切割的材料，如板材、棒材等，除了采用限额法外，还应采用切割核算法，通过材料切割核算单，核算用料差异，控制用料。

材料切割核算单应按切割材料的批别设立，在单中要填明切割材料的种类、数量、消耗定额及应切割的毛坯数量。切割完毕后，首先，要填写实际切割的毛坯数量和材料的实际消耗量；然后，根据实际切割成的毛坯数量和消耗定额，算出材料定额消耗量；最后，将其与材料实际消耗量相比较，即可求出脱离定额的差异。材料定额消耗量、材料脱离定额的差异及原因应填入单中，并由主管人员签字。材料切割核算单的格式，如表 7 - 18 所示。

表 7 - 18　　　　材料切割核算单

材料编号或名称：× × ×　　材料计量单位：千克　　材料计划单价：7 元
产品名称：× ×　　零件编号或名称：× ×　　图纸号：× ×
切割工人：× × ×　　机床编号：× ×
发交切割日期：20 × ×年 × ×月 × ×日　　完工日期：20 × ×年 × ×月 × ×日

<table>
<tr><td colspan="2">发料数量</td><td colspan="4">退回余料数量</td><td colspan="3">材料实际消耗量</td><td colspan="2">废料实际回收数量</td></tr>
<tr><td colspan="2">140</td><td colspan="4">10</td><td colspan="3">130</td><td colspan="2">10</td></tr>
<tr><td colspan="2">单件消耗定额</td><td colspan="2">单件回收废料定额</td><td colspan="3">应切割成的毛坯数量</td><td>实际切割毛坯数量</td><td colspan="2">材料定额消耗量</td><td>废料定额回收量</td></tr>
<tr><td colspan="2">12</td><td colspan="2">0.5</td><td colspan="3">10</td><td>9</td><td colspan="2">108</td><td>4.5</td></tr>
<tr><td colspan="2">材料脱离定额差异</td><td colspan="5">废料脱离定额差异</td><td colspan="3">差异原因</td><td>责任人</td></tr>
<tr><td>数量</td><td>金额</td><td>数量</td><td colspan="2">单价</td><td colspan="2">金额</td><td colspan="3" rowspan="2">未按图纸操作，因而多留了边料，少切了毛坯</td><td rowspan="2">切割工人</td></tr>
<tr><td>12</td><td>84</td><td>-5.5①</td><td colspan="2">2</td><td colspan="2">-11</td></tr>
</table>

①回收废料超过定额的差异可以冲减材料费用，故列负数；相反，低于定额的差异列正数。

采用材料切割核算单进行材料切割的核算，能及时反映材料的使用情况和产生差异的具体原因，有利于加强对材料的管理和控制。

3. 盘存法。在大量生产，且不能按照上述分批核算原材料脱离定额差异的情况下，除仍要使用限额领料单等定额凭证和超额领料单等差异凭证（以便于控制日常材料的实际消耗）

外，应定期通过盘存的方法核算差异，具体如下：

首先，根据完工产品数量和在产品盘存（实地盘存或账面结存）数量算出本月投产产品的数量，再乘以原材料消耗定额，算出原材料定额消耗量。投产产品数量的计算公式如下：

本期投产产品数量＝本期完工产品数量＋期末在产品数量－期初在产品数量

其次，根据限额领料单、超额领料单、退料单等材料凭证以及车间余额盘存数量，计算原材料实际消耗量。

最后，将原材料实际消耗量与定额消耗量进行比较，确定出原材料脱离定额的差异。

例如，某厂生产甲产品耗用A材料。甲产品期初在产品为10件，本期完工入库100件，期末在产品为15件。生产用原材料系在生产时一次投入，甲产品原材料消耗定额为每件5千克，原材料计划单价为每千克6元。限额领料单中载明本期实际领料数量560千克。车间期初余料20千克，期末余料50千克。则：

本期投产产品数量＝100＋15－10＝105（件）

原材料定额消耗量＝105×5＝525（千克）

原材料实际消耗量＝560＋20－50＝530（千克）

原材料脱离定额差异（数量）＝530－525＝5（千克）（超支）

原材料脱离定额差异（金额）＝5×6＝30（元）（超支）

应当指出的是，按照上列公式计算本期投产产品的数量，必须具备下列条件，即原材料是在生产开始时一次投入，期初和期末在产品都不再耗用原材料。如果原材料是随着生产的进行陆续投入，在产品还要耗用原材料，那么，上列公式中的期初和期末在产品的数量应改为按原材料定额计算的在产品的约当产量。

对原材料的定额消耗量和脱离定额的差异，应分批或定期地按照成本计算对象进行汇总，编制原材料定额费用和脱离定额差异汇总表，表中应填明该批或该种产品所耗各种原材料定额消耗量、定额费用和脱离定额的差异，并分析说明差异产生的主要原因。该表既可以用来汇总反映和分析材料消耗定额的执行情况，又可以代替原材料费用分配表登记产品成本明细账，还可以向有关领导和职工公布，以便根据差异发生的原因采取措施，进一步挖掘降低原材料消耗的潜力。以某厂生产的甲产品为例，列示其6月份原材料定额费用和脱离定额差异汇总表，如表7－19所示。

表7－19　原材料定额费用和脱离定额差异汇总表

产品名称：甲产品　　20××年6月1～30日

原材料类别	材料编号	单位（千克）	计划单位成本（元）	定额费用		实际费用		脱离定额差异		差异原因分析
				数量（千克）	金额（元）	数量（千克）	金额（元）	数量（千克）	金额（元）	
原料及主要材料	1201		5	6 000	30 000	6 200	31000	＋200	＋1 000	（略）
	1304		4	5 000	20 000	4 500	18 000	－500	－2000	（略）
合计					50 000		49 000		－1000	

自制半成品的定额消耗量、定额费用和脱离定额的差异的核算方法与原材料相同。

第二，生产工人工资脱离定额差异的核算。生产工人工资脱离定额差异的核算，因工资形式不同而异。在计件工资形式下，按计件单价支付的工资就是定额工资，定额工资反映在工票、工作班产量记录、工序进程单等产量记录中。除此之外的津贴、奖金等也都是定额差异，这部分差异应设置“工资补付单”等差异凭证予以反映，同时也应填明差异发生的原因，并经过一定的审批手续。

在计时工资形式下，日常核算必须反映两部分差异：一部分是实际工时与定额工时比较得出的工时差异；另一部分是实际工资总额与计划工资总额比较得出的工资总额差异，这两部分差异都是分析工资升降原因的重要资料。在计时工资形式下，工资费用的日常控制，是通过核算实际工时脱离定额生产工时的差异进行的。因为生产工人工资脱离定额的差异并不能在平时按照产品直接计算，只能在月末实际生产工人工资总额确定以后，才能计算。其计算公式如下：

$$计划小时工资率=\frac{某车间计划产量的定额生产工人工资}{该车间计划产量的定额生产工时}$$

$$实际小时工资率=\frac{某车间实际产量的生产工人工资}{该车间实际产量的生产工时}$$

某产品的定额工资 = 该产品的实际产量的定额生产工时 × 计划小时工资率

某产品的实际工资 = 该产品的实际产量的实际生产工时 × 实际小时工资率

某产品生产工资脱离定额的差异 = 该产品的实际工资 - 该产品的定额工资

例如，某厂A车间6月份计划产量的定额工人工资费用为7 400元，计划产量的定额生产工时为1 850小时；本月实际生产工人工资费用为8 400元，实际生产工时为2 000小时；本月甲产品定额生产工时为2 000小时，实际生产工时为1 900小时。则：

计划小时工资率 = 7400/1 850 = 4

实际小时工资率 = 8 400/2 000 = 4.2

甲产品的定额工资 = 2 000 × 4 = 8 000(元)

甲产品的实际工资 = 1 900 × 4.2 = 7 980(元)

甲产品生产工资脱离定额的差异 = 7 980 - 8 000 = -20(元)

在定额法下，无论采用哪种工资形式，都应根据上述核算资料，按照成本计算对象汇总编制定额生产工资和脱离定额差异汇总表。表中汇总反映产品的定额工资、实际工资、工资脱离定额的差异及其产生的原因(在计时工资形式下，还应汇总反映各种产品工时脱离定额的情况)等资料，以考核和分析各种产品工资定额的执行情况，并据以计算产品的工资费用。

第三，制造费用及其他费用脱离定额(或计划)的核算。制造费用在日常核算中，根据月份的费用计划，按照费用发生地点和费用项目，核算脱离计划的差异，对费用的发生进行控制和监督。对于有费用限额的项目如机物料、劳保用品等，如同材料费用一样，在领用时就可以区别定额的差异；对于没有限额的项目，只有定期地以费用预算和实际费用相比较的方法进行考核。由上述可知，制造费用差异的日常核算，通常是指脱离费用计划差异的核算。各种产品应负担的制造费用脱离定额的差异，只有到月末实际费用分配给各种产品以后，才能以其实际费用与定额费用相比较加以确定。其计算方法与计时工资脱离定额差异的计算方法相类似。其计算公式如下：

$$计划小时制造费用率=\frac{某车间计划制造费用总额}{该车间计划产量的定额生产工时总数}$$

$$实际小时制造费用率=\frac{该车间实际制造费用总额}{该车间实际产量的生产工时总数}$$

某产品的定额制造费用 = 该产品的实际产量的定额生产工时 × 计划小时制造费用率

某产品的实际制造费用 = 该产品的实际产量的实际生产工时 × 实际小时制造费用率

某产品生产制造费用脱离定额的差异 = 该产品的实际制造费用 - 该产品的定额制造费用

例如，某厂 A 车间 6 月份计划产量的定额工人制造费用为 14 800 元，计划产量的定额生产工时为 3 700 小时；本月实际生产工人制造费用为 16 800 元，实际生产工时为 4 000 小时；本月甲产品定额生产工时为 4 000 小时，实际生产工时为 3 800 小时。则：

计划小时制造费用率 = 14 800/3 700 = 4

实际小时制造费用率 = 16 800/4 000 = 4.2

甲产品的定额制造费用 = 4 000 × 4 = 16 000（元）

甲产品的实际制造费用 = 3 800 × 4.2 = 15 960（元）

甲产品生产制造费用脱离定额的差异 = 15 960 - 16 000 = -40（元）

各产品实际费用与定额制造费用的差异也要填制差异凭证。

对于废品损失及其发生的原因，应采用废品通知单和废品损失计算表单独反映，其中不可修复废品的成本，应按照定额成本计算。由于产品定额成本中一般不包括废品损失，因而发生的废品损失，通常作为脱离定额差异来处理。

通过将产品的各项生产费用都分别计算出符合定额费用的部分和脱离定额差异的部分，然后在产品的定额成本上，加上或者减去脱离定额的差异，即可求得产品的实际成本。其计算公式如下：

产品实际成本 = 产品定额成本 ± 脱离定额差异

为了计算完工产品的实际成本，上述脱离定额的差异，还应在完工产品和月末在产品之间进行分配。由于采用定额法计算产品成本的企业，都有现成的定额成本资料，所以脱离定额差异在完工产品与月末在产品之间分配，大多采用定额比例法进行。如果月末在产品的数量比较稳定，也可以只按定额计算在产品成本，将全部差异计入完工产品成本，月末在产品不负担差异。

（三）定额变动差异的核算

定额变动差异是指由于修订消耗定额或消耗定额的计划价格而产生的新旧定额之间的差额。

修订消耗定额一般是在期初进行（月初、季初或年初）的，在定额变动的月份，其月初在产品的定额成本仍然是按照旧定额计算的。因此，随着消耗定额的修订，月初的这些按旧定额计算的定额成本，必须加减定额变动差异进行调整。月初在产品定额变动差异，可以根据定额发生变动的在产品的盘存数量或在产品账面结存数量和修订前后的消耗定额，计算出月初在产品消耗定额修订前和修订后的定额消耗量，进而确定定额变动差异。在构成产品的零、部件种类较多的情况下，采用这种方法按零、部件和工序进行计算，工作量就会很大。为了简化计算工作，也可以按照单位产品费用的折算系数进行计算。即将按新旧定额所计算出的单位产品费用进行对比，求出系数，然后根据系数进行计算。其计算公式如下：

$$系数=\frac{按新定额计算的单位产品费用}{按旧定额计算的单位产品费用}$$

月初在产品定额变动差异 = 按旧定额计算的月初在产品费用 ×（1 - 系数）

例如，甲产品的一些零件从20××年1月1日起实行新的材料消耗定额，单位产品旧的材料费用定额为20元，新的材料费用定额为19元。该产品月初在产品按旧定额计算的材料定额费用为10 000元，月初在产品定额变动差异计算结果如下：

系数＝19/20＝0.95

月初在产品材料费用定额变动差异＝10 000×(1－0.95)＝500(元)

采用系数法来计算月初在产品定额变动差异虽然较为简便，但由于系数是按照单位产品计算，而不是按照产品的零、部件计算的，因而它只适宜于在零、部件成套生产或零、部件成套性较大的情况下采用。也就是说，在零、部件生产不成套或者成套性较差的情况下，采用系数法，就会影响到计算结果的正确性。例如，某产品只对部分零、部件消耗定额作了修订，如果零、部件生产不成套，月初在产品所包括的零、部件又都不是消耗定额发生变动的零、部件。这时采用上述方法计算，则会使本来不应有定额变动差异的月初在产品定额成本，作了不正确的调整。

各种消耗定额的变动，一般表现为不断下降的趋势，因而月初在产品定额变动差异，通常表现为月初在产品定额成本的降低。在这种情况下，一方面，应从月初在产品定额成本中扣除该项差异；另一方面，由于该项差异是月初在产品生产费用的实际支出，因此，还应将该项差异计入本月产品成本。相反，若消耗定额不是下降，而是提高，那么，在计算出定额变动差异之后，应将此项差异加入月初在产品定额成本之中，同时从本月产品成本中予以扣除，因为实际上并未发生这部分支出。

在有月初在产品定额变动差异时，产品实际成本的计算公式应补充如下：

产品实际成本＝按现行定额计算的产品定额成本±脱离现行定额的差异±月初在产品定额变动差异

如果由于某些原因，定额在月份中调整，这样，本月投入的产品定额成本中也应加减定额变动差异。定额变动差异是指月份内自定额变动之日起到月底为止计算的差异。其计算公式如下：

定额变动差异＝(新定额－旧定额)×自变动起到月底止投入的生产量

定额变动差异一般应按照定额成本比例，在完工产品和月末在产品之间进行分配。因为这种差异不是当月工作的结果，不应全部计入当月完工产品成本。但是，如果定额变动差异数额较小，或者定额是在月初变动的情况下，月初在产品本月全部完工，那么，定额变动差异也可以全部由完工产品负担，月末在产品不再负担定额变动差异。

(四)定额法下产品实际成本的计算程序

定额法下产品实际成本的一般计算程序是：

(1)按产品(零、部件)设置产品成本明细账，其格式如表7－22所示。如果定额在月初有变动，要计算定额变动数额，填入“月初在产品定额变动”有关栏内。

(2)编制各项费用分配表。各项费用都应按定额成本和定额差异分别进行汇总和分配，计入产品成本明细账“本月费用”有关栏内。如果定额在月中有变动，还应增加“月中定额变动”栏。

(3)月末，将产品成本明细账中的“月初在产品成本”、“月初在产品定额变动”、“本月费用”各栏中的定额成本、定额差异、定额变动差异相加，求出总额计入“生产费用合计”栏。

(4)本月费用合计在产成品和在产品之间进行分配。

（五）定额法举例

某企业大批量生产 A 产品，月初在产品 10 件，在产品定额成本计算表，如表 7－20 所示。本月现行定额中，单位产品材料定额成本从 100 元降低到 80 元，定额变动差异全部由完工产品成本负担。本月投入产品 110 件，本月发生的定额费用和脱离定额差异由各费用分配表提供（分配表略）。本月完工产品 100 件，产品定额成本计算表，如表 7－21 所示，根据有关资料计算 A 产品成本，如表 7－22 所示。

表 7－20　　在产品定额成本计算表

产品名称:A 产品　　（按旧定额）　　金额单位:元

成本项目	材料定额耗用量			工时定额耗用量（小时）	计划单价	定额成本	定额差异
	在产品数量（件）	单耗（千克/件）	定额耗用量				
直接材料——甲材料	10	10	100		10 元/千克	1 000	－80
直接人工				100	2 元/小时	200	44
制造费用				100	2 元/小时	200	10
合 计						1 400	－26

表 7－21　　产品定额成本计算表

产品名称:A 产品　　金额单位:元

成本项目	产量（件）	单位现行定额			现行定额总成本
		单位定额耗用量	计划单价	定额成本	
直接材料——甲材料	100	8 千克	10 元/千克	80	8 000
直接人工	100	20 小时	2 元/小时	40	4 000
制造费用	100	20 小时	2 元/小时	40	4 000
合 计				160	16 000

表 7－22　　产品成本明细账

产品名称:A 产品　　本月产量:100 件　　金额单位:元

项 目		直接材料	直接人工	制造费用	合 计
月初在产品成本	定额成本	1 000	200	200	1 400
	定额差异	－80	44	10	－26
月初在产品定额变动	定额成本调整	－200			－200
	定额变动	200			200
本月费用	定额成本	8 800	4 400	4 400	17 600
	定额差异	－880	440	440	0

续表

项　目		直接材料	直接人工	制造费用	合　计
生产费用合计	定额成本	9 600	4 600	4 600	18 800
	定额差异	-960	484	450	-26
	定额变动	200			200
定额差异分配率		-0.10	0.11	0.098	
产成品成本	定额成本	8 000	4 000	4 000	16 000
	定额差异	-800	440	392	+32
	定额变动	200			200
	实际成本	7 400	4 440	4 392	16 232
月末在产品成本	定额成本	1 600	600	600	2 800
	定额差异	-160	44	58	-58

表7-22中：

(1)定额差异正数表示实际成本大于定额成本的超支差异，负数表示节约差异。

(2)月初在产品定额变动数是根据新、旧定额差异和在产品数量计算的，其计算公式如下：

在产品材料定额变动 = (旧定额 - 新定额) × 在产品数量

= (100 - 80) × 10 = 200(元)

其中，“定额成本调整”数是用来调整按旧定额计算的月初在产品定额成本，定额成本降低时为负数，定额成本提高时为正数。对于“定额变动”数，定额降低时为正数，定额提高时为负数。

(3)“产成品成本”中的“定额成本”，根据表7-20填列。“定额差异”是将“生产费用合计”栏中的“定额差异”数，按产成品和在产品定额成本比例分配，计算过程如下：

第一，

月末在产品定额成本 = 定额成本合计 - 产成品定额成本

本例中：

月末在产品直接材料定额成本 = 9600 - 8000 = 1600

第二，

本例中：

$$定额差异分配率 = \frac{定额差异合计数}{产成品定额成本 + 在产品定额成本}$$

直接材料定额差异分配率 = 960/(8 000 + 1 600) = 0.1

产成品直接材料定额差异 = 8 000 × 0.1 = 800(元)

在产品直接材料定额差异 = 960 - 800 = 160(元)

第三，“产成品成本”中的“实际成本”是“定额成本”、“定额差异”、“定额变动”之和，其计算公式如下：

产成品实际成本 = 定额成本 ± 定额差异 ± 定额变动

本例中：

产成品直接材料实际成本 = 8 000 - 800 + 200 = 7 400(元)

从表7-22可见，A产品本月定额成本16 000元，实际成本为16 232元，成本升高了232元，其中：直接材料降低了600元，直接工资升高了440元，制造费用升高了392元。在直接材料成本中由于生产耗费节约而降低成本800元，由于月初在产品定额变动带来的月初在产品价值降低而抵销了降低额200元。

特别需要说明的是，在采用定额法计算产品成本时，为了便于对产品成本的考核和分析，材料的日常核算都应按计划成本进行。因此，日常所发生的原材料费用，包括原材料的定额费用和原材料脱离定额的差异，都是按原材料的计划单位成本计算的。原材料的定额费用是定额消耗量乘以计划单位成本，原材料脱离定额的差异是消耗量差异乘以计划单位成本。所以在月末计算产品的实际原材料费用时，还必须考虑所耗原材料应负担的成本差异问题，即原材料的价差。其计算公式如下：

$$\text{某产品应分配的原材料成本差异} = (\text{该产品的原材料定额费用} \pm \text{原材料脱离定额差异}) \times \text{原材料成本差异分配率}$$

这时，产品实际成本的计算公式应为：

$$\text{产品实际成本} = \text{按现行定额计算的产品定额成本} \pm \text{脱离现行定额差异} \pm \text{月初在产品定额差异变动} \pm \text{原材料成本差异}$$

在定额法下，为了考核和分析各生产步骤的产品成本，简化成本计算工作，各步骤所耗原材料和半成品的成本差异应尽量由厂部分配调整，不计入各生产步骤产品的成本。

在定额法下，对于生产过程中发生的各项费用，要将其中符合定额的部分和脱离定额的差异分别进行核算。月末，在产成品定额成本的基础上加减差异计算产品的实际成本。这样，不仅加强了生产费用的日常控制和监督，又便于定期进行产品的成本的分析和考核。

定额法的定额是以平均先进定额为基础的，并随着生产技术和管理水平的提高，不断修订定额，使之保持平均先进水平。这样有利于促使企业加强定额管理，提高定额管理水平。所以，定额法使产品核算工作、分析工作和定额管理工作有机地结合起来，它不仅是一种成本计算方法，也是一种成本控制和考核的方法。采用定额法必须按产品(零、部件)和成本项目，首先计算定额成本、定额差异、定额变动差异，然后才能计算产品实际成本。其工作量较大，也较为繁琐。

第三节　联产品、副产品和等级品的成本计算

在许多企业里，使用同一种原料，经过同一生产过程，可以同时生产出两种或两种以上的产品；也可能由于操作及其他方面的原因生产出不同等级的同一产品；这些产品可以根据各自不同的情况，分为联产品、副产品和等级产品。

一、联产品的成本计算

(一)联产品的特征

联产品是指使用同种原材料，在同一生产过程中，同时生产出几种使用价值不同的并且具有同等地位的企业的主要产品。它们虽然在性质上和用途上不同，但在经济上都有重要意义，它们都是企业生产的主要目的，如炼油厂从原油中可以同时提炼出汽油、煤油、机油、柴

油等几种主要产品，这些产品都是炼油厂的联产品。联产品的主要特征有：

1. 联产品是一些企业生产活动的主要目标，是企业所生产的主要产品。

2. 企业要生产其中任何一种联产品，必须同时生产所有联产品。一般来说，企业只生产联产品中的一种，而放弃其他联产品的生产，在经济上是不合算的。

3. 在联产过程中生产的各种产品，彼此间有一定的数量关系。某一产品产量的增加，将使其他产品的产量亦随之而增加；反之，亦然。各种联产品的产量之间，存在着一定的相互制约的关系，但并非等比例的增减。

4. 联产品的品种和数量是由生产方法、工艺过程或原材料性质所决定的，不是由管理决策所能决定的，但是通过管理可以停止生产联产品中不经济的产品。

（二）联产品的成本计算方法

1. 联产品成本的特点。在投入相同的原材料，经过同一生产过程的情况下，在某个“点”上分离为各种联产品，这个“点”通常称为“分离点”。分离后的联产品有的可以直接销售，有的可以经过进一步加工后再销售。所以，联产品的成本是由联产成本和分离成本两部分构成的。联产成本是指分离点之前的联产过程中所发生的全部成本，也称共同成本。分离成本则是指在分离点之后单独继续加工过程中所发生的成本（主要包括人工和制造费用），也称可归属成本。

联产成本的特点是，其虽然使形成的各种联产品直接受益，但又无法准确辨认每种联产品所实际耗用的费用数额。分离成本则不同，它可以直接而准确地辨认分离后每种产品所消耗的费用数额，并可将其计入各种不同的联产品，如图 7－1 所示。

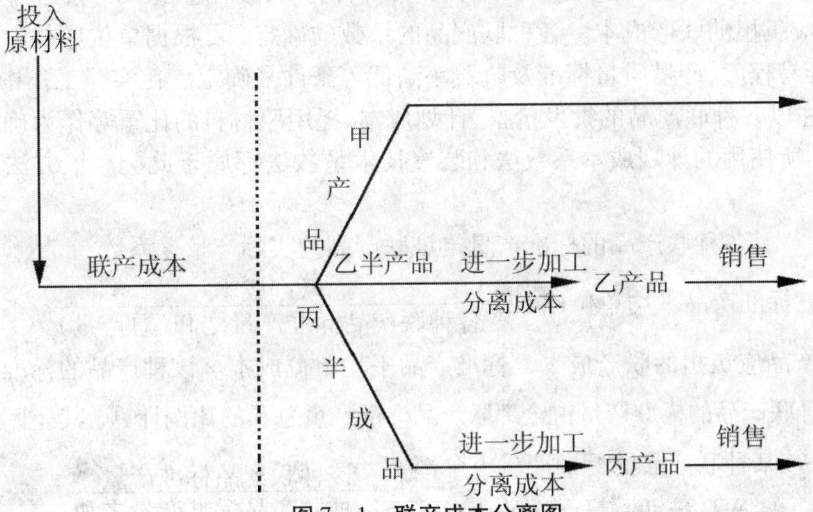

图 7－1　联产成本分离图

由联产品成本的特点决定了其成本计算的特点。联产品的成本计算分两步进行：第一步，分离前联产过程中联产成本的计算；第二步，分离后继续加工过程中分离成本的计算，再将联产成本和分离成本相加计算出联产品的成本。

2. 联产成本的计算。联产成本的归集，可以根据企业的生产类型和管理上的要求，采用通常的成本计算方法（一般为分类法）进行。

联产品的成本计算，就是将分离点前联产品的联产成本在各种联产品之间进行分配。联产品的联产成本的分配，可以有许多方法，主要有产量法、售价法等。

产量法就是按各种联产品在分离点的产量来分配联产成本的方法。具体又分为实际产量法和标准产量法两种。

第一，实际产量法。实际产量法就是按照各种联产品在分离点的实际产量分配联产成本的方法。采用这种方法，首先，以待分配的联产品的联产成本除以各种联产品产量之和(即总产量)，求出平均单位成本;然后，分别乘以各联产品的产量求出各联产品应分担的联产成本。因此，这种方法也称之为“平均单位成本法”其计算公式如下：

$$平均单位成本=\frac{联产成本}{各种联产品的产量之和(总产量)}$$

某种联产品应分担的联产成本=平均单位成本×该种联产品的实际产量

也可以按下列公式计算：

$$某种联产品的产量占联产品总产量的比重=\frac{该种联产品产量}{联产品总量}$$

某种联产品应分担的联产成本=联产成本×该种联产品的产量占联产品总量的比重

因此，实际产量法也称为实际产量比例法。

这一方法适用于各种联产品的产量采用相同的计量单位或其产量可以换算为同一计量单位的情况。

第二，标准产量法。标准产量法就是把各种联产品在分离点的实际产量，按照一定的系数换算为标准产量，然后按标准产量的比例分配联产成本的方法。因此，这一方法也称为“相对产量比例法”。采用这一方法分配联产成本时，首先，要确定每种联产品的系数;然后，根据各种联产品的实际产量和系数将多种联产品折合为标准产量;最后，按各种联产品的标准产量计算其应负担的联产成本。各种联产品的系数的确定，可根据单位原材料中各产品的份额、加工的难易程度、产量质量标准及收益率高低等条件来确定。在实际工作中，为了简化核算手续，往往以各种联产品的批发价格、计划成本、耗用原材料的比重等作为确定系数的根据:炼油联产品所使用的计划成本系数法和装置技术系数法都属于此类。该方法的基本计算公式如下：

各种联产品的标准产量=该联产品的实际产量×系数

$$标准产品平均单位成本=\frac{联产成本}{各种联产品标准产量之和(总产量)}$$

某种联产品应负担的联产成本=标准产品平均单位成本×该种产品的标准产量

或者按各种联产品的标准产量占全部联产品标准产量总和的比例计算，其计算公式如下：

$$\begin{matrix}某种联产品的标准产量占全部\\联产品标准产量之和的比重\end{matrix}=\frac{该种联产品标准产量}{各种联产品标准产量之和}$$

$$某种联产品应负担的联产成本=联产成本\times\begin{matrix}该种联产品的标准产量占全部\\联产品标准产量之和的比重\end{matrix}$$

标准产量法的理论依据是联产成本不仅与联产品的实际产量有关，而且也与单位原材料中各联产品所占的份额、产品加工的难易度、产品的质量标准和收益率等因素有关，因此，在分配联产成本时，这些因素都应予以考虑。该方法的优点是产品的成本负担比实际产量法更为合理，但其系数的确定主观性大，难以准确把握。

售价法就是以各种联产品的市场价格为基础来分配联产成本的方法。其计算公式如下：

某种联产品的销售价值 = 该种联产品的单位销售价格 × 该种联产品的实际产量

$$\text{每元联产品平均应负担的联产成本} = \frac{\text{联产成本}}{\text{各种联产品的销售价值之和}}$$

$$\text{某种联产品应负担的联产成本} = \begin{matrix}\text{每元联产品平均}\\\text{应负担的联产成本}\end{matrix} \times \begin{matrix}\text{该种联产品}\\\text{的销售价值}\end{matrix}$$

也可以将各种联产品的实际产量，以售价为系数，折算为相对产量，然后，将联产品的联产成本按各种联产品的相对产量进行分配。

例如，某工厂用同一种原材料，在同一个工艺过程中生产出甲、乙、丙三种联产品。这些联产品以售价为系数分配联产成本，以甲产品为标准产品，其售价为系数 1。甲产品分离后，还需继续加工成为产品 A 才能出售，乙、丙产品则分离后可直接对外出售。有关资料如表 7－23 ~7－26 所示。

表 7－23　**产量和单价**

20××年××月

产品名称	产量(件)	单位售价(元)
甲产品	500	10
乙产品	200	15
丙产品	100	20

表 7－24　**成本计算资料**

20××年××月　　金额单位:元

项 目	直接材料	直接人工	制造费用	合 计
分离前的联产成本	20 000	10 000	10 000	40 000
各成本项目占总成本比重	50%	25%	25%	100%
分离后甲产品分离成本	4 000	2 500	1 500	8 000

表 7－25　**联产品成本计算表**

20××年××月　　金额单位:元

产品名称	产量(件)	系 数	标准产量(件)	联产成本	标准产量单位成本	联产品总成本	联产品单位成本
甲产品	500	1	500			20 000	40
乙产品	200	15 ÷ 10 = 1.5	300			12 000	60
丙产品	100	20 ÷ 10 = 2	200			8000	80
合计			1 000	40 000	40 000 ÷ 1000 = 40	40 000	

表 7－26　　A 产品成本汇总计算表

产量:500 件　　20××年××月　　金额单位:元

成本项目	联产成本		分离成本	总成本	单位成本
	比重	金额			
直接材料	50%	10 000	4 000	14 000	28
直接人工	25%	5 000	2 500	7 500	15
制造费用	25%	5 000	1 500	6 500	13
合 计		20 000	8 000	28 000	56

二、副产品的成本计算

(一)副产品的特征

副产品是指在生产主要产品的过程中，附带生产出的一些非主要产品。副产品不是企业的主要产品，但这些副产品尚有一定的用途，能够满足某些方面的需要，如在制皂生产中生产出来的甘油等。有些企业在生产过程中所产生的一些废气、废水、废渣，对于“三废”的综合利用、回收或提炼出来的产品，也可以称为副产品。显然，主副产品不是固定不变的，随着条件的变化，副产品也能转为主要产品。

(二)副产品的成本计算方法

副产品的成本计算主要是指副产品成本计价。与联产品类似，副产品也是经过同一生产过程而产生出来的产品，所以，副产品成本计算就是要确定副产品应负担的分离点前的联产成本。

由于副产品是随着主要产品生产时附带出来的，其价值较低，所以副产品的成本计算一般不像联产品那么复杂，只需将副产品按一定标准作价，从分离前的联产成本中扣除即可。由此可见，副产品成本计算的关键就是副产品按什么标准作价，即副产品的成本计价问题。

副产品在分离后，可以作为产成品直接对外销售，也可以进一步加工后出售。所以，副产品成本计价要视这两种不同的情况分别采用以下两种方法：

1. 对于分离后不再加工的副产品，可视不同的情况，采用不同的成本计算方法。

第一，副产品不负担分离前的联产成本。如果副产品的价值较低，可以将其直接作为收入处理，即在这种方法下，副产品不负担分离前的联产成本。采用这种方法手续简单，核算方便，但因副产品不负担分离前的联产成本，必然使主产品的成本提高，影响成本计算的正确性。

第二，副产品销售净收入法。如果副产品价值较高，一般应将其销售价格扣除税金、销售费用和销售利润后作为副产品应负担的成本。副产品的成本可以从直接材料成本项目中一并扣除，也可以按比例从各成本项目中扣除。该计算方法较前一种已有所改进，但如果副产品售价发生变动，则其成本也将随之变动并影响主要产品成本计算的正确性。

2. 对于分离后不直接对外销售，而需要进一步加工后再出售的副产品，其成本计价也可以有两种不同的方法。

第一，分离成本法。分离成本法就是将分离时的副产品视为无成本，它只负担分离后发生的成本。即副产品不负担分离之前发生的联产成本，仅将分离后进一步加工而发生的成本作为该副产品的成本。这种方法多计了主产品的成本而少算了副产品的成本，因此，从理论上讲是不正确的，但这一方法简便易行，比较实用。

第二，全部成本法。全部成本法就是副产品既负担分离后的加工成本，也负担分离前的联产成本。用这种方法计算副产品成本，可将副产品视同联合产品，采用系数法、重量法、售价法等。应负担的联产成本可以从直接材料项目中一笔扣除，也可以按比例从各成本项目中扣减。

例如，某工厂生产甲产品的同时，还生产了乙副产品，乙副产品分离后，需作进一步加工后才能对外销售。本期共发生联产成本10万元，其中直接材料6万元，直接人工1万元，制造费用3万元，生产了甲产品1 000千克，乙副产品1 000千克。乙副产品进一步加工发生直接人工1 000元，制造费用2 000元。乙副产品对外销售售价为10元/千克，每千克销售费用和利润合计为1元。

乙副产品应负担的联产成本用副产品销售净收入法计算如下：

乙副产品应负担的联产成本 =(10 - 1 000/1 000 - 2 000/1 000 -1) ×1 000 =6 000(元)

其中:1 000/1 000 =1(元)为扣除分离成本中的直接人工费用每千克1元；

2 000/1 000 =2(元)为扣除分离成本中的制造费用每千克2元。

按照各成本项目在总成本中所占比例，乙副产品成本计算如下：

直接材料：6 000 ×60 000/100 000 =3 600(元)

直接人工：6 000 ×10 000/100 000 =600(元)

制造费用：6 000 ×30 000/100 000 =1 800(元)

乙副产品成本计算表，如表7-27所示。

表7-27

乙副产品成本计算表

20××年××月

金额单位:元

成本项目	联产成本	分离成本	总成本	单位成本
直接材料	3 600		3 600	3.6
直接人工	600	1 000	1 600	1.6
制造费用	1 800	2 000	3 800	3.8
合 计	6 000	3 000	9 000	9

将副产品应负担的联合成本按联产成本中各项目所占比例计算为各成本项目。

例如，某化工厂生产A、B联产品的同时还生产出C副产品1 000件，假定本期共发生费用10万元，其中直接材料6万元，直接人工2万元，制造费用2万元，C副产品产量为100千克，每千克售价为3元，单位销售费用和利润合计为0.40元。假定副产品成本从各成本项目中扣减，则成本分摊情况如下：

副产品应负担的联产成本 =1 000 ×(3 -0.40) =2 600(元)

按照各成本项目在总成本中所占比例，副产品成本中各成本项目的数字计算如下

直接材料：

2 600 ×60 000/ 100 000 =1 560(元)

直接人工：

2 600 ×20 000/100 000 =520(元)

制造费用：

$$2\ 600 \times 20\ 000/100\ 000 = 520(\text{元})$$

副产品成本计算，如表 7－28 所示。

表 7－28　　副产品成本计篇表

20××年××月　　金额单位：元

成本项目	总成本	C 副产品应负担成本	A、B 联产品应负担成本
直接材料	60 000	1 560	58 440
直接人工	20 000	520	19 480
制造费用	20 000	520	19 480
合 计	100 000	2 600	97 400

三、等级产品的成本计算

（一）等级产品的特点

等级产品不同于联产品，联产品是共同生产过程中产出的不同品种产品，而等级产品则是共同生产过程中生产出的相同品种而不同品级和质量的产品。另外，许多联产品在分离之后还需要进一步加工，并相应发生分离成本，而等级产品一般不需要分离之后再加工。

（二）等级产品的成本计算方法

由于等级产品是用同样的原材料在同一加工过程中生产出来，一般不再需要进一步加工，因此，等级产品成本的计算可以分为成本的归集和分配，以及总成本和单位成本的计算三个环节。

成本的归集，像联产品的联产成本一样，将各种不同品级和质量的产品作为一个成本计算对象进行归集，而不能按不同品级和质量的产品来分别归集。因为在同一生产过程结束之前，无法确定各种不同品级和质量的产品。

成本的分配，就是将所归集的成本按照一定的标准分配到各种品级和质量的产品中去，其分配标准取决于出现等级产品的原因。

总成本和单位成本的计算，就是将分配后各种品级和质量的产品的成本作为其总成本，然后除以该品级和质量产品的数量，得出其单位成本。

从上述可见，等级产品成本的计算，实质上就是共同成本的分配。

等级产品成本的计算方法，根据等级产品产生原因的不同可选择平均单位成本计算法和相对产量比例计算法两种。

1. 平均单位成本计算法。有些工业企业用同样的原材料，在同一生产过程中生产相同品种规格的产品时，往往由于生产和管理不善及技术操作等主观原因，产出比原定质量较差的产品。这些产品虽然等级不同，但所用的原材料，所经过的生产过程都相同，因而它们的单位成本理应没有差别。在这种情况下，企业通常采用平均单位成本计算法来计算等级产品成本。其平均单位成本就是各种等级产品的单位成本，用其乘以各种等级产品的实际产量就是该等级产品的总成本，其计算公式如下：

$$\text{各种等级产品的单位成本} = \frac{\text{归集的总成本}}{\text{各种等级产品的产量之和}}$$

某种等级产品的总成本 = 各种等级产品的单位成本 × 该种等级产品的实际产量

在这种方法下，各种等级产品的成本都是相同的，但次级产品的售价较低，销售利润当然也低于正品，次级产品与正品销售利润的差额，正好说明企业生产经营管理不善而导致企业发生的经济损失。这样，就可以促使企业不断努力改善工作，减少或者消灭副、次产品，不断提高产品质量，提高企业的经济效益。

2. 相对产量比例计算法。就是根据销售价格的比例计算等级产品的相对产量，按照等级产品的相对产量分配等级产品的总成本，从而计算其单位成本的一种方法。因为这种方法是根据销售价格的比例计算等级产品的相对产量，再按相对产量计算等级产品的成本，所以，这种方法也称为“销售价格比例法”。等级产品的价格比例一般以正品（或最高售价的等级产品）价格为系数“1”，其他等级产品按售价比例计算系数并折合为相当于正品产量即相对产量，按各等级产品的相对产量分配总成本，计算各等级产品的单位成本。其计算公式如下：

第一，计算各等级产品的系数：

$$某等级产品的系数 = \frac{某等级产品的单价}{正品单价（或最高售价的等级产品）}$$

第二，计算各等级产品的相对产量：

某等级产品的相对产量 = 该等级产品的实际产量 × 该等级产品的系数

第三，计算相对产量的单位成本：

$$相对产量的单位成本 = \frac{归集的总成本}{等级产品相对产量合计}$$

第四，计算各等级产品总成本：

某等级产品的总成本 = 该等级产品的相对产量 × 相对产量的单位成本

第五，计算各等级产品的单位成本：

$$某等级产品的单位成本 = \frac{该等级产品总成本}{该等级产品实际产量}$$

例如，某工厂生产 A 产品 10 000 只，其中一级品 6 000 只，二级品 3 000 只，三级品 1 000 只，其单价分别为 10 元、8 元、6 元。制造成本共计 55 000 元。按平均单位成本计算法计算的各等级产品的成本，如表 7－29 所示。

表 7－29　**等级产品成本计算表**

（按平均单位成本计算法）

20××年××月

产品等级	产量（件）	等级品率（%）	各等级产品应负担成本（元）	单位成本（元）
一级品	6 000	60	33 000	5.5
二级品	3 000	30	16 500	5.5
三级品	1 000	10	5 500	5.5
合 计	10 000	100	55 000	

如果等级品的产生是由于目前生产技术水平、原材料质量、工艺技术等客观因素造成的，也可考虑对不同等级的产品确定不相同的成本，即按相对产量比例法计算各等级产品的成

本。仍以上例为例，等级产品成本计算表，如表7-30所示。

表7-30 等级产品成本计算表

（按相对产量比例计算法）

20××年××月

等级产品	产量(件)	单价(元)	系数	相对产量(件)	各等级品应负担成本(元)	单位成本(元)
一级品	6 000	10	1	6 000	36 666.67	6.11
二级品	3 000	8	0.8	2 400	14 666.64	4.89
三级品	1 000	6	0.6	600	3 666.66	3.67
合 计	10 000			9 000	55 000	

单位相对产量成本 = 55 000/9 000 = 6.1111(元)

一级品应负担成本 = 6.1111 × 6 000 = 36 666.67(元)

二级品应负担成本 = 6.1111 × 2 400 = 14 666.64(元)

三级品应负担成本 = 6.1111 × 600 = 3 666.66(元)

● 思考与练习

一、单选题

1. 下列关于副产品成本计算，不正确的是(　　)。

A. 如果比重较大，将主、副产品视同联产品采用分类法计算

B. 如果比重不大，采用与分类法相类似的方法计算，然后将副产品按一定方法计价，从该类产品总成本中扣除，余额为主要产品成本

C. 可以按照售价减去税金和正常销售利润后的余额对副产品计价

D. 副产品成本一般按合计数从该类产品的"制造费用"项目中扣除

2. 不能采用分类法及与其相类似的方法进行成本计算的产品是(　　)。

A. 联产品　　B. 等级产品

C. 主、副产品　　D. 零星产品

3. 下列各项中，属于分类法优点的是(　　)。

A. 能提高成本计算的正确性　　B. 能加强成本控制

C. 能分品种掌握产品成本水平　　D. 能简化产品成本的计算

4. 某企业采用分类法计算产品成本，类内三种产品的材料费用定额为：甲产品为80 000元，乙产品为100 000元，丙产品为120 000元，其中乙产品为标准产品，则甲产品的材料费用系数为(　　)。

A. 1.2　　B. 1

C. 0.8　　D. 1.25

5. A产品的某些零件从本月初起修订原材料费用定额。A产品每件产品旧的原材料费用定额为20元，新的原材料费用定额为16元。A产品上月末在产品的原材料定额费用为5 000元。据此计算的本月初的在产品定额变动差异为(　　)元。

A. 1250　　B. －1250

C. 1000　　D. －1000

6. 在定额法下，当消耗定额提高时，月初在产品的定额成本调整数和定额变动差异数(　　)。

A. 都是正数　　B. 都是负数

C. 前者是正数，后者是负数　　D. 前者是负数，后者是正数

7. 成本计算的分类法的特点是(　　)。

A. 按产品类别计算产品成本

B. 按产品品种计算产品成本

C. 按产品类别归集生产费用，计算产品成本，同类产品内各种产品的间接计入费用采用一定方法分配确定

D. 按产品类别归集生产费用，计算产品成本，同类产品内各种产品的费用采用一定方法分配确定

二、多选题

1. 在品种规格繁多且可按一定标准分类的企业或车间中，能够应用分类法计算成本的产品生产类型有(　　)。

A. 大量大批单步骤生产　　B. 大量大批多步骤生产

C. 单件小批单步骤生产　　D. 单件小批多步骤生产

2. 采用分类法，某类产品中各种产品之间分配费用的标准可以选用(　　)。

A. 定额消耗量　　B. 定额费用

C. 产品售价　　D. 相对固定的系数

3. 系数法是(　　)。

A. 一种成本计算的基本方法　　B. 分类法的一种

C. 一种间接费用分配法　　D. 一种简化的分类法

4. 采用定额成本法是为了(　　)。

A. 提高成本计算的正确性　　B. 简化成本计算工作

C. 加强定额管理　　D. 加强成本控制

5. 限额法下，某种材料实际领料金额小于限额领料金额的差异即为该种材料脱离定额差异的前提条件有(　　)。

A. 投产数量等于规定的产品数量

B. 投产数量小于规定的产品数量

C. 车间期初、期末均没有余料

D. 车间期初、期末余料的数量相等

6. 分类法下，采用系数法计算各种产品成本时，被选作标准产品的产品应具备的条件是(　　)。

A. 产量较大　　B. 产量较小

C. 规格折中　　D. 生产比较稳定

7. 可以采用分类法计算产品成本的产品有(　　)。

A. 联产品　　B. 副产品

C. 等级产品　　D. 品种规格繁多，但可以按一定标准分类的产品

三、判断题

1. 产品的定额成本与计划成本的相同之处在于，它们均是以产品生产耗费的消耗定额和计划价格为依据确定的目标成本。(　　)

2. 分类法不需要分产品品种计算成本，因而产品成本明细账可按类别设置。(　　)

3. 采用分类法计算产品成本，不论选择什么作为分配标准，其产品成本的计算结果都有不同程度的假设性。(　　)

4. 联产品和副产品没有本质上的区别，它们的成本计算只要将其按一定标准作价，从分离点前的联合成本中扣除就可以了。(　　)

5. 等级产品和不合格品是两个不同的概念。等级品的质量差别是在允许范围内的，而不合格品的质量未达到要求。(　　)

四、简答题

1. 产品成本计算分类法的特点和适用范围是什么？

2. 试述分类法的成本计算程序。

3. 产品成本计算定额法的主要特点是什么？

4. 为什么要核算定额变动差异？如何计算？

5. 定额法的优缺点和适用范围是什么？

6. 什么是联产品、副产品、等级品？各自的特点是什么？

7. 如何计算联产品、副产品、等级品产品的生产成本？

五、业务计算题

习题一

目的：练习产品成本计算的分类法(系数法)。

资料：某工厂某年4月份用原材料同时生产A、B、C三种产品，成本计算采用分类法，类内各完工产品和在产品之间的费用均按标准产品产量系数进行分配，原材料在生产开始时一次投入，在产品负担的费用均按约当产量计算。

(1)标准产品系数：A＝0.5；B＝1；C＝1.5。

(2)完工产品和在产品数量，如下表所示。

完工产品和在产品数量

产品名称	完工产量(件)	在　产　品	
		数量(件)	完工率(%)
A	100	56	50
B	180	30	40
C	70	50	60

(3)期初在产品成本和本月生产费用，如下表所示。

在产品成本和本月生产费用资料

金额单位：元

项 目	直接材料	直接人工	间接制造费用
期初在产品成本	43 680	8 000	6 000
本月生产费用	195 000	40 720	14 300

要求：分别计算A、B、C三种产品完工产品成本和在产品成本。

习题二

目的：练习产品成本计算的分类法(定额比例法)。

资料：某企业大量生产甲、乙、丙三种产品，这三种产品的原材料和生产工艺相近，因而归为一类(A 类)计算成本。该类产品的消耗定额比较准确稳定，各月在产品数量波动也不大，因而月末在产品按定额成本计算，类内产品成本划分采用定额比例法(材料项目采用材料定额耗用量比例，工费项目采用工时定额耗用量比例)。

(1)A 类产品月初在产品定额成本:直接材料 7 208 元;直接人工 1 500 元;间接制造费用 3 750 元，合计 12 458 元。

(2)A 类产品月末在产品定额成本:直接材料 5 200 元;直接人工 1 000 元;间接制造费用 2 500 元，合计 8 700 元。

(3)本月该类产品的生产费用为:直接材料 63 512 元;直接人工 10 975 元;间接制造费用 22 975 元，合计 97 462 元。

(4)材料消耗定额:甲产品 9.6 千克/件;乙产品 8 千克/件;丙产品 6.4 千克/件。

(5)工时消耗定额:甲产品 6 小时/件;乙产品 7 小时/件;丙产品 5 小时/件。

(6)产量记录:甲产品 1 500 件;乙产品 2 500 件;丙产品 500 件。

要求:分别计算甲、乙、丙三种产品完工产品成本和单位成本。

习题三

目的：练习产品成本计算的定额法。

资料：某厂生产甲产品，采用定额法计算产品成本。原材料在生产开始时一次投入。

(1)本年 9 月初在产品成本资料如下表所示。

在产品成本资料

金额单位:元

成本项目	定额成本	定额差异	材料成本差异
直接材料	8 000	−232	−370
直接人工	744	33.2	0
制造费用	1 550	−86	0

(2)自本年 9 月 1 日起，甲产品原材料消耗定额由 4 千克/件下降为 3.6 千克/件。原材料计划单价仍为 2 元/千克。

(3)9 月份投产甲产品 11 000 件，实际耗用原材料 39 500 千克。该月材料成本差异分配率为 −5%。

(4)甲产品计划小时工资率为 4.8 元/小时，9 月份实际小时工资率为 5 元/小时。该月实际完成定额工时 3 255 小时;实际耗用工时 3 260/小时。其中用于修复废品 60 工时。

(5)9 月份制造费用预算为 31 000 元，预算完成定额工时 3 100 小时，该月实际发生制造费用 34 000 元。

(6)该月可修复费用按实际发生的修复直接人工费计算。

(7)该月完工产成品 10 000 件，月末在产品 2 000 件，材料已全部投足。单件产品工时定额为 0.31 工时，月末在产品已完成定额工时 310 小时。

要求：

采用定额法编制甲产品生产成本明细账。脱离定额差异与材料成本差异由完工产品与月末在产品共同负担。定额变动差异全部由完工产品成本负担。

习题四

目的：练习联产品、副产品的计算。

资料：某工厂设三个生产车间，第一生产车间用同一种原材料，同时生产出甲、乙两种联产品，在生产过程中还附带生产出丙产品。甲产品为标准产品，系数为1，乙产品耗料系数为1.2，工费系数为1.1；丙产品半成品按单位计划成本2元从联产成本中的直接材料项目中扣除，第一车间未完工的丙副产品不计价。第一车间各产品分离后，甲产品即可出售，乙产品交第二车间，丙副产品交第三车间进一步加工完毕后才出售。有关成本资料，如下表所示。

成本资料

金额单位：元

车间、部门	第一车间	第二车间	第三车间
月初在产品成本			
直接材料	36 400	1 680	147
自制半成品		18 300	1 200
直接人工	8 000	3 760	96
间接制造费用	4 730	6 800	192
本月费用			
直接材料	205 000	14 000	600
直接人工	40 880	22 000	900
间接制造费用	13 600	38 000	1 800
本月产量（千克）			
甲产品	180 000		
乙产品	100 000	110 000	
丙产品	4 500		4 800
月末在产品数量（千克）			
甲产品	20 000		
乙产品	10 000	5 000	300
丙产品	500		60
已加工程度（%）	50	40	

第一车间原材料在投产时一次投产，第二、第三车间原材料均系随加工程度逐步投入，各车间在产品的工费成本均按加工程度的比例计算，第二、第三车间半成品由第一车间转来。

要求：分别计算甲、乙、丙完工产品和月末在产品成本。

习题五

目的：练习定额成本法的计算。

资料：企业按定额法计算A产品成本，本月份该种产品材料费用如下表所示（单位：元）：

A产品产量费用资料

金额单位：元

项目	月初在产品			本月生产费用		完工产品定额成本
	定额成本	脱离定额	定额变动	定额成本	脱离定额	
材料	10 000	642	100	93 000	–2 700	87 000

本月份材料成本差异为节约1%、材料成本差异和月初在产品定额变动差异全部由完工产品成本负担。

要求：(1) 计算月末在产品的定额成本；

(2)计算完工产品及月末在产品所耗材料的实际费用。

习题六

目的：练习定额成本法的计算。

资料：某种产品采用定额法计算成本，其原材料费用如下：

某产品原材料费用材料

金额单位：元

成本项目	月初在产品		月初在产品定额调整	本月发生		本月完工产品定额费用
	定额费用	脱离定额差异		定额费用	脱离定额差异	
原材料	1 800	-30	-200	5 400	+100	4 800

本月原材料成本差异率为 -2%。材料成本差异和定额变动差异均由完工产品成本负担，脱离定额差异在完工产品和月末在产品之间按定额费用比例分配。

要求：(1)计算月末在产品原材料定额费用；

(2)计算原材料脱离定额差异分配率；

(3)计算本月原材料费用应分配的材料成本差异；

(4)计算本月完工产品原材料实际费用。

第八章　其他行业的成本核算

【内容提示】

本章主要介绍商品流通企业、施工企业、房地产开发企业的成本计算。通过本章的学习，要求学生了解商品流通企业、施工企业、房地产开发企业生产经营活动的特点，掌握上述行业成本核算的内容，熟悉各行业成本计算的方法。

第一节　商品流通企业的成本核算

一、商品流通企业的特点

商品流通企业是一切从事商品流通活动、独立核算的企业的总称。它主要包括:商业、粮食、物资供销、供销合作社、对外贸易、医药(或石油、烟草)商业、图书发行等企业。商品流通企业是连接生产和消费的纽带，是沟通商品从生产领域向消费领域转移的桥梁，其经营业务的特点是从价值形态上表现为货币—商品—货币(增值)的过程，即从事商品的买卖活动。这一特点决定了商品流通企业成本与费用的构成。首先，流通企业为卖而从生产企业购入商品，是整个流通环节的开端。在这一活动中，要垫付一定数量的资金，这便形成了商品购进的进价成本。其次，商品购进后，需要组织销售，期间要发生一系列的费用，包括销售费用、管理费用以及财务费用等，这便形成了商品流通企业的各种费用。再次，商品流通企业还应按国家税法的规定向国家缴纳一定数额的税金，这部分税金要抵减企业的收入，作为企业利润的减少，对企业来说，也是一项必不可少的支出。

由此可见，商品流通企业的成本、费用是指企业在其经营活动中发生的、与其经营活动有关的各种支出。包括商品的进价成本、为销售商品或提供劳务而发生的商品流通费用，以及经营过程中作为损益项目的各种税金。

二、商品流通企业成本核算的内容

商品流通企业的成本和费用是指商业企业在经营活动中发生的与经营活动有关的支出，主要是指商品成本和商品流通费用。

(一)商品成本

第一，商品采购成本。商品采购成本是因采购商品而发生的所有支出，包括购买价款、相关税费、运输费、装卸费、保险费以及其他可归属于商品采购成本的费用。对于运输费、装卸费、保险费以及其他可归属于商品采购成本的费用等进货费用，也可以先进行归集，期末根据所购商品的存销情况进行分摊，对于已售商品的进货费用，计入当期损益;对于未售商品的进货费用，记入期末存货成本。企业采购商品进货费用金额较小的，可以在发生时直接计入当期损益。

1. 国内购进的商品，以进货原价加上购进商品所发生的进货费用，包括购进的商品到达交货地车站、码头以前支付的各项费用和手续费，作为其采购成本。

2. 企业进口的商品，其采购成本是指进口商品在到达目的港口以前发生的各种支出，包括商品进价、进口税金及代理进口费用（其中，进价是指进口商品按对外承付货款日的汇价结算的到岸价（CIF）；如果进口合同规定的不是到岸价，在商品到达目的港口之前由企业以外汇支付的运费、保险费、佣金等，计入进价内）加上商品到达我国口岸目的港口以前发生的费用。进口税金是指商品报关时应缴纳的税金，包括进口关税、消费税以及规定可计入商品成本的增值税等。代理进口费是指企业委托其他单位代理进口而支付给委托单位的费用。另外，企业购进商品发生的购货折扣、购货退回及经确认的索赔收入，应冲减商品进价；发生的能直接认定的进口佣金也应冲减商品进价，不易按商品认定的可冲减销售费用。

3. 企业收购的农副产品，其采购成本包括购进商品的原始进价和购入环节缴纳的税金及进货费用。按照《增值税暂行条例》的有关规定，一般纳税人向农业生产者购买的免税农业产品（直接从事植物的种植、收割和动物饲养、捕捞的单位和个人消费的自产农业产品，免征增值税），或者向小规模纳税人购买的农业产品，准予按照买价的13%的扣除率计算进项税额。农副业产品进行挑选整理而发生的费用开支，计入农副业产品成本。因挑选整理而发生的农副业产品等级和数量变化，不改变挑选前的总成本。

第二，商品存货成本。商品存货成本一般以商品采购成本为基础进行核算，并根据存货计价方法确定其成本额。

第三，商品加工成本。商品加工成本是指企业将原材料、半成品等进行加工制成商品的全部支出。委托加工商品的成本包括耗用的原材料或半成品成本、支付的加工费用、运输费、装卸费、保险费、缴纳的加工税金，加工过程中的有关收入应抵扣加工商品成本。自营加工的商品成本，按制造过程中的各项实际净支出确定。

第四，商品销售成本。商品销售成本是指已销商品的进价成本。

（二）商品流通费用

商品流通企业在组织商品流通的过程中，必然要耗费一定的人力、物力和财力，这些人力、物力和财力耗费的货币表现，即是商品流通企业的商品流通费用。商品流通企业的商品流通费用范围广、内容多，为了便于核算、控制和分析考核，从而寻求降低费用的途径，企业应对费用的内容、项目进行归类研究，并正确地予以分类。

商品流通费用项目按其具体内容，可分为销售费用、管理费用和财务费用三部分，以下分别加以说明：

1. 销售费用

销售费用是指在整个商品销售环节所发生的各项费用。它主要包括：运输费、装卸费、整理费、包装费、保险费、展览费、保管费、检验费、中转费、劳务手续费、广告费、商品损耗、差旅费、进出口商品累计佣金、经营人员工资、经营人员福利费等项目。

2. 管理费用

管理费用是指企业行政管理部门为管理和组织商品经营活动而发生的各项费用。它主要包括：管理人员工资、业务招待费、技术开发费、董事会会费、工会经费、职工教育经费、管理人员福利费、劳动保险费、涉外费、租赁费、咨询费、诉讼费、商标注册费、技术转让费、低值易耗品摊销、折旧费、无形资产摊销、开办费、职工待业保险金、房产税、土地使用税、车船税、印花税、审计费等。

3. 财务费用

财务费用是指企业为筹集资金而发生的各项费用。它主要包括：利息支出（减利息收入）、外汇调剂手续费、支付金融机构手续费以及企业支付或收到的现金折扣等。

这种分类，有利于企业分清责任，实行目标管理，考核、分析、评价企业各部门的经营业绩，便于正确计算和结转当期经营损益，真实反映企业的经济活动全貌。

三、商品流通企业费用成本计算应遵循的原则

商品流通企业的费用成本是影响企业经营成果好坏的一个重要因素，正确地计算商品流通企业的费用成本并加强成本的管理和核算，可以促使企业改善经营管理，提高经济效益。因此，计算商品流通企业的费用成本，必须按照国家有关的政策规定，遵循一定的原则进行。具体来讲，应遵循以下原则：

(1)以权责发生制为基础，划清不同时期的成本。

(2)以成本开支范围为基础，划清成本与费用的界限。

(3)以成本核算对象为标准，划清不同商品的成本及主营业务和其他业务的成本。

(4)按收入与成本配比原则，划清本企业成本和外单位成本，不能将外单位的销售成本作为本企业的成本入账。

(5)实行全员成本管理和全过程成本管理。

(6)划分成本费用与其他支出的界限。对于不应列入成本费用的支出，决不能列入成本费用。不应列入成本费用的支出主要有如下几项：①为购置、自行研制、建造固定资产、无形资产和其他资产发生的支出。②对外投资的支出及分配给投资者的利润。③赞助和捐赠支出。④支付的赔偿金、违约金、罚款、滞纳金等。⑤被没收的财产。⑥按国家规定不得列入成本、费用的其他支出。

四、商品流通企业成本的计算方法

(一)批发企业成本的计算

在批发商品流通企业，进行成本计算可以有多种多样的方法，以下分别加以介绍说明。

1. 个别认定法

个别认定法又称分批实际进价法，是指以每批商品的实际进价单位成本作为该批商品销售时的单位成本，计算已销商品进价成本的方法。在采用这种方法时，企业应该在商品购进时分批贮存，在商品明细账中按购进商品的品种、批次、单价分别登记入账，以便根据每批商品的进价确认已销商品的进价成本。

采用个别认定法计算商品销售成本，可以逐日结转销售成本。这种方法计算的商品成本最为准确，但计算起来工作量最为繁重，适用于能分清进货件别或批次的商品。

2. 先进先出法

先进先出法是指以企业先购进的商品先发出(销售)作为商品出库的假定前提，并按照这种假定的前提以每批商品的实际进价记录计算销售商品进价成本的方法。在采用这种方法时，对于各批销售，无论实际销售的是哪一批购进的，一律以当期相对最先购进的进价结转、计算商品销售进价成本。

采用先进先出法计算商品销售成本，期末结存商品成本比较接近现行的市场价值。其优点是企业不能随意挑选商品计价以调整当期利润；缺点是核算工作量比较大，对商品进出比较频繁的企业更是如此，而且当物价上涨时，会高估企业当期利润和库存商品的价值，反之，会低估企业库存商品价值和当期利润。

3. 加权平均法

加权平均法是指在计算商品销售成本时，用期初结存商品的数量和本期各批收入商品的数量之和作为权数，计算加权平均单位成本的方法。也就是说，以期初结存商品的进价成本与本期收入商品的进价成本之和，除以期初结存商品数量与本期购入商品数量之和，确定加权平均单位成本，然后据以计算本期发出（销售）商品的进价成本的方法。计算公式如下：

$$\text{每种商品的加权平均单位成本}=\frac{\text{期初结存商品进价成本}+\text{本月购进商品进价成本}}{\text{期初结存商品的数量}+\text{本期购进商品数量}}$$

求出加权平均单位成本之后，再根据下列公式计算商品的销售成本：

$$\text{期末结存商品进价成本}=\text{加权平均单位成本}\times\text{期末结存数量}$$

$$\text{每种商品的销售成本}=\text{加权平均单位成本}\times\text{销售数量}$$

或

$$\begin{array}{c}\text{每种商品的}\\\text{销售成本}\end{array}=\begin{array}{c}\text{期初结存商}\\\text{品进价成本}\end{array}+\begin{array}{c}\text{本期购进商}\\\text{品进价成本}\end{array}-\begin{array}{c}\text{期末结存商}\\\text{品进价成本}\end{array}$$

例如，某商品流通企业库存商品明细账，如表 8－1 所示。

根据资料，采用加权平均法计算已销商品成本如下：

加权平均单价 =（12000 + 45200 − 3 000）/（600 + 2400 − 150）= 19.02（元）

期末库存商品金额 = 1550 × 19.02 = 29 481（元）

本期商品销售成本 =（12000 + 45200 − 3000）− 29481 = 24 719（元）

采用加权平均法，月末一次计算加权平均单价，比较简单，而且在市场价格上涨或下跌时所计算出来的单位成本平均化，对商品成本的分摊较为折中，但是，采用这种方法，平时商品明细账只登记收入商品的数量、单价、金额以及发出商品的数量，无法在账面上提供发出和结存商品的单价和金额，不利于加强对商品的管理。

表 8－1

库存商品明细分类账

类别：　　货号：　　品名：　　规格：　　计量：　　金额单位：元

20××年		凭证		摘要	收入				支出				结存		
月	日	字	号		数量 购进	数量 其他	单价	金额	数量 销售	数量 其他	单价	金额	数量	单价	金额
2	1			期初结存	1 000		18	18 000					600	20	12 000
	2			购进									1 600		
	4			拨付加工					400	40	20		1 560		
	6			销售								800	1 160		
	9			委托代销						100	20		1 060		
	10			购进	400	200	21	4004				2 000	1 460		
	15			加工收回			22	40014					1 660		
	18			销售					900				760		
	25			购进损耗	800		18	400					1 560		
	26			结转						10	20	200	1 550	19.02	29 481
	28			销售成本								24 719			
2	28			月末结转	2 200	200		45 200	1 300	150		27 719	1 550	19.02	29 481

（注：盘缺商品的计价：采用个别计价法的，根据盘缺商品购进批次的购进单价计价；采用毛利率计算法的，根据期初结存商品的单价计价；采用先进先出法的则根据盘缺结存商品的单价计价；在难以确定商品单价时，可根据期初结存商品的单价计价。）

4. 毛利率计算法

在商品流通企业，商品的销售收入减去商品的销售成本即为商品销售毛利。根据这三者之间的关系，可从商品销售收入和商品销售毛利的角度求出商品销售成本。具体来讲，毛利率计算法就是根据本月销售总额按上季度实际毛利率或本季度计划毛利率匡算本期销售毛利，然后求得商品销售成本的方法。有关计算公式如下：

商品销售毛利 = 本期商品销售总额 × 上季度实际毛利率（或本季度计划毛利率）

商品销售成本 = 本期商品销售额 ×（1 − 上季实际毛利率或本季度计划毛利率）

= 本期商品销售额一商品销售毛利

采用这种方法，一般不是按销售商品的品种分别计算销售成本，而是按销售总额，或大类销售总额来计算的。此法计算较为简单，但由于计算时依据的是上季度的综合毛利率，所以，如果毛利率不同的商品种类的销售结构发生变化，则计算结果必然与实际发生差异。因此，季度末必须采用其他方法（如先进先出法、加权平均法等）进行调整，以保证季度商品销售成本和结存库存商品数据的正确性。

例如，某批发企业甲类商品第一季度实际毛利率为 8%，第二季度各月份的商品销售额分别为 70 000 元、80 000 元、73 400 元。6 月末按加权平均法计算的商品结存额为 23 000 元。则：

4 月份商品销售成本 = 70 000 ×（1 − 8%）= 64 400（元）

5 月份商品销售成本 = 80 000 ×（1 − 8%）= 73 600（元）

6 月份进行调整，假定此时账面余额为 90 000 元，那么：

6 月份商品销售成本 = 90 000 − 23 000 = 67 000（元）

除上述几种方法外，商品流通企业计算商品进价成本，也可根据本企业的实际采用其他有关方法，例如，可采用移动加权平均法等方法。限于篇幅，不再一一介绍。

5. 成本的结转

当按照各种不同的方法计算出商品的销售成本后，企业还应采取不同的方法，对成本予以结转。商品销售成本有即时结转和定期结转两种。无论哪种结转方法，都必须在有关账簿中，按一定方法登记。在库存商品账中登记已销商品成本的方法不同，就出现了不同的成本结转方法。在实际工作中，商品销售成本的结转方法有分散结转和集中结转两种。

（1）分散结转。分散结转是指按每一商品明细账户，分别计算出每种商品销售成本和期末余额后，在每一明细账户中的有关栏目内逐一结转，登记该商品销售成本和结存金额的结转方法。将每种商品销售成本加总求出各大类和全部商品销售成本后编制记账凭证，在库存商品总账及类目账中登记转出数字。这种方法在商品品种较多的情况下成本结转工作量较大。

（2）集中结转。集中结转是指每一商品明细账中只计算和登记该商品的结余金额，将每种商品的结余金额加总求出各类及全部商品结存金额后，在库存商品类目账及总账中登记商品结存金额，然后利用倒轧成本方法，求出该类及全部商品的销售成本，编制记账凭证，并在总账及类目账中集中登记结转销售成本，但明细账中不登记各商品销售成本的结转方法。

这种方法简化了成本计算和结转工作，但在每一商品明细账中不能直观地了解该商品的销售成本。总账及类目账中的数字及每种商品结存数字是否正确，直接影响到成本计算的正确性，必须加强账目核对与复核工作。

(二)商品零售企业成本的计算

在我国的会计实务中，商品零售企业广泛采用售价金额核算法，该种方法是指按照售价金额核算企业库存商品增减变动和结存情况的一种方法。实际上，售价金额核算法并不是一种单独的商品计价方法，而是零售价法的一种账务处理方式。这种方法是通过设置"商品进销差价"账户进行处理的，平时商品的进、销、存均按售价记账，售价与进价的差额记入"商品进销差价"账户，期末通过计算进销差价率的办法计算本期已销商品应分摊的进销差价，并据以调整本期销售成本。

采用售价金额核算方法的商品流通企业，商品验收入库后，按商品售价，借记"库存商品"账户，按进项税额借记"应交税费"账户，按商品价税合计，贷记"银行存款"等账户，按商品售价与进货原价的差额，贷记"商品进销差价"账户。发出的库存商品，按商品售价，借记"主业务成本"账户，贷记"库存商品"账户，然后再按差价率计算分摊本月已销商品实现的进销差价，借记"商品进销差价"账户，贷记"主营业务成本"账户。

由于零售企业以售价计算库存商品成本，因此，月末必须按一定方法调整"主营业务成本"和"商品进销差价"账户余额，确定已销商品的实际成本。目前，一般先确定已销商品的进销差价，然后再将已销商品的售价减去进销差价，得到商品销售成本。下面分别介绍计算已销商品差价的方法。

1. 综合差价率计算法

综合差价率计算法是指根据总账所反映的库存商品的存销比例，分摊"商品进销差价"账户月末余额的一种方法。它的计算步骤是:将"商品进销差价"账户月末余额与库存商品月末余额加本月已销商品总额之和相比，求出综合平均差价率，然后再以综合平均差价率乘本月已销商品总额，求出已销商品应摊的商品进销差价，其计算公式如下：

$$综合平均差价率=\frac{月末商品进销差价}{月末库存商品余额+本月商品销售额}\times 100\%$$

已销商品应摊进销差价 = 本月商品销售总额 × 综合平均差价率

例如，某百货零售商店 9 月末"库存商品"账户余额 120 000 元，"主营业务收入"账户发生额 110 000 元，"商品进销差价"账户余额 56 580 元，用上述公式计算：

9 月份综合平均差价率 = 56 580/(120 000 + 110 000) × 100% = 24.6%

已销商品应摊进销差价 = 110 000 × 24.6% = 27 060(元)

根据以上计算结果，该零售商店应编制会计分录如下：

借:商品进销差价　　　　27 060

　贷:主营业务成本　　　　27 060

这样，"主营业务成本"账户的数额调整为 82 940(110 000 − 27 060)元，也就是该企业 9 月份的实际商品销售成本。

2. 分类(柜、组)平均差价率计算法

分类平均差价率计算法是指根据"库存商品"明细账中所反映的各类商品的存销比例，分摊各类商品的"商品进销差价"月末余额的一种方法。这种计算方法与综合平均差价率计算法基本相同，只是将计算平均差价的范围划细、缩小，把按全部商品计算一个综合平均差价率，改为分类（柜、组）计算平均差价率，分别求出各类（柜、组）已销商品的进销差价，然后加以汇总，即为企业全部已销商品的进销差价。采用分类（柜、组）计算已销商品进销差价时，必须有分类（柜、组）商品销售和商品进销差价等资料，因此，“主营业务收入”、“商品进销差价”等账户，也必须和“库存商品”账户一样，分类（柜、组）设置明细账户，以提供计算资料。

例如，某零售商店下设三个组，某年10月末的有关账户记录，如表8－2所示。

表8－2　　**账户资料**　　金额单位：元

柜组	“商品进销差价”账户余额	“主营业务收入”账户发生额	“库存商品”账户余额
针织品组	24 980	60 000	40 000
百货组	17 600	20 000	60 000
五交化组	14 000	30 000	20 000
合计	56 580	110 000	120 000

根据表8－2的资料，企业财会部门编制“已销商品进销差价计算表”，如表8－3所示。

表8－3　　**已销商品进销差价计算表**

20××年10月　　金额单位：元

组别 (1)	进销差价月末余额 (2)	本月商品销售额 (3)	库存商品月末余额 (4)	分类差价率 (5) $=\frac{(2)}{(3)+(4)}\times100\%$	已销商品进销差价 (6)＝(3)×(5)	库存商品应分摊进销差价 (7)＝(2)－(6)
针织品组	24 980	60 000	40 000	24.98%	14 988	9 992
百货组	17 600	20 000	60 000	22%	4 400	13 200
五交化组	14 000	30 000	20 000	28%	8 400	5 600
合计	56 580	110 000	120 000		27 788	28 792

根据表8－3的计算结果，可进而计算确定该企业各柜组该年10月份的商品销售成本如下：

针织品组：商品销售成本＝60 000－14 988＝45 012（元）

百货组：商品销售成本＝20 000－4 400＝15 600（元）

五交化组：商品销售成本＝30 000－8 400＝21 600（元）

由于将计算的范围缩小到按类（柜、组），因此，分类分柜、组平均差价率计算法计算的结果比综合差价率法要准确，但计算手续较复杂。

3. 盘存商品进销差价计算法

盘存商品进销差价计算法又称实际差价计算法，是指在逐项计算盘存商品购进价、销售价的基础上求得已销商品进销差价的一种计算方法。它主要用来调整平时计算商品进销差价的误差。

这种方法适用于年终结算前结合年终盘点工作，对各种商品的进销差价进行一次核实调整。其做法是：根据各实物负责人年终“商品盘点表”中各种商品的盘存数量，按照每一种商品的最后一次进价和售价，分别计算出库存商品的进价金额和售价金额，计算出库存商品的进销差价与账面“商品进销差价”余额进行比较，并调整其差额，这样就调整了以前月份的不准确因素。其计算公式如下：

按进价计算的库存商品金额 = 商品盘存数量 × 最后一次进价

按售价计算的库存商品金额 = 商品盘存数量 × 商品售价

库存商品应摊的进销差价 = 按售价计算的库存商品金额 − 按进价计算的库存商品金额

已销商品进销差价 =“商品进销差价”账户账面余额 − 库存商品应摊的进销差价

在此基础上，根据商品销售收入、商品销售进价和商品进销差价之间的关系，即可确定本期商品销售的成本。即：

本期商品销售成本 = 本期商品销售收入（售价）− 已销商品进销差价

上述零售企业商品销售进价成本的计算方法，各有优缺点，且每种方法都只能在一定的条件下加以利用。因此，不同的企业，应根据各自不同的情况，正确地选择适合自己特点的方法，计算商品销售的成本。

第二节　施工企业成本费用的核算

一、施工企业的特点

施工企业是从事建筑安装工程和其他专业工程施工的生产经营性企业。其任务主要是建造各种房屋、建筑物等构筑物，安装各种机械设备，以及对原有的房屋、建筑物进行修理和改造。

建筑业生产是由劳动者利用机械设备与工具，按照设计要求对劳动对象进行加工制作，从而生产出一定的产品。这使它具有工业企业中的加工制造行业的特征。但是，它又具有不同于一般的加工制造行业的许多技术经济特点。施工企业与工业企业相比，有其自身的特点，归纳起来，主要表现在以下几个方面：

1. 产品生产的多样化。施工企业的产品生产，是按照使用单位的特定要求进行的，每件产品在规模、外观、结构上各不相同。即使是同类型产品，也会因建设地点、自然条件的区别而有所差异。为此，施工企业生产的产品是没有重复、多种多样的，每件产品具有单件独立性。

2. 产品生产周期长。建筑产品规模较大、结构复杂，通常需要跨年度施工生产。另外，其生产还受到自然、气候条件以及施工现场与工艺本身的要求等直接影响，这一切也导致产品生产周期较长。

3. 产品生产地点的流动性。施工企业的产品生产是在事先确定好的地点进行的，产品属于不动产。因此，施工企业生产就需要随产品生产的地点不同，不断地从一个地点转移到另一个地点，具有很强的流动性。

二、施工企业成本计算的内容

施工企业的生产特点和产品特点决定了其成本计算的内容。施工企业的成本计算方法类似于工业企业成本计算的分批(订单)法。单位工程是指编制工程预算、制定工程成本计划和与建设单位结算工程价款的核算单位。

1. 成本计算对象。施工企业一般将单位工程作为施工工程成本计算的对象。因为，施工预算一般是按单位工程编制的，以单位工程作为成本计算对象来确定它的实际成本，便于与工程预算相比较，以检查、分析预算的执行情况和正确地核算利润。但是，有时一个单位工程规模较大，由几个专业施工单位分包施工，单位工程有的工期较短、有的工期较长；有时同一建设项目或同一施工单位中，有若干个单位工程的施工地点相同、结构类型相同、开竣工时期接近(如住宅建筑工程)等。因此，施工工程成本计算对象应根据工程的实际情况、企业施工组织的特点和成本管理的具体需要加以确定。常见的成本计算对象是：

(1)一般情况下，以每一独立编制施工预算的单位工程为成本计算对象。

(2)如果一个单位工程由几个专业施工单位分包施工，也应以单位工程为成本计算对象，由各施工单位各自核算其施工部分的工程成本。

(3)规模大、工期长的单位工程，可将工程划分为若干分部工程，以各分部工程作为成本计算对象。

(4)同一建设项目或同一施工单位中，有若干个单位工程的施工地点相同、结构类型相同、开竣工时期接近(如住宅建筑工程)，或者若干个预算造价较低的单位工程，则可以将其合并为一个成本计算对象。

2. 成本计算期。由于施工工程一般规模较大、生产周期较长，如果待工程全部竣工后才进行成本核算和价款结算，将不利于企业加强成本管理和资金周转。因此，施工企业成本计算不仅要按整个工程作为成本计算对象核算竣工工程的实际成本，而且为了能及时比较、分析、考核施工成本的计划执行情况，还有必要将已完成预算定额规定的一定组成部分的工程，作为完工工程进行成本核算，并按预算价格向建设单位收取工程价款。对于已投料施工，但尚未达到预算定额规定的一定组成部分的工程，则作为未完施工，视为在产品进行成本核算。施工企业的施工生产费用应按月进行归集和分配。如月末某成本核算对象尚无完工工程成本，则该成本计算对象所归集的生产费用即为未完施工成本；如果当月有完工工程，则应核算完工工程成本，同时核算未完施工成本；如果当月工程竣工，则不仅要核算当月完工工程成本，而且还要对竣工工程进行决算，核算出竣工工程的实际成本。

3. 成本项目

(1)人工费用。它是指施工过程中直接从事工程施工、建筑安装的人员的工资、奖金、福利费、工资性津贴等职工薪酬。

(2)材料费用。它是指施工生产过程中耗用的构成工程实体的原材料、辅助材料、构筑件和周转材料的摊销及租赁费用。

(3)机械使用费。它是指施工生产过程中使用的自有施工机械发生的机械使用费(如台班费等)和租用施工机械发生的租赁费，以及机械安装、拆卸和进出场费。

(4)其他直接费用。它是指施工生产过程中发生的材料二次搬运费、临时设施摊销费、生产工具和用具使用费、检验试验费、工程定位复测费、场地清理费等。

(5)间接费用。间接费用又称施工间接费用，是指各施工单位为组织和管理工程施工所发生的全部支出，包括施工单位管理人员的工资、福利费、奖金，固定资产折旧费及修理费，取暖费，水电费，办公费，工程保修费，排污费和其他费用。

以上(1)～(4)项是直接耗用于施工生产的成本，成为工程的直接成本。直接成本加上分配的间接费用，构成工程的全部成本。

三、施工企业成本计算的方法

(一)施工企业合同成本的计算程序

成本计算是一个多步骤的数据处理过程，企业应根据其成本核算体制，按照预先确定的先后次序，对施工生产中发生的施工费用进行归集和分配，及时、准确、完整地提供合同成本核算资料。合同成本核算的一般程序为：

1. 确定合同成本核算对象。

2. 确定合同成本项目。

3. 确定合同成本计算期。

4. 根据合同成本计算对象和成本项目，开设合同成本“工程施工”明细账。合同成本明细账一般为多栏式，发生实际费用时逐项记入。

5. 当期发生或支付的各项直接费用，应按费用的用途和地点，如单独受益的直接归集到合同成本“工程施工”明细账，如共同受益的则按一定的方法和标准合理分配计入合同成本“工程施工”明细账。

6. 月末，按照各个工程使用自有施工机械的记录，核算与分配机械使用费，并将其转入“工程施工”账户的借方。

7. 月末，将归集在“间接费用”账户借方的施工管理费，按照一定的方法分配转入“工程施工”账户的借方。

8. 结转竣工合同工程的实际成本，根据合同完工进度向客户开出工程价款结算账单，将“工程施工”账户的贷方与“工程结算”账户的借方对冲结平。

(二)主要账户设置

为核算施工企业的工程成本，一般应设置下列账户：

1. “工程施工”账户

它用以核算企业(建设承包商)实际发生的合同成本和合同毛利。本账户可按建设合同，分别设置“合同成本”、“间接费用”、“合同毛利”明细分类账进行明细核算。

工程施工的主要账务处理为：

(1)企业进行合同建设时发生的人工费、材料费、机械使用费以及施工现场材料的二次搬运费、生产工具和用具使用费、检验试验费、临时设施折旧费等其他直接费用，借记本账户(合同成本)，贷记“应付职工薪酬”、“原材料”等账户；发生的施工、生产单位管理人员职工薪酬、固定资产折旧费、财产保险费、工程保修费、排污费等间接费用，借记本账户(间接费用)，贷记“累计折旧”、“银行存款”等账户；期(月)末，将间接费用分配计入有关合同成本，借记本账户(合同成本)，贷记本账户(间接费用)。

(2)确认合同收入、合同费用时，借记“主营业务成本”账户，贷记“主营业务收入”账户，按其差额，借记或贷记本账户(合同毛利)。

(3)合同完工时，应将本账户余额与相关工程施工合同的“工程结算”账户对冲，借记“工程结算”账户，贷记本账户。

本账户期末借方余额，反映企业尚未完工的建设合同成本和合同毛利。

2.“工程结算”账户

它用以核算企业(建设承包商)根据建设合同约定向业主办理结算的累计金额。本账户可按建设合同进行明细核算。企业向业主办理工程价款结算时，按应结算的金额，借记“应收账款”等账户，贷记本账户;合同完工时，应将本账户余额与相关工程施工合同的“工程施工”账户对冲，借记本账户，贷记“工程施工”账户。

本账户期末贷方余额，反映企业尚未完工的建设合同已办理结算的累计金额。

3.“机械作业”账户

它用以核算企业(建设承包商)及其内部独立核算的施工单位、机械站和运输队使用自有施工机械和运输设备进行机械作业(包括机械化施工和运输作业等)所发生的各项费用。企业及其内部独立核算的施工单位，从外单位或企业其他内部独立核算的机械站租入施工机械发生的机械租赁费，在“工程施工”账户核算。本账户可按施工机械或运输设备的种类等设置明细分类账进行明细核算。

施工企业内部独立核算的机械施工、运输单位使用自有施工机械或运输设备进行机械作业所发生的各项费用，可按成本核算对象和成本项目进行归集。

成本项目一般分为:人工费、燃料及动力费、折旧及修理费、间接费用(为组织和管理机械作业生产所发生的费用)。

机械作业的主要账务处理为:

(1)企业发生的机械作业支出，借记本账户，贷记“原材料”、“应付职工薪酬”、“累计折旧”等账户。

(2)期(月)末，企业及其内部独立核算的施工单位、机械站和运输队为本单位承包的工程进行机械化施工和运输作业的成本，应转入承包工程的成本，借记“工程施工”账户，贷记本账户。对外单位、专项工程等提供机械作业(包括运输设备)的成本，借记“劳务成本”账户，贷记本账户。

本账户期末应无余额。

此外，企业发生的期间费用，应通过设置“管理费用”和“财务费用”分别进行核算，本节不再详述。

根据以上成本类账户核算的内容和方法，可将工程实际成本核算的程序概述如下:

(1)分配各项生产费用。

(2)分配机械使用费用。

(3)分配工程间接费用。

(4)结转已完工程实际成本。

(三)施工费用的归集和分配

1.直接人工费的归集和分配

工程成本中的人工费，是指在施工过程中直接从事工程施工的建筑安装工人以及在施工现场直接为工程制作构件和运料、配料等生产工人的工资及福利费、奖金、工资性津贴、劳动保护费等。企业应根据人工费的用途和发生的地点，合理地分配计入工程成本。人工费中工资的核算方法，应根据企业具体的工资制度而定。采用计件工资制度的，应根据工程任务单核算，并直接记入有关成本计算对象。采用计时工资制度的，应以当月工资总额和工人总的出勤工日核算的日工资及各工程当月实际用工数核算，分配计入有关成本计算对象。人工费中的奖金可以按规定的计量标准核算后随上述工资一并进行核算。人工费中的工资性津贴，也可以随上述工资一并进行核算。人工费中的生产工人的福利费是按国家规定计提的，计提时分配计入各成本计算对象。人工费中的生产工人劳动保护费，凡是可以确定成本计算对象的，可以直接计入该受益成本计算对象。如果是由于生产工人流动，应由几个成本计算对象共同负担的，可以按工资的比例，分配计入有关成本核算对象。直接计入或分配计入成本计算对象的人工费，均应通过"工程施工"账户进行核算。

企业根据人工费用分配表，编制会计分录如下：

借：工程施工

　　贷：应付职工薪酬

2. 直接材料费用的归集和分配

工程成本中的材料费，是指在施工过程中耗用的构成工程实体的原材料、辅助材料、构筑件、零件、半成品的费用和周转材料的摊销费用、租赁费用，不包括需要安装设备的价值。建筑安装工程耗用的材料品种较多，数量较大，领用的次数也比较频繁，因此，核算工程的材料费用时，应区别不同材料，根据不同的情况，采取不同的方法进行汇集和分配。

(1)领用时能够点清数量、分清用料对象的材料，应在领料凭证上填明受益成本计算对象的名称，财会部门据以直接计入受益成本计算对象的"材料费"项目。

(2)领用时虽能点清数量，但属于集中配料或统一下料的材料，如油漆、玻璃、木材等，则应在领料凭证上注明"集中配料"字样，月末由材料部门会同领料班组，根据配料情况，结合材料耗用定额编制集中配料耗用核算单，据以分配计入各受益成本计算对象。

(3)既不易点清数量，又难分清受益成本计算对象领用的材料，如砂、石等大堆材料，可根据具体情况，先由材料员或施工生产班组保管，实行集中搅拌混凝土或砂浆的，由搅拌站验收保管。月末进行实地盘点，用月初结存量加本月收入量减月末盘点结存量求出本月实际耗用总量，再根据各工程成本计算对象所完成的实物工程量及材料耗用定额，编制大堆材料耗用核算单据以分配计入有关成本计算对象成本的"材料费"项目。

(4)周转使用的模板、脚手架等周转材料，应按各工程成本对象实际领用数量及确定的摊销方法编制周转料具摊销核算单，确定各成本核算对象应摊销的数额。对某些周转材料(如金属脚手架、组合钢模)实行内部租赁或向外部租赁的，则应按实际支付的租赁费直接计入受益成本核算对象成本的"材料费"项目。

企业根据直接材料费用分配表，编制会计分录如下：

借：工程施工

　　贷：原材料

3. 机械使用费的归集和分配。工程成本中的机械使用费，是指在施工过程中使用自有施工机械所发生的机械使用费和租用外单位施工机械的租赁费以及施工机械安装拆卸和进出场费等。

(1)自有机械作业所发生的各项费用，首先应通过"机械作业"账户按机械类别或每台机械分别归集，月末再根据各个成本核算对象实际使用施工机械的台班数核算各成本核算对象应分摊的施工机械使用费。机械作业费用的分配方法主要有台班分配法和工程量分配法两种。①台班分配法。它适用于按单机或机组进行机械使用费核算的施工机械。应先核算出台班成本，然后核算各工程应分配的机械使用费。②工程量分配法。它适用于能够核算完成工程量的施工机械。应先核算出单位工作量的机械使用费，然后核算各工程应分配的机械使用费。

（2）从外单位或本企业其他内部独立核算的机械站租入施工机械支付的租赁费，一般可以根据机械租赁费结算账单所列金额，直接计入有关成本核算对象的“机械使用费”成本项目；如果发生的租赁费应由两个或两个以上成本核算对象共同负担的，应根据所支付的租赁费总额和各成本核算对象实际使用台班数分配计入有关成本核算对象，分配方法同上。

4. 其他直接费用的归集和分配。工程成本中的其他直接费用，是指不包括在人工费、材料费、机械使用费项目内，而在预算定额以外单独核算的一些直接费用，包括施工过程中发生的二次材料搬运费、临时设施摊销费、生产工具用具使用费、检验试验费、工程定位复测费、工程点交费、场地清理费等。

施工现场发生的其他直接费用，一般应直接计入各成本核算对象。当由于某种原因不能直接确定各成本核算对象受益的实际数量时，可以根据具体情况，或以定额用量预算费用，或以工程的工料成本作为分配基础，在月终编制其他直接费用分配表，分配计入各成本核算对象。为了保证成本核算的正确性，其他直接费按施工队分别进行分配为宜。

5. 间接费用的归集和分配。企业内部各施工单位在施工过程中发生的各项间接费用（不包括企业行政管理部门为组织和管理生产经营活动所发生的管理费用）根据各种凭证和费用分配汇总表先在“工程施工”账户下设置“间接费用”明细分类账进行归集。月份终了，再按一定的分配标准，分配计入各成本核算对象。分配方法主要有直接费比例分配法和人工费比例分配法两种，直接费比例分配法适用于一般建筑工程；人工费比例分配法适用于一般设备安装工程。

（四）已完工程和未完工程成本的核算

作为成本核算对象的工程（一般为单位工程）全部完工后，称为竣工工程。尚未竣工，但已完成预算定额规定的一个组成部分的工程（一般为分部或分项工程），称为已完工程或完工工程。尚未完工的工程称为未完工程或未完施工。

由于施工工程具有规模大、生产周期长的特点，因此到了成本核算期，往往仍有一些分部或分项工程处在继续施工之中。这些分项分部工程虽然已经投入了一定的人工和材料，但尚未完成预算定额所规定的全部工序，因此，只能作为施工企业的未完施工。同时，也可能有一些分项分部工程已完成预算定额所规定的全部工序，则应作为施工企业成本核算期的已完工程。所以，与工业企业计算完工产品与在产品成本的道理一样，施工企业也要核算已完工程成本和未完工程成本。

在归集了本期施工费用后，核算已完工程实际成本的关键是确定未完施工成本。未完施工的成本通常是按预算成本核算的。由于工程的预算成本是以分部或分项工程为对象确定的，因此，对未完施工就需要通过月末盘点来确定工程的完工程度，据以核算其成本。

（五）竣工工程成本决算

工程竣工后，为了反映工程预算的执行情况、分析工程成本的升降原因，并为同类工程积累成本资料，应及时编制竣工工程成本决算表，进行竣工工程成本决算。

第三节　房地产开发企业成本费用的核算

一、房地产开发企业的特点

房地产是房产与地产的总称，其经营对象包括房屋财产和土地财产。一般来说，在物质形态上，房产总是与地产紧密相连不可分割；在经济内容和运动过程上，房产与地产又具有内在完整性。因此，人们将它们统称为房地产。

房地产开发企业是指开发经营土地、房产业务，具有独立法人资格，实行自主经营、独立核算、自负盈亏的经济组织。房地产开发企业既不同于施工企业，也不同于建设单位，它所开发建设的最终产品成为商品，向社会和用户实行有偿提供和出售。其开发经营活动具有以下显著特点：

1. 开发产品的商品性。企业所完成的开发产品，无论是建设场地，还是房屋建筑物，均可作为商品进入流通领域，参与市场竞争，实行有偿转让或作价销售。

2. 经营业务的复杂性。企业开发建设，特别是商品房住宅小区建设，除了商品房本身的建设，还要承担相关的市政、公用、动力、通信等基础设施和公共配套设施的开发建设。开发的各类产品要根据市场需求，有的销售，有的转让，有的出租，有的自行经营，还要进行必要的售后服务。

3. 开发建设的长期性。房地产的开发建设，一般要经过可行性研究、勘察设计、工程施工、竣工验收等阶段，其开发建设周期比一般工业产品生产周期要长得多，有的产品需要数年才能完成。

4. 投入资金的巨大性。由于房地产产品本身造价高，需要投入大量资金，如果资金周转率很低，还需要不断投入。因此，房地产企业一般均需向金融机构取得长期借款。

5. 经营业务内容的广泛性。在开发经营过程中，因出售、转让活动与购买单位发生经济往来，因投标、中标、承包活动与建设单位发生经济往来，因发包、招标活动与设计单位和施工单位发生经济往来，因出租活动与承租单位发生经济往来。企业与众多对象发生的经济往来活动贯穿开发经营全过程。

二、房地产开发企业成本计算的内容

房地产开发企业的成本计算，就是对开发项目的成本进行计算，包括土地开发成本的计算、房屋开发成本的计算、配套设施开发成本的计算。房地产开发企业的成本计算主要有如下几方面的内容：

1. 成本计算对象。房地产开发企业的成本计算对象，一般应根据开发工程的地点、用途、结构等因素加以确定。

(1) 一般开发项目，应以每一独立编制的设计预算，或以每一独立的施工图预算所列的单项开发工程作为成本计算对象。

(2) 同一开发地点、结构类型相同的群体开发项目，可将竣工时间相近且由同一施工企业施工的工程，合并作为一个成本计算对象。

(3) 规模大、工期长的开发项目，可划分为若干个组成部分，以每一部分作为成本计算对象。

2. 成本项目。房地产开发企业进行成本核算，一般设置如下成本项目：

(1)土地征用及拆迁补偿费。它是指企业进行土地开发而发生的各项费用，包括土地征用费、耕地占用税、劳动力安置费、地上及地下附着物拆迁补偿的净支出、安装动迁用房支出等。

(2)前期工程费。它是指开发项目前期工程所发生的各项费用，包括规划、设计、项目可行性研究、水文、地质勘察、测绘等支出。

(3)建筑安装工程费。它是指在开发过程中发生的各种建筑安装费用，包括房地产开发企业以出包方式支付给承包单位的建筑安装承包费、以自营方式发生的列入开发工程施工预算的各项费用。

(4)基础设施费。它是指房地产开发项目在开发过程中发生的各种基础设施支出，包括开发小区的道路、供水、供电、供气、排水、排污、通讯、照明、环卫、绿化等工程支出。

(5)公共配套设施费。它是指房地产开发项目内发生的独立的非营业性(不能对外出售)公共配套设施支出，包括居委会、派出所、幼儿园、消防、锅炉房、水塔、车棚、公共厕所等设施支出。

(6)开发间接费。它是指房地产开发企业所属单位直接组织、管理开发项目所发生的各项费用，包括生产单位管理人员的工资及福利费、折旧费、水电费、办公费、劳动保护费、周转房费用摊销等。

三、房地产开发企业成本的计算方法

(一) 开发产品成本计算的一般程序

企业在一定时期内可能承担若干个开发产品的建设，按开发建设内容和管理方式不同，可分为土地开发项目、房屋开发项目、配套设施开发项目和代建工程项目四类。与此相适应，应计入开发产品成本的费用也可按其承担对象的类别，划分为土地开发成本、房屋开发成本、配套设施开发成本和代建工程成本。企业开发产品成本核算的过程，就是将发生的各种费用计入各类开发产品的各具体成本计算对象的相应成本项目和各种期间费用的相应费用项目的过程。

企业开发建设经营过程中发生的应计入开发产品成本的费用，包括直接费用和开发间接费用。发生的直接费用，可按各个成本计算对象归集，并直接记入“开发成本”总账及有关明细账；发生的开发间接费用，因不能直接计入各成本核算对象，需要先进行归集，记入“开发间接费用”总账及有关明细账，期末采用一定的方法分配计入各成本计算对象，记入“开发成本”总账及有关明细账。因此，开发产品成本核算的一般程序为：

1. 对企业的开发建设费用进行审核和控制，确定是否应计入开发产品的成本。

2. 将应计入本期开发产品成本的费用，在各个成本计算对象之间按成本项目进行归集和分配，计算出各种开发产品成本。

3. 对于既有完工开发产品又有在建开发产品的开发产品，应将开发建设费用总计数，在完工开发产品和期末在建开发产品之间进行合理分配，计算出各种完工开发产品成本。

(二)开发产品成本计算的账户设置

为了归集和分配各种费用，企业应设置“开发成本”、“开发间接费用”等账户。

1."开发成本"账户。它用以核算企业在土地、房屋、配套和代建工程的开发建设过程中发生的各项费用。企业对出租房进行装饰及增补室内设施而发生的出租房工程支出，也在本账户核算。本账户的借方登记各成本核算对象所发生的直接成本和间接费用，贷方登记开发产品的完工成本，余额在借方，表示企业在建项目的实际成本。本账户应按开发项目的种类设置"土地开发"、"房屋开发"、"配套设施开发"、"代建工程开发"等明细分类账，分别核算各类开发项目发生的各项费用。还应按成本核算对象设置三级明细账，在账内设置成本项目专栏，进行明细分类核算。

2."开发间接费用"账户。它用以核算企业内部独立核算单位为开发产品而发生的各项间接费用。本账户借方登记企业发生的各项间接费用，贷方登记期末分配结转的间接费用，期末一般无余额。本账户应按企业内部不同的单位、部门(分公司)设置明细分类账，进行明细分类核算。

企业还可以根据管理的要求，将成本类账户合并或分解。例如，对间接费用较少的单位可以将"开发成本"和"开发间接费用"账户合并为"开发费用"账户；对规模较大、开发项目类型较多的单位，可以将"开发成本"账户分解为"土地开发"、"房屋开发"、"配套设施开发"和"代建工程开发"四个账户。

企业分散发生的摊销期在1年以上的开办费、租入固定资产改良支出、固定资产大修理费用等，应在"长期待摊费用"账户核算，不在本账户核算。

(三)土地开发成本的计算

土地开发成本是房地产开发企业进行土地开发而发生的各种费用。土地开发的产品为建设场地。核算土地开发成本应设置"开发成本"账户，该账户按土地开发项目设置明细分类账。土地开发过程中发生的土地征用费、拆迁补偿费、前期工程费、基础设施费、建筑安装费等，应直接记入"开发成本"账户的借方，开发间接费用应先通过"开发间接费用"账户进行归集，期末在各成本核算对象之间进行分配，再转入"开发成本"账户。该开发项目完工后，"土地开发成本"账户的明细分类账所归集的全部费用，就是土地开发的实际成本。

(四)房屋开发成本的核算

房屋的开发是房地产开发企业的主要业务。企业的房屋开发一般有四种情况：一是为销售而开发的商品房；二是为安置拆迁户而建造的周转房；三是为出租而开发的经营房；四是受托开发的代建房。

房屋开发成本就是房屋开发建设过程中发生的各种费用。核算房屋开发成本，应记入"开发成本"账户的借方，该账户按房屋开发项目设置明细分类账。开发过程中发生的土地征用费、拆迁补偿费、前期工程费、基础设施费等，凡是能分清成本核算对象的，应直接计入各有关成本核算对象的开发成本；凡是不能分清成本核算对象的，应分配计入各有关成本核算对象的开发成本。房屋开发过程中发生的建筑安装费用，若采用出包方式的，以实际支付的工程款计入有关成本核算对象；若是自行建造的，以实际发生的建筑安装工程费用计入有关成本核算对象。

企业开发商品房住宅小区，需要建设配套设施。这些配套设施可分为两类：一类是不能有偿转让的非营业性公共配套设施，如居委会、派出所、幼儿园、水塔、公共厕所、消防设施等；另一类是可以有偿转让的营业性公共设施，如商店、银行、邮局等。对于第一类不能有偿转让的非营业性公共配套设施的建设费用，按照制度规定，可以计入房屋开发成本。对于第二类可以有偿转让的营业性公共设施的建设费用，应把这些营业性公共配套设施作为成本核算对象，单独计算配套设施的开发成本。

期间费用是指与开发产品的开发建设无直接关系，不能计入某个特定开发产品成本的费用。这些费用在其发生的会计期间，直接计入当期损益，并从当期实现的销售收入中得到补偿，包括管理费用、财务费用和销售费用。房地产开发企业的期间费用核算方法与工业企业基本相同，这里不再赘述。

● 思考与练习

一、单选题

1. 商品流通企业专设销售机构人员工资费应计入(　　)项目核算。

A. 商品成本　　B. 管理费用

C. 财务费用　　D. 销售费用

2. 采用售价金额核算的零售企业平时可按商品售价结转销售成本，月末再按(　　)分摊本月已销商品实现的进销差价。

A. 毛利率计算法　　B. 加权平均法

C. 综合差价率计算法　　D. 盘存商品进销差价计算法

3. 施工企业的成本计算方法，类似于工业企业成本计算的(　　)法。

A. 分步法　　B. 分类法

C. 品种法　　D. 分批法

4. 在通货膨胀时，能使本期期末商品成本较高的方法是(　　)。

A. 先进先出法　　B. 个别认定法

C. 加权平均法　　D. 移动加权平均法

5. 房地产开发企业发生租入固定资产改良支出应计入下列(　　)项目核算。

A. 开发成本　　B. 间接开发费用

C. 长期待摊费用　　D. 代建工程开发

二、多选题

1. 商品流通企业的期间费用又称商品流通费用，包括(　　)。

A. 销售费用　　B. 管理费用

C. 财务费用　　D. 商品成本

E. 代理进口费

2. 批发商品流通企业的成本计算方法包括(　　)。

A. 个别认定法　　B. 加权平均法

C. 先进先出法　　D. 毛利率计算法

E. 综合差价率计算法

3. 施工企业的成本项目包括(　　)。

A. 人工费用　　B. 材料费用

C. 机械使用费　　D. 其他直接费用

E. 间接费用。

4. 为核算施工企业的工程成本，一般应设置(　　)等成本账户。

A. “工程施工”　　　　B. “工程结算”

C. “应收账款”　　　　D. “主营业务成本”

E. “机械作业”

5. 房地产开发企业进行成本核算，一般设置(　　)等成本项目。

A. 土地征用及拆迁补偿费　　B. 前期工程费

C. 建筑安装工程费　　D. 基础设施费

E. 公共配套设施费及开发间接费

6. 房地产开发企业进行成本核算，一般设置(　　)等账户。

A. “开发成本”　　　　B. “工程施工”

C. “开发间接费用”　　D. “工程结算”

E. “机械作业”

三、判断题

1. 个别认定法的成本计算准确，符合实际情况，但在商品收发频繁情况下其发出成本分辨的工作量较大。(　　)

2. 在实际工作中，商品销售成本的结转方法有分散结转和集中结转两种。(　　)

3. 采用售价金额核算的零售企业必须设置“商品进销差价”账户核算商品售价与进价之间的差额。(　)

4. 商品零售企业每月销售成本的结转可采用盘存商品进销差价计算法。(　　)

5. 施工企业自有机械作业所发生的各项费用，首先应通过“机械作业”账户按机械类别或每台机械分别归集。(　　)

6. 施工企业一般将单位工程作为施工工程成本计算的对象。(　　)

四、简答题

1. 商品流通企业的成本费用包括哪些具体内容?

2. 批发商品流通企业的成本计算方法包括哪些? 如何运用?

3. 商品零售企业成本计算如何进行? 已销商品进销差价的计算方法有哪些?

4. 施工企业与工业企业相比其特点主要表现在哪些方面?

5. 房地产开发企业其开发经营活动具有哪些显著特点?

五、业务计算题

习题一

目的：练习批发商品销售成本的计算和结转。

资料：

(1)某批发企业某年4月初某牙膏结存2 000支，单价为4.40元。

(2)4月份发生下列进销业务：

①2日购进1 000支，单价4.40元。

②9日销售800支。

③15日购进1 500支，单价4.30元。

④19日销售1 000支。

⑤26 日盘缺 50 支，原因待查。

⑥28 日购进 500 支，单价 4.20 元。

⑦30 日销售 1 000 支。

要求：分别用先进先出法、加权平均法计算和结转商品销售成本。

习题二

目的：练习零售企业已销商品进销差价的计算和结转。

资料：商品进销差价分摊资料，如下表所示。

商品进销差价分摊资料表

金额单位：元

营业组	月末分摊前“商品进销差价”账户余额	月末“库存商品”账户余额	本月“主营业务收入”账户贷方发生额
百货	36 000	84 000	156 000
文具	46 800	126 000	234 000
针织	137 700	480 000	540 000
服装	174 750	524 250	640 750
合计	395 250	1 214 250	1 570 750

要求：根据上述资料分别采用综合差价率计算法和分类（柜组）差价率计算法计算结转已销商品的进销差价。

习题三

目的：练习企业承建工程的成本核算。

资料：某施工企业承建仓库（1 号工程）和办公楼（2 号工程），2007 年 6 月有关成本核算的资料如下：

（1）月初累计实际成本和未完施工成本，如下表所示。

月初累计实际成本和未完施工成本表

金额单位：元

项 目	材料费	人工费	机械使用费	其他直接费用	间接费用	合计
1 号工程：累计实际成本	2 160 000	48 000	96 000	36 000	60 000	2 400 000
其中：月初未完施工成本	39 200	1 040	1 960	720	1 080	44 000
2 号工程：累计实际成本	1 640 000	96 000	52 000	32 000	48 000	1 868 000
其中：月初未完施工成本	32 000	2 000	1 020	720	960	36 700

（2）本月领料凭证汇总为：1 号工程，110 400 元；2 号工程，39 200 元；机械作业，6 800 元；项目管理部，2 360 元。

（3）本月人工费用汇总，如下表所示。

本月人工费用汇总表

金额单位:元

	工 资	福利费	合 计
1 号工程建筑施工人员	42 600	5 964	48 564
2 号工程建筑施工人员	9 600	1 344	10 944
机械施工人员	3 600	504	4 104
项目管理部	4 200	588	4 788
合 计	60 000	8 400	68 400

(4)以现金支付 1 号工程材料两次搬运费 1 600 元。

(5)应付施工机械进场运输费 600 元。

(6)应付当月水电费 600 元。

(7)计提当月折旧费 4 640 元，其中施工机械折旧费 3 200 元、其他固定资产折旧费 1 440 元。

(8)以银行存款支付机械使用费 1 184 元，项目管理部门费用 2 326 元。

(9)本月各种机械平均台时数:1 号工程，1 040 台时;2 号工程，392 台时。

(10)本月底 2 号工程竣工，1 号工程经盘点，当月已完工程预算成本和未完工程预算成本，如下表所示：

1 号工程已完工程和未完工程预算成本表

金额单位:元

项 目	材料费	人工费	机械使用费	其他直接费用	间接费用	合计
未完工程预算成本	12 000	2 000	960	1 040	1 200	17 200
已完工程预算成本	128 000	28 000	13 200	3 200	10 400	182 800

要求：

(1)计算 2 号工程在 6 月份的已完成工程成本和竣工工程成本，并编制会计分录。

(2)计算 1 号工程在 6 月份的已完成工程成本和未完工程成本，并编制会计分录。

习题四

目的：练习房地产开发企业开发成本的计算。

资料：假定某房地产开发公司开发甲建设场地及商品房，发生以下开发建设费用：

(1)用银行存款支付土地征用及拆迁费用 2 520 000 元，前期工程费用 600 000 元，基础设施费用 1 080 000 元，建筑安装工程费用 320 000 元，共计 4 520 000 元。

(2)甲建设场地开发完工，其中有 50% 的土地用于开发建设商品房，结转其土地开发成本。

(3)甲建设场地商品房建设工程出包给兴业建筑公司，商品房建设完工，根据工程价款结算账单应付承包工程款为 3 080 000 元，原已预付 200 000 元，补付余款。

(4)按规定与商品房配套的公共设施建设完成，结转甲建设场地商品房应负担的公共配套设施费 240 000 元。

(5)根据开发间接费用分配表，结转甲建设场地商品房应负担的开发间接费用 360 000 元。

(6)甲建设场地商品房工程已完工验收，结转其实际成本。

要求：

(1)根据资料(1)~(5)，编制会计分录。

(2)登记开发成本明细账，并结转其实际成本。

开发成本明细账

明细账户：　　　　　　　　　　　　　　　　　　　　　　　　　　　　金额单位:元

××× ×年		摘要	土地征用及动拆迁补偿费	前期工程费	建筑安装工程费	基础工程费	公共配套设施费	开发间接费	合计
月	日								

习题五

目的：练习房地产开发企业开发成本的计算。

资料：某房地产开发公司开发一块场地，支付征地拆迁费600万元、耕地占用税1 200万元、劳动力安置费1 200万元，出售拆迁房屋材料收入10万元，发生前期工程费90万元，支付建筑安装费600万元，分配应负担的开发间接费用80万元。土地开发完工，经验收合格，其中40%的场地对外销售，60%用于商品房开发。商品房建设工程出包给某建筑公司，合同规定工程款8 000万元。该房地产开发公司按规定建设与商品房配套的公共设施耗费632万元，商品房应负担的开发间接费用100万元。商品房工程竣工，经验收合格。

要求：

(1)计算并结转该房地产开发公司开发场地的成本。

(2)计算并结转该房地产开发公司开发商品房的成本。

第九章　成本报表

【内容提示】

本章介绍了成本报表的编制。通过本章的学习，要求学生了解成本报表的特点、种类、作用，掌握全部产品生产成本表、主要产品生产成本表、制造费用明细表、期间费用明细表等成本报表的编制方法。

第一节　成本报表概述

一、成本报表及其特点

成本报表是根据成本核算资料编制，以表格形式反映企业一定时期产品成本和期间费用水平及构成情况的报告文件。编制和分析成本报表是成本会计工作的一项重要内容。成本报表与企业财务报表相比有以下特点：

1. 成本报表是企业对内报告的报表，具有很重要的秘密性。

2. 成本报表是服务于企业内部经营管理目的的报表，它不受外界因素的影响，报表的种类、格式、编制时间、报送程序、报送范围都由企业根据需要自行规定，并且随着生产条件的变化，管理要求的提高，可以随时修改与调整，成本报表具有较大的灵活性与多样性。

3. 成本报表是以企业特定的生产环境为背景，对成本的反映与控制紧密联系着其生产工艺与生产组织的特点及企业对成本管理的要求，因此，不同企业之间成本报表的个性差异是成本报表的特点之一。

4. 成本报表是会计核算资料与技术经济资料结合的产物，其信息具有综合性与全面性的特点，如对材料成本，既要从价格上反映，也要从消耗量上反映。因此，对成本报表不能仅设置货币指标，在反映成本消耗的指标上要采取多种形式，容纳多方面的信息。同时，成本报表需要满足会计部门和各级生产部门、各职能部门对成本管理的需要，不仅要提供满足事后分析的资料，还要能够提供事前计划、事中控制所需的大量信息。

5. 成本报表还具有及时与灵活的特点。由于编报的时间灵活，有日报、班报、旬报、月报等，能为日常成本控制提供及时有用的资料。

二、成本报表的种类

(一)按报表反映的内容分类

成本报表按其反映的内容可以分为反映费用支出情况、反映成本计划执行情况和反映生产经营情况三类报表。

1. 反映费用支出情况的报表。这类报表设有“管理费用明细表”、“销售费用明细表”、“财务费用明细表”。通过对费用支出情况的分析可以了解企业在一定期间内某些费用支出的总额及构成情况，以及这些费用支出的合理程度和变化趋势，有利于企业制定费用预算，考核费用计划的实际完成情况，明确有关的经济责任。

2. 反映成本计划执行情况的报表。这类报表可以设置“商品产品成本表”、“主要产品单位成本表”、“制造费用明细表”。在报表中，可将报告期实际成本水平与计划成本水平、历史成本水平、同行业先进水平进行比较，了解企业成本计划的完成情况，反映企业成本管理的成效。

3. 反映生产经营情况的报表。这类报表一般依据实际需要灵活设置“生产情况表”、“材料耗用成本表”、“材料价格差异分析表”等。这类报表属于专题报表，主要反映生产中影响产品生产成本的某些特定的、重要的问题。

(二)按报表编制的时间分类

成本报表按编制的时间可分为年报、季报、月报、旬报、周报、日报、班报等。由于成本报表要及时反馈成本信息，以供管理部门采取对策，多数采用旬报、周报、日报以至班报的形式，成本报表也可以不定期编写。

三、成本报表的作用

(一)考核成本计划的完成情况

通过编制成本报表，可以向企业领导提供成本计划的完成情况，作为评定企业工作成绩、考核各部门工作质量的一种依据，同时还可以使企业领导从成本管理的现状中分析、预测成本发展的趋势，为编制成本计划提供重要数据。

(二)分析企业成本管理中存在的问题

各级管理部门可以从成本报表中了解费用预算的执行情况，并从成本变化中找出管理上存在的问题，及时采取措施加以改进。

(三)为企业经营决策提供信息

随着市场经济的发展，企业生产经营中的未知因素、不确定因素日益增多。对这些未知因素、不确定因素的估计与判断，已成为企业日常管理的重要工作，成本报表是企业进行经营决策的重要信息来源之一。

第二节　成本报表的编制

一、成本报表的编制

(一)全部产品生产成本表

全部产品生产成本表是反映企业在年度内生产的全部产品生产成本的报表。表可以了解产品成本的构成，比较前后两期的成本变动情况，分析产品成本变动的原因，为挖掘降低产品成本的潜力提供参考资料。

全部产品生产成本报表可以从两个不同的角度进行编制和分析。

一是按产品种类编制全部产品生产成本报表，反映企业在报告期所生产全部总成本和各种主要产品(含可比产品和不可比产品)的单位成本及总成本。利用此表，可以以定期、总括地考核和分析企业全部产品成本计划的完成情况和可比产品成本降低计划的完成情况，对企业产品成本工作从总体上进行评价。其具体格式，如表 9－1 所示。

表 9－1　　产品生产成本表(按产品种类反映)

编制单位:××厂　　××年×月　　单位:元

产品名称	计量单位	实际产量		单位成本				本月总成本			本年累计总成本		
		本月	本年累计	上年实际平均	本年计划	本月实际	本年累平	按上年实际平均单位成本计算	按本年计划单位成本计算	本期实际	按上年实际平均单位成本计算	按本年计划单位成本计算	本年实际
		(1)	(2)	(3)	(4)	(5)＝(9)/(1)	(6)＝(12)/(2)	(7)＝(1)×(3)	(8)＝(1)×(4)	(9)＝(1)×(5)	(10)＝(2)×(3)	(11)＝(2)×(4)	(12)
可比产品合计									7 380	7 290	130 000	123 000	122 500
其中:甲	件	60	1 000		78	79	77	7 800	4 680	4 740		78 000	77 000
乙	件	30	500	80	90	85	91	4 800	2 700	2 550	80 000	45 000	45 500
不可比产品合计				100				3 000	500	450	50 000	5 000	6 000
其中:丙	件	10	100		50	45	60		500	450		5 000	6 000
合计								7800	7880	7740	130000	128000	128500

补充资料(本年累计实际数):

1. 可比产品成本降低额 7 500 元(本年计划降低额为 8 000 元);

2. 可比产品成本降低率 5.7692%(本年计划降低率为 6.23%)。

此表分为基本报表和补充资料两部分。基本报表应按可比产品和不可比产品分别填列。可比产品是指企业过去曾经正式生产过，有完整的成本资料可以进行比较的产品;不可比产品是指企业本年度初次生产，或虽不属初次生产，但以前年度仅属试生产，缺乏可比的成本资料。在成本计划中，对不可比产品仅规定有本年的计划成本，而对于可比产品，不仅规定有计划成本指标，而且规定有成本降低指标，即本年度可比产品计划成本比上年实际成本的降低额或降低率。

基本报表应反映各种可比和不可比产品本月及本年累计的实际产量、实际单位成本和实际总成本。各项目的本月数，应根据本月产品成本明细账中的有关记录填列;本年累计数[第(2)、第(12)栏]应根据本月数加上上月本表累计数计算填列，上年数按上年有关报表资料填列。

补充资料中，可根据计划、统计、财会等有关资料计算后填列。其中，可比产品的成本降低额和降低率，可以按以下公式计算后填列:

$$可比产品成本降低额=\begin{matrix}按上年实际平均单位成本\\计算的可比产品总成本\end{matrix}-本年可比实际总成本$$

$$可比产品成本降低率 = \frac{可比产品成本降低率}{按上年实际平均单位成本计算的可比产品总成本} \times 100\%$$

根据表 9－1 的资料计算如下：

可比产品成本降低额 = 130 000 － 122 500 = 7 500（元）

可比产品成本降低率 = 7 500/130 000 × 100% = 5.7692%

二是按成本项目编制全部产品生产成本报表，汇总反映企业在报告期内发生的全部生产费用（按成本项目反映）和全部产品总成本。利用此表，可以定期、总括地反映企业全部生产费用和全部产品总成本计划的完成情况。其具体格式，如表 9－2 所示。

表 9－2 反映企业在月份、年度内产品生产成本实际状况。“本年计划”、“本月实际”和“本年累计实际”栏，分别反映各项目的本年计划数、本月实际发生数和自年初至本月累计发生数。

各项目的内容及具体填列方法如下：

（1）“直接材料”项目。反映企业生产产品直接消耗的原材料、辅助材料、设备配件、外购半成品、燃料、动力、包装物、低值易耗品以及其他直接材料。本项目应根据“基本生产成本”、“辅助生产成本”发生额分析填列。

（2）“直接人工”项目。反映直接从事产品生产人员的工资、奖金、津贴、补贴及提取的职工福利费等。本项目填列依据与“直接材料”项目相同。

（3）“制造费用”项目。反映各生产单位（车间、分厂）为组织和管理生产所发生的生产单位管理人员的工资、职工福利费，房屋设备等折旧费、修理费、水电费、办公费，劳动保护费、季节性、修理期间的停工损失等。本项目通过分析“基本生产成本”明细账中结转过来的制造费用填列。

（4）“在产品、自制半成品期初余额”项目指期初正在加工尚未完工的产品成本数额。本项目等于上期在产品期末余额。

（5）“在产品、自制半成品期末余额”项目应根据“基本生产成本”明细账期末余额（借方），加上应分摊的本期结转过来的“辅助生产成本”、“制造费用”填列。

表 9－2　　产品生产成本表（按成本项目反映）

20××年××月　　　　金额单位：元

项　目	行次	本年计划	本月实际	本年累计实际
生产费用		1 300	13 500	
直接材料		900	9 000	
其中：原材料		400	4 500	
燃料、动力		600	5 850	
直接人工		580	5 720	
制造费用		2 480	25 070	
生产费用合计		40	40	
加：在产品、自制半成品期初余额		20	60	
减：在产品、自制半成品期末余额		2 500	25 050	
产品生产成本合计				

（二）主要产品生产成本表

主要产品是指企业经常生产，在企业全部产品中所占比重较大、能概括反映企业生产经营全貌的那些产品。

主要产品单位成本报表是反映企业在报告期内生产的各种主要产品单位成本水平和构成情况的报表。该表应按主要产品分别编制，是对企业全部产品生产成本报表所列各种主要产品成本的补充。利用此表，可以按照成本项目分析和考核主要产品单位成本计划的执行情况；可以按照成本项目将本月实际和本年累计实际平均单位成本与上年实际平均单位成本和历史先进水平进行比较，了解单位成本的变动情况；可以考核分析各种主要产品的主要经济技术指标的执行情况，进而查明主要产品单位成本升降的具体原因。

此表可以分设产量、单位成本和主要经济技术指标三部分。其具体格式，如表9－3所示。

表9－3　**主要产品生产成本表**

20××年××月

本月计划产量:18件

本月实际产量:20件

产品名称:A　计量单位:件　本年累计计划产量:210件

产品规格:××　销售单价:800元　本年累计实际产量:320件

成本项目	历史先进水平（20××年）	上年实际平均	本年计划	本月实际	本年累计实际平均
原材料(元)	400	410	410	405	402
工资及福利费(元)	40	45	40	43	42
制造费用(元)	160	165	160	160	162
产品单位成本(元)	600	620	610	608	606
主要经济技术指标	耗用量	耗用量	耗用量	耗用量	耗用量
甲材料(千克)	20	22	21	18	18
乙材料(千克)	35	32	31	32	34

表内各数字填列方法：

(1)产量。计划产量应根据生产计划填列；实际产量根据产品成本明细账或半成品成本汇总表填列；销售单价根据产品定价表填列。

(2)单位成本。历史先进水平应根据该种产品成本最低年度本表的实际平均单位成本填列；上年实际平均单位成本应根据上年度产品单位成本表累计实际平均单位成本填列；本年计划单位成本应根据本年度成本计划填列；本月实际单位成本，应根据产品成本明细账或半成品成本汇总表填列；本年累计实际平均单位成本，应根据该种产品成本明细账所记自年初至报告期末完工入库的实际总成本除以累计实际产量计算填列。

(3)主要经济技术指标。根据业务技术核算资料填列。

二、制造费用明细表

制造费用明细表可以按年编制，反映年度内制造费用的实际发生额。该表按费用项目反映制造费用支出情况，为便于与本年计划数和上年实际数分别比较，表内可以设“本年计划”、“上年实际”栏，考核制造费用本年预算的执行情况和与上年比较的升降情况。其具体格式，如表 9－4 所列示。

表 9－4 **制造费用明细表**

20××年度 金额单位:元

项 目	行次	本年计划	本年实际	上年实际
职工薪酬	1	（略）	20 977	（略）
折旧费	2		18 509	
修理费	3		12 956	
办公费	4		5 457	
水电费	5		45 600	
机物料消耗	6		21 010	
劳动保护费	7		25 864	
租赁费	8		2 000	
保险费	9		8 620	
低值易耗品摊销	10		12 100	
季节性、修理期间的停工损失	11		1 500	
其他	12		2 000	
合 计	13		176 593	

制造费用明细表根据“制造费用”账户本年发生额填列，表 9－3 中合计数要与“产品生产成本表”表中“制造费用”项目相同。如果企业除生产产品外还有自制材料、自制设备、自制工具等，自制材料、自制设备、自制工具也应分配一部分制造费用。这时，制造费用明细表合计数与生产成本及销售成本表中“制造费用”项目金额就不会相同。

三、产品生产、销售成本表

产品生产、销售成本表是指把各主要产品和非主要产品按生产数量、销售数量、单位生产成本、生产总成本和销售成本归纳汇总，以便于管理者对企业产销平衡情况、产品成本水平的了解和掌握的报表。其具体格式，如表 9－5 所示。

表 9－5 **产品生产、销售成本表**

20××年××月 金额单位:元

产品名称	规格	计量单位	生产量		销售量			单位生产成本			生产总成本			销售成本	
			本月	本年累计	本月	其中:销售退回	本年累计	上年实际平均	本月实际	本年累计实际平均	上年实际总成本	本月实际	本年累计实际总成本	本月实际	本年累计实际
主要产品合计	×		×	×	×	×	×	×	×	×	×	1980	19850	1903	19060
其中:1.	×	件	10	100	10		100	41	40	40	410	400	4000	400	4000
2.	×	台	5	50	5		50	80	85	80	400	425	4000	425	4000
3.	×	台	15	150	14		140	30	29	29	450	435	4350	406	4060
4.	×	件	30	300	28		280	25	24	25	750	720	7500	672	7000
非主要产品合计	×	×	×	×	×	×	×	×	×	×	×	520	5200	500	4800
全部产品生产成本	×		×	×	×	×	×	×	×	×	×	2500	25050	2403	23860

四、生产经营情况专项分析成本报表

(一)材料成本考核表

反映材料成本的内部报表可分别由仓库、财会部门编制。仓库主要反映材料消耗的数量，编制“材料耗用量日报表”，如表9－6所示。

表9－6 **材料耗用量日报表**

材料名称： 20××年××月 计量单位:千克

日期	本日数			本月累计数			本年累计数			
	实际用量	标准用量	差异用量	实际用量	标准用量	差异用量	实际用量	标准用量	差异用量	差异率

材料耗用量报表一般逐日编制。实际用量根据领料单汇总，标准用量以实际产量乘消耗定额计算，两者之间的差额记入差异数据，节约用负号表示。

财会部门根据班组、车间和各职能部门编制材料耗用成本表，汇总反映各部门材料耗用金额，并与标准成本进行比较。其具体格式，如表9－7所示。

表9－7 **材料耗用成本表**

20××年××月××日至××月××日

部门	实际成本（实际用量×计划单价）	标准成本（标准用量×计划单价）	差异数	差异率
合计				

材料价格差异分析表，也是材料成本表的一种。该表用于分配材料采购成本的变化。其具体格式，如表9－8所示。

表9－8 **材料价格差异分析表**

20××年××月××日至××月××日

采购单编号	供货单位	材料名称	计量单位	采购数量	实际成本		计划成本		差异		
					单位成本	总成本	单位成本	总成本	单位成本	总成本	差异率

材料价格差异分析表可以用来反映采购部门的工作成绩，通过对采购成本的考核，控制采购支出，降低材料成本。该表由财会部门按旬编制。

(二)人工成本考核表

人工成本考核表可以用来分析工人在生产时间内的工作效率，编制工人工作效率月报表，如表9－9所示。

表9－9　工人工作效率月报表

年　月　日

工人姓名或工号	实际动用工时	完成定额工时	工作效率

本表可以由生产班组编制并逐级汇总，不仅可以作为成本考核的资料，也可以作为计算工资的依据之一。

(三)制造费用预算执行情况表

对制造费用预算执行情况表中固定费用部分，实行预算控制。控制方法有两种：一种是按各个编制预算的部门进行控制，其具体格式如表9－10所示；另一种是按费用预算项目进行控制，其具体格式如表9－11所示。

表9－10　制造费用预算执行情况表

年　月

日期	摘要	部门		部门		部门		部门	
		预算数		预算数		预算数		预算数	
		支付数	余额	支付数	余额	支付数	余额	支付数	余额

表9－11　制造费用预算执行情况表

年　月

日期	摘要	××费用		××费用		××费用		××费用	
		预算数		预算数		预算数		预算数	
		支付数	余额	支付数	余额	支付数	余额	支付数	余额

表9－10是对费用总额进行控制，而表9－11是对费用项目进行控制。一般财会部门按部门控制费用总数，各部门按费用项目控制费用细数。

(四)在产品成本明细报表

在产品成本明细报表是反映各车间尚未完工的在制品和半成品的数量和成本的报表。该报表由各车间核算员报送生产部门、财会部门，生产部门将其作为对在产品和下期生产进行控制的依据;财会部门将其作为计算产品成本的依据，并与生产资金计划进行对照，考核资金使用情况。该报表提供在产品数量、在产品约当产量、在产品负担的生产成本等项指标。其具体格式如表 9－12 所示。

表 9－12

在产品成本明细表

车间

20××年××月××日

在产品名称	数量				原材料		人工		费用		合计
	班组	数量	完工程度	约当产量	数量	金额	工时	工资	分配率	金额	

车间核算员:　　　　　　　　　　　　　　　　审核:

(五)成本分析报表

成本分析报表是对影响成本升降的各个因素进行分析的报表。它是由会计部门根据成本核算资料作出分析之后编制的报表，主要报送给企业领导和生产部门。成本分析报表包括对全部产品生产成本的分析以及对主要产品生产成本的分析。成本分析报表提供的指标有成本升降总额、产量变动对成本升降的影响、产品生产结构变动对成本的影响、单位成本的变动对成本的影响。成本分析报表根据成本资料每月编制一次。其具体格式如表 9－13 所示。

表 9－13

成本分析报表

20××年××月份

影响成本变动因素	全部产品成本变动		主要产品成本变动	
	金额	占总金额%	金额	占总金额%
成本升降总额				
产量变动影响				
产品结构变动影响				
单位成本变动影响				

五、其他费用报表的结构与编制方法

(一)管理费用明细表的结构与编制方法

管理费用明细表按管理费用项目分别反映各项费用的本年计划数、上年同期实际数、本月实际数和本年累计实际数。其具体格式如表 9－14 所示。

表 9－14

管理费用明细表

××年×月

金额单位:元

项目	本年计划	上年同期实际	本月实际	本年累计实际
职工薪酬				
折旧费				
办公费				
差旅费				

续表

项目	本年计划	上年同期实际	本月实际	本年累计实际
修理费				
物料消耗				
低值易耗品摊销				
工会经费				
待业保险费				
劳动保护费				
董事会会费				
咨询费				
诉讼费				
业务招待费				
运输费				
保险费				
租赁费				
排污费				
绿化费				
无形资产摊销				
长期待摊费用				
坏账损失				
研究开发费				
技术转让费				
职工教育经费				
税金				
其他				
合计				

表中，“本年计划”应根据公司或企业行政管理部门的管理费用计划填列；“上年同期实际”应根据上年同期管理费用明细表的“本年累计实际”数填列；“本月实际”应根据本费用明细账的本月合计数填列；“本年累计实际”应根据管理费用明细账年初至本月累计发生额填列。

（二）销售费用明细表的结构与编制方法

销售费用明细表按销售费用项目分别反映各项费用的本年计划数、上年同期数、本月实际数和本年累计实际数。其具体格式如表 9－15 所示。

表 9－15 销售费用明细表

××年×月

金额单位：元

项目	本年计划	上年同期实际	本月实际	本年累计实际
职工薪酬				
折旧费				
运输费				
差旅费				
装卸费				

续表

项目	本年计划	上年同期实际	本月实际	本年累计实际
物料消耗				
低值易耗品摊销				
包装费				
保险费				
展览费				
广告费				
办公费				
代销手续费				
折旧费				
其他				
合计				

表中，"本年计划"应根据公司或企业销售费用计划填列；"上年同期实际"应根据销售费用明细表的"本年累计实际"数填列；"本月实际"应根据销售费用明细账的本月合计数填列；"本年累计实际"应根据销售费用明细账年初至本月的累计发生额填列。

(三)财务费用明细表的结构与编制方法

财务费用明细表按财务费用项目分别反映各项费用的本年计划数、上年同期实际数、本月实际数和本年累计实际数。其具体格式如表 9－16 所示。

表 9－16　　财务费用明细表

20××年××月　　金额单位:元

项 目	本年计划	上年同期实际	本月实际	本年累计实际
利息支出(减:利息收入)				
汇兑损失(减:汇兑收益)				
金融机构手续费				
其 他				
合 计				

表中，"本年计划"应根据公司或企业财务费用计划填列；"上年同期实际"应根据上年同期财务费用明细表的"本年累计实际"数填列；"本月实际"应根据财务费用明细账的本月合计数填列；"本年累计实际"应根据财务费用明细账年初至本月的累计发生额填列。

六、各种费用报表的分析

制造费用属于产品成本的组成部分，管理费用、销售费用和财务费用属于期间费用，对企业当期利润有重要影响。为了不断降低成本，增加盈利，改进企业经营管理，需对这些费用的支出情况进行分析，以便找出问题和差距，查明原因。

对各种费用报表进行分析，首先应将表中的本年实际数与本年计划数相比较，确定实际脱离计划的差异，并分析差异产生的原因。在确定各种费用实际脱离计划的差异时，不但要检查各种费用总额计划的完成情况，还应对各费用项目进行具体分析，同时要注意不同费用项目支出的特点，不能简单地把任何超过计划的费用都看作是不合理的，如管理费用中职工教育经费的减少，并不一定是由于工作的改进而造成的。相反，不按计划进行上述活动或采取必要的措施，有可能造成劳动生产率的下降或产品质量的下降。总之，不能孤立地看各项费用的超支或节约，而应具体情况具体分析，以提高经济效益为标准进行评价。

分析时，除以本年实际数和本年计划数相比较以外，还可将本月实际数与上年实际数进行对比，从动态上观察费用的变化趋势，了解企业工作改进的情况。

● 思考与练习

一、单选题

1. 工业企业成本报表的种类、项目、格式和编制方法(　　)。

A. 由国家统一规定

B. 由企业自行确定

C. 由企业主管部门统一规定

D. 由企业主管部门与企业共同制定

2. 为了考核和分析产品成本计划的执行情况，成本计算方法应与(　　)的口径保持一致。

A. 成本考核的方法　　B. 成本分析的方法

C. 成本计划的方法　　D. 成本决策的方法

3. 在按产品种类反映的产品生产成本表中，应反映上年成本资料的产品是(　　)。

A. 主要产品　　B. 非主要产品

C. 可比产品　　D. 不可比产品

4. 成本报表属于(　　)。

A. 对外报表

B. 对内报表

C. 既是对内报表，又是对外报表

D. 对内还是对外由企业决定

5. 可比产品成本降低额与可比产品成本降低率之间的关系是(　　)。

A. 成反比

B. 成正比

C. 同方向变动

D. 无直接关系

6. 填制商品产品成本表必须做到(　　)。

A. 可比、不可比产品需分别填列　　B. 可比、不可比产品可合并填列

C. 既可分别，也可合并填列　　D. 填制时无需划分可比、不可比产品

7. 商品产品成本表的填列必须做到(　　)。

A. 主要产品逐一填列，非主要产品可以汇总填列

B. 主要产品与非主要产品汇总填列

C. 只填主要产品，并汇总填列

D. 非主要产品同主要产品一样，须逐一填列

二、多选题

1. 商品产品成本表可以反映可比产品与不可比产品的(　　)。

A. 实际产量　　B. 单位成本

C. 本月总成本　　D. 本年累计总成本

2. 工业企业编制的成本报表有(　　)。

A. 商品产品成本表　　B. 主要产品单位成本表

C. 制造费用明细表　　D. 成本计算单

3. 工业企业编报的成本报表必须做到(　　)。

A. 数字准确　　B. 内容完整

C. 对外报送　　D. 编报及时

三、判断题

1. 为了规范企业成本信息的对外披露，国家对成本报表的种类、项目、格式和编制方法均作了统一规定。(　　)

2. 成本报表只能定期进行编制。(　　)

3. 全部商品产品成本报表可以反映成本计划的执行情况。(　　)

4. 主要产品单位成本报表是按费用要素分别反映的。(　　)

5. 所有的成本报表，不论对内、对外都要求计算上绝对准确。(　　)

6. 内部成本报表必须和责任会计组织相配合，以确定责任者的成本责任。(　　)

7. 制造费用明细账只需列出“上年同期实际数”及“本年累计实际数”二栏数字。(　　)

8. 可比产品降低率等于可比产品降低额与本年累计的实际总成本之比。(　　)

9. 本年累计实际产量与本年计划单位成本之积称为按本年实际产量计算的本年累计总成本。(　　)

四、简答题

1. 什么是成本报表？成本报表的特点是什么？

2. 成本报表如何分类？

3. 产品生产成本表如何编制？

4. 主要产品生产成本表如何编制？

5. 说明生产成本降低额和降低率的计算。

五、业务计算题

习题一

目的：练习产品生产成本表的编制。

资料：

产品生产成本表

单位：×× 工厂　　　　20××年6月　　　　金额单位：元

产品名称	计量单位	实际产量	单位成本			总成本		
			上年实际平均	本年计划	本期实际成本	按上年实际平均单位成本计算	按本年计划单位成本计算	本期实际成本
		①	②	③	④	⑤	⑥	⑦
一、可比产品：								
甲	件	8	2 500	2 450				19 800
乙	件	15	4 000	3 980				59 520
合 计								79 320
二、不可比产品								
丙	件	3		2 800				8 100
全部产品合计								87 420

要求：根据上表资料，计算填制④、⑤、⑥栏数据。

第十章　企业成本分析

【内容提示】

本章介绍了成本分析的各种方法。通过本章的学习，要求学生了解成本分析的意义、内容，掌握成本分析的各种方法，运用比较分析法、因素连环替代分析法、因素差额分析法等对全部商业产品、可比产品成本、单位产品成本等进行分析。

第一节　企业成本分析概述

一、成本分析的意义

成本分析是成本核算工作的继续，它贯穿于成本工作的全过程，包括事前分析、事中分析和事后分析。成本报表的分析属于事后分析，它以成本报表所提供的资料和有关的计划、核算资料为依据，运用科学的方法评价企业成本计划的完成情况，提示影响成本指标变动的因素和原因，从而找出差距，提高管理水平。

企业费用是指企业在其生产经营活动过程中耗费的物化劳动和活劳动的货币表现。企业成本是指归集到一定对象上的企业费用。企业成本费用是反映企业生产经营耗费的综合指标，开展企业成本费用分析有重要意义，主要表现为以下几个方面：

1. 企业成本费用分析是企业成本费用管理工作重要并不可缺少的一环，离开了对企业成本费用的分析，企业成本费用管理系统，乃至整个企业的管理系统将无法运行。

2. 企业成本费用分析是揭示企业成本费用计划完成情况，以及与同行业相比的先进或落后情况的重要手段；是揭示企业成本费用管理中所存在问题以及形成原因的重要手段；是寻找降低企业成本费用，提高企业经济效益的出路的重要手段。

3. 企业成本分析可以划清成本管理的经济责任，了解各项成本管理责任制度是否健全，促进企业完善成本管理的法规、制度。

二、成本分析的内容

在对企业成本费用进行分析的过程中，首先，应对其进行预测分析；同时，也要进行成本费用的决策分析；最后，应对其进行总结评价即事后总结分析。关于企业成本费用的预测和决策分析的方法，已在本书前面有关章节中作了说明，所以这里仅就企业成本费用的事后总结分析的有关问题进行说明。

成本费用的事后总结分析，因企业的类型不同其分析的具体内容也有差别。

第二节　成本分析的方法

一、企业成本分析的步骤

为了做好成本的分析工作，保证成本分析的质量，成本分析工作必须按照一定的步骤进行。

（一）编制成本分析工作计划

成本分析工作计划主要是确定成本分析的具体内容、范围、目的和要求，确定分析工作的组织分工和分析工作的时间安排等。分析工作计划制定后，应组织实施，在执行分析计划的过程中，会遇到一些预想不到的新问题、新事物，对此要根据实际需要，及时地调整和修订分析计划以保证分析计划切合实际。

（二）搜集分析资料

分析资料是进行成本分析的重要依据。分析资料的种类很多，主要有：

1. 计划资料，包括成本计划，企业的生产、技术、财务计划等。

2. 本期实际核算资料，包括会计、统计、业务核算资料。

3. 历史核算资料，包括上期、上年同期、具有可比性的各年度成本核算资料。

4. 同类企业的核算资料，是指具有可比性的同类企业的核算资料，既包括先进企业的，又包括一般企业的；既包括本地区的，又包括不同地区的。

（三）检查和整理分析资料

为了保证分析资料的正确性和真实性，在分析之前，要对搜集到的资料进行检查，要剔除不正确的资料和不具有可比性的资料。分析资料经检查后，才能作为分析的依据。为了便于分析，需要对分析资料进行整理，对分析资料的整理要结合具体分析方法的要求进行。例如，对分析资料进行必要的归类和分组，编制资料类目表等。

（四）研究分析资料

研究分析资料就是利用分析资料，按照一定的分析方法，对分析对象进行分析研究，加工生产信息。

（五）作出分析结论

经过有关资料的分析研究之后，要对分析对象作出结论。分析结论因分析对象和管理的要求不同而不同。一般说来，分析结论要包括对分析对象作出评价，肯定成绩，揭示存在的问题，提出改进的措施等内容。

（六）编写分析报告

企业成本分析报告是企业成本分析的书面报告文件。分析报告要对分析对象、目的、要求、依据的分析资料，采用的分析方法以及分析的结论作出全面的反映。

（七）监督分析结论的采用

成本分析报告编出后，要及时送交有关部门采用和贯彻，并要监督有关部门采用和贯彻的具体情况，以保证成本分析的作用得到充分的发挥。

二、成本分析的方法

（一）比较分析法

比较分析法又称对比分析法，是指通过两个或两个以上的经济指标的对比，来确定指标差异的一种分析法。有比较才能有鉴别，离开了比较，任何事物都无所谓好与坏。因此，对任何事物的认识都离不开比较，比较分析法是经济活动分析的最基本的方法之一。

比较法比较的方式是多种多样的，主要有以下几种。

1. 按比较方向的不同划分，可分为以下几种：

(1)实际指标与计划指标对比。这种对比可以检查计划的完成情况，揭示实际脱离计划的差异，为进一步深入分析指明方向。同时，还可以检查计划本身的正确性和先进性。

(2)本期实际指标与上期实际指标对比。这种对比可以了解经济活动发展的动态，揭示其发展速度，考察企业经营管理的改进情况，还可以从中掌握经济活动发展变化的趋势。

(3)本期实际与上年同期实际指标对比。在经济活动呈周期性或季节性变化趋势时，这种对比可以发现企业经济活动在具有相同变化趋势时的不同时期存在的差距，从而发现企业管理中存在的问题。

(4)本期实际与历史期先进或其他先进企业的先进指标对比。这种对比可以找出与先进水平的差距，客观地评价企业经营活动，有利于促进企业学先进、赶先进、超先进。

2. 按指标对比的运算方法划分，可分为以下几种：

(1)减法对比分析。即将两个对比分析指标相减，以揭示指标之间的差异。绝对指标、相对指标和平均指标，都可采用这种方法进行对比。

(2)除法对比分析。即将两个对比分析指标相除，以揭示指标间的对比关系。绝对指标、相对指标和平均指标，都可采用这种方法进行对比分析。

(二)因素连锁替代分析法

经济现象发生变化后，其结果是由多种因素影响所致的。为了明确经济现象发生变化的原因，必须对影响经济现象的各种因素进行具体分析。在进行因素分析时所采取的方法主要有因素连锁替代分析法、因素差额分析法、因素分摊分析法和指数分析法等。因素差额分析法、因素分摊分析法将在后面介绍，这里先介绍因素连锁替代分析法。至于指数分析法，本书从略。

因素连锁替代分析法是指根据综合经济指标内部各因素之间的关系，将综合经济指标分解开来，然后顺序地将其中一个因素作为可变，将其他因素暂时作为不变，依次逐项进行替换，以测算各项因素变动对综合指标的影响程度的一种分析法。其具体步骤如下：

第一步，确定分析对象。因素连锁替代分析法用来分析综合经济指标变化的原因。在运用这种方法进行分析时，应首先确定所要分析的综合经济指标，以及该指标变化后与变化前的差异，而被分析指标的变化差异，要运用对比分析法才能予以确定。因此可以说，对比分析法的分析对象和计算结果，就是因素连锁替代分析法分析的对象。

例如，某企业甲材料费用总额本期实际为18 000元，本期计划为10 000元。若要分析其变化的原因，则分析的对象是甲材料费用及其变化差异。即：

差异额＝实际甲材料费用－计划甲材料费用

＝18 000－10 000

＝8 000(元)

第二步，分解综合经济指标。任何经济指标的变动差异，都是由若干具体因素变动的结果。这些具体的因素究竟有多少，则因分析的角度以及分析的具体程度的不同而不同。但无论如何，分解出来的具体因素相互作用的结果，必须等于综合指标。这是指标分解必须掌握的原则。

就上例来说，甲材料费用可分解为产品产量、单位产品甲材料消耗量以及甲材料单价三个因素。

第三步，按照各因素指标的内在联系，建立计算公式。综合经济指标分解后，要根据各因素的内在联系，按照一定的数学运算方式和因素排列顺序，建立计算公式，这是因素连锁替代分析法的关键。

就数学运算方式来看，无论是加、减，还是乘、除，或者其他运算方法均可采用。但必须保证各因素运算后的结果等于综合经济指标。

就因素排列顺序来看，各因素的排列顺序不是随意的，即使在数学意义上可以颠倒的排列顺序，这里也不能随意颠倒，必须遵循下列原则：

1. 从数量因素和质量因素的角度看，排列因素顺序时，属于数量的因素排在前，属于质量的因素排在后，若数量、质量因素较多，应先排主要的数量因素，后排次要的数量因素或质量因素。

2. 从实物量因素和价值量因素的角度看，排列因素顺序时，属于实物量的因素排在前，属于价值量的因素排在后。

3. 从绝对指标和相对指标以及平均指标的角度看，排列因素顺序时，属于绝对指标的因素排在前，属于相对指标以及平均指标的因素排在后。

4. 反映时间性的指标，应按年、月、日、小时的顺序排列。

上述因素排列顺序的原则，具有很大程度的假定性，事实上，许多因素变化是同时的，很难分清主次，尤其是在多种因素构成的综合经济指标中更是如此。

例如，前述甲材料费用，根据各因素之间的关系和上述因素顺序排列原则，列出计算公式如下：

甲材料费用 = 产品产量 × 单位产品甲材料耗用量 × 甲材料单价

第四步，根据计算公式，依次进行因素替代分析。计算公式确定后，则要根据计算公式中各因素排列顺序，逐项进行因素替代分析，算出每一个因素变动对综合指标所产生的差异额，各因素替代的原则是：

1. 严格地按计算公式中各因素排列顺序进行替代。

2. 每替代一个因素，均假定排在被替代因素之后的各种因素不变，均保持变化前的水平，而排在被替代因素之前的各因素可变，均保持变化后的水平。

例如，若上述甲材料费用的计划和实际数据如表 10－1 所示。

表 10－1　　甲材料费用的计划和实际数据

项 目	产品产量（件）	单位产品消耗量（千克）	材料单价（元）	材料费用额（元）
①	②	③	④	合 计
计划	100	20	5	10 000
实际	150	15	8	18 000
差异	+50	－5	+3	+8 000

则各因素的替代分析如下：

计算公式：

材料费用=产品产量×单位产品材料消耗量×材料单价

计划：

$$100 \times 20 \times 5 = 10\,000(元) \qquad (1)$$

替代分析：

替代产品产量：

$$150 \times 20 \times 5 = 15\,000(元) \qquad (2)$$

替代单位产品材料消耗量：

$$150 \times 15 \times 5 = 11\,250(元) \qquad (3)$$

替代材料单价：

$$150 \times 15 \times 8 = 18\,000(元) \qquad (4)$$

(2)式-(1)式产量变动使材料费用增加：

$$15\,000 - 10\,000 = 5\,000(元)$$

(3)式-(2)式单位产品材料消耗量变动使材料费用减少：

$$11\,250 - 15\,000 = -3\,750(元)$$

(4)式-(3)式材料单价变动使材料费用增加：

$$18\,000 - 11\,250 = 6\,750(元)$$

必须指出，计算各因素变动对综合指标的影响值时，都要用替代该因素后的计算结果减去替代前一因素计算结果，两者之差，即为该因素变动对综合指标的影响值。

第五步，综合各因素的影响值。各因素全部替代完毕后，要把各因素的影响值汇总起来，以检查分析正确与否。正确的分析应该是，汇总起来的各因素的影响值等于综合指标变动后的差异总额，若不等，则说明分析中有误。

就上例来说，各因素的影响值综合如下：

$5\,000 - 3\,750 + 6\,750 = 8\,000$(元)

各因素影响值综合的结果等于综合指标变动后的差异额，说明上述分析是正确的。

(三)因素差额分析法

差额分析法是指根据各因素自身的变动差额，来计算各因素变动对综合经济指标的影响值的一种分析方法。其基本原理与因素连锁替代分析法相同，是因素连锁替代分析法的一种简化形式。

例如，前述甲材料费用一例，用差额分析法分析如下：

(1)确定分析对象：

材料费用变动差额：

实际-计划$=18\,000 - 10\,000 = 8\,000$(元)

(2)差额分析：

产量变动影响值$=(150-100)\times 20 \times 5 = 5\,000$(元)

单位产量材料用量变动影响值$=(15-20)\times 150 \times 5 = -3\,750$(元)

材料单价变动影响值$=(8-5)\times 150 \times 15 = 6\,750$(元)

(3)综合各因素影响值$=5\,000 - 3\,750 + 6\,750 = 8\,000$(元)

可以看出，因素差额分析法在计算各因素对综合指标的影响值时，都要计算出各因素自身的差额，即该因素变动后与变动前的差额，因此称之为“差额分析法”。另外还可以看出，因素差额分析与因素连锁替代分析一样，都十分强调因素的排列顺序。否则其计算结果就不一致。

例如，前述甲材料费用一例，若改变各因素的排列顺序，则各因素的影响值在不同的排列顺序下相差悬殊。

原排列顺序：

材料费用 = 产品产量 × 单位产品材料耗用量 × 材料单价

改变各因素排列顺序：

材料费用 - 材料单价 × 单位产品材料耗用量 × 产品产量

因素连锁替代分析法，各因素变动的影响值为：

替代分析，计划：

$5 \times 20 \times 100 = 10\ 000$（元）

（1）替代单价

$8 \times 20 \times 100 = 16\ 000$（元）

单价变动影响值：

$16\ 000 - 10\ 000 = 6\ 000$（元）

（2）替代单位产品材料消耗量

$8 \times 15 \times 100 = 12\ 000$（元）

单位产品材料消耗量变动影响值：

$12\ 000 - 16\ 000 = -4\ 000$（元）

（3）替代产量

$8 \times 15 \times 150 = 18\ 000$（元）

产量变动影响值：

$18\ 000 - 12\ 000 = 6\ 000$（元）

综合各因素影响值 $= 6\ 000 - 4\ 000 + 6\ 000 = 8\ 000$（元）

因素差额分析法下，各因素变动的影响值如下：

①单价变动影响值 $= (8-5) \times 20 \times 100 = 6\ 000$（元）

②单位产品材料耗用量变动影响值 $= (15-20) \times 8 \times 100 = -4\ 000$（元）

③产量变动影响值 $= (150-100) \times 8 \times 15 = 6\ 000$（元）

综合各因素影响值 $= 6\ 000 - 4\ 000 + 6\ 000 = 8\ 000$（元）

在不同的因素排列顺序下，各因素的影响值及差额如表 10-2 所示。

表 10-2　　各因素的影响值及差额表

	产量×单耗×单价	单价×单耗×产量	差 额
产量	5 000	6 000	-1 000
单耗	3 750	-4 000	+250
单价	6 750	6 000	+750

就上例来说，无论是从数学意义上，还是从经济学意义上看，两种因素排列顺序都是允许的，但在因素连锁替代分析法和因素差额分析法下，其计算结果却大不一样。这就严重地影响了这两种方法的科学性，使其应用范围受到了极大的限制。

（四）因素分摊分析法

因素分摊分析法是指先假定其他因素不变，分别计算每一个因素变动对综合经济指标的基本影响值，并汇总计算各因素的基本影响值及其与综合指标变动总差异之间的差额，然后按各因素基本影响值平均分摊差额，进而求出各因素的影响值的一种分析法。其步骤如下：

第一步，确定分析对象。即确定被分析的综合经济指标的变动差异。仍以前述甲材料费用为例进行说明：

差异额＝实际甲材料费用－计划甲材料费用＝18 000－10 000＝8 000（元）

第二步，分解综合经济指标。即确定综合经济指标的构成要素。就甲材料费来说，它可分解出产量、单位产品材料耗用量和材料单价三个要素。

第三步，建立计算公式。即把分解出来的因素按一定的数学运算方式联系起来。在因素分摊分析法下，不要求强调各因素的排列顺序。只要符合数学运算的要求，各因素的先后顺序可随便确定。就上例来说，下述排列皆可：

甲材料费用＝产品产量×单位产品材料耗用量×材料单价

甲材料费用＝材料单价×单位产品材料耗用量×产品产量

第四步，计算各因素的基本影响值。因素分摊分析法计算各因素的影响值时，都假定其他因素不变，即保持变化前水平。

就上例来说，替代分析如下：

计划：$100\times20\times5=10000$

①替代产量：

$150\times20\times5=15000$

②替代单耗：

$100\times15\times5=7500$

③替代单价：

$100\times20\times8=16000$

$15000-10000=5000$（元）

$7500-10000=-2500$（元）

$16000-10000=6000$（元）

第五步，汇总各因素的基本影响值，并计算与综合经济指标变动总差异之间的差额，就上例来说：

各因素基本影响值＝5 000－2 500＋6 000＝8 500（元）

基本影响值总额与综合指标变动总差异之间的差额＝8 000－8 500＝－500（元）

第六步，平均分摊基本影响值总额与综合指标变动总差异之间的差额。其分配方法是：

（1）计算差额分配率，其计算公式如下：

$$差额分配率=\frac{基本影响值总额与综合指标变动总差异之间的差额}{基本影响值总额}\times100\%$$

就上例来说，差额分配率 $=\frac{-500}{8500}\times100\%=-5.882\%$

（2）平均分摊法，其计算公式如下：

各因素应分摊额 = 各因素基本影响值 × 分配率

计算出来的各因素分摊额，若为正数，应将其分摊额加入基本影响值中；若为负值，则应将其分摊额从基本影响值中扣除。就上例来说：

产量因素应分摊额 = 5 000 × (−5.882%) = −294.1(元)

单耗因素应分摊额 = −2 500 × (−5.882%) = 147.05(元)

单价因素应分摊额 = 6 000 × (−5.882%) = −352.92(元)

第七步，计算各因素变动的影响值。即：

各因素变动影响值 = 该因素基本影响值 ± 该因素应分摊的影响值

就上例来说：

产量因素影响值 = 5 000 − 294.1 = 4 705.9(元)

单耗因素影响值 = −2 500 + 147.05 = −2 352.95(元)

单价因素影响值 = 6 000 − 352.92 = 5 647.08(元)

第八步，综合各因素影响值，检查分析是否正确。即将各因素的影响值相加，如果与综合经济指标的变动总差异相等，则说明分析基本正确，否则不正确，应认真检查。

就上例来说：

各因素影响值 = 4 705.9 − 2 352.95 + 5 647.08 = 8 000(元)

这说明上述分析基本上是正确的。

因素分摊分析法虽然可以解决因素连锁替代分析法、差额分析法所存在的因素排列顺序问题，具有其优点。但对于基本影响值与综合指标的变动总差异之间的差额进行平均分摊，也存在着一定程度上的假定性，不可能完全符合实际。因此，这种分析方法也有待进一步改进。

第三节　全部商品产品成本计划完成情况的分析

全部商品产品成本计划完成情况分析的资料依据是企业编制的商品产品成本计划表和实际完成的成本表。

全部商品产品成本计划完成情况分析的步骤：

第一步，利用对比分析法分析全部商品产品成本计划完成情况。此时的分析包括以下两个方面内容：

一是分品种分析全部商品产品成本计划完成情况表，如表 10 − 3 所示。

从表 10 − 3 可以看出，全部商品产品实际总成本比计划降低了 3 080 元，降低率为 0.5282%，是由于可比产品降低 4 680 元，降低率为 0.8746%，不可比产品上升 1 600 元、提高了 3.3333% 造成的。企业应进一步结合实际情况分析不可比产品成本上升和可比产品成本降低的原因，总结经验，找出不足，采取措施，控制成本。

二是分成本项目分析全部商品产品成本计划的完成情况。

例如，根据上述成本计划和成本计划执行结果将其按成本项目调整并分析，如表 10 − 4 所示。

第二步，在上一步的基础上利用因素分析法分析影响全部商品产品成本计划完成情况的因素及影响值。

这里采用连锁替代分析法，进行分析如下：

表 10－3　　　　**全部商品产品成本计划完成情况表**

产品名称	计划产量	实际产量	单位成本			计划总成本		实际总成本			比计划降低	
			上年实际	本年计划	本年实际	按上年实际单位成本计算	按本年计划单位成本计算	按上年实际单位成本计算	按本年计划单位成本计算	本年实际	降低额	降低率（%）
	(1)	(2)	(3)	(4)	(5)	(6)	(7)	(8)	(9)	(10)	(11)	(12)
可比产品						516 000	495 200	555 600	535 080	530 400	－4 680	－0.87
甲	200	180	1 060	986	1 000	212 000	197 200	190 800	177 480	180 000	＋2 520	＋1.42
乙	200	240	1 520	1 490	1 460	304 000	298 000	364 800	357 600	350 400	－7 200	2 01
不可比产品	100	80		600	620		60 000		48 000	49 600	＋1 600	3.33
丙	100	80		600	620		60 000		48 000	49 600		
合计							555 200		583 080	580 000	－3 080	－0.53

表 10－4　　　　**成本项目变动分析表**

金额单位:元

项目	全部商品产品成本		成本节约	
	计 划	实 际	绝对额	百分比(%)
	(1)	(2)	(3)	(4)
直接材料	425 700	421 080	－4 620	－1.09
直接人工	81 620	86 340	＋4 720	＋5.78
制造费用	75 760	72 580	－3 180	－4.20
总成本	583 080	580 000	－3 080	－0.53

(1)分析对象

∑(实际产量×实际单位成本)－∑(实际产量×计划单位成本)

＝580 000－583 080＝－3 080(元)

这里需说明一点:成本计划完成情况的考核，不是用成本计划中的计划总成本同本期实际总成本直接比较，而是用调整后的计划总成本与实际总成本比较来考核的，这是为了使成本指标有一个共同可比的基础。因此，这里因素分析的对象不是580 000元与555 200元的差额，而是580 000元与583 080元的差额。

(2)分析总公式

$$计划产品成本降低额＝计划产品总成本×计划产品成本综合降低率$$

$$=\sum(计划产量\times计划单位成本)\times\frac{\sum[计划产量\times(计划单位成本-计划单位成本)]}{\sum(计划产量\times计划单位成本)}$$

$$=555200\times0=0$$

这里需说明两点：

第一，在多种产品成本变动的因素分析中要想用连锁替代的原理分析出品种结构因素变动形成的影响值，就必须建立一个包括品种结构这一独立因素在内的分析总公式，而要做到这一点，就必须使所要建立的分析总公式中包含"综合比率"这一项，在全部产品成本变动的因素分析这个问题上，"综合比率"就是综合产品成本降低率。因为，在"综合比率"中肯定存在着独立的品种结构（比重）因素，综合比率等于各品种（个别）比率与该品种比率乘积之和。

第二，在全部产品成本计划中由于存在不可比产品成本，因此，不存在计划产品成本降低额和降低率。那么，这岂不是没法建立包含"综合比率"的分析总公式了吗？回答是否定的。因为在全部产品成本计划中没有总成本降低额和降低率指标，可将其降低额和降低率指标视为零，因此，照样可以建立包含"综合比率"在内的分析总公式，即上述分析总公式。

(3)连锁替代分析

第一，替代单位成本

$$替代单位成本 = \sum(计划产量\times计划单位成本)\times\frac{\sum[计划产量\times(实际单位成本-计划单位成本)]}{\sum(计划产量\times计划单位成本)}$$

$$= 555\ 200\times\frac{200\times(1\ 000-986)+200\times(1\ 460-1\ 490)+100\times(620-600)}{555\ 200}$$

$$= -1\ 200(元)$$

$$-1\ 200-0=-1\ 200(元)$$

即单位成本因素变化影响总成本降低 1 200 元。

第二，替代产量。

$$替代产量 = \sum(实际产量\times计划单位成本)$$
$$\times\ \sum[计划产量\times(计划单位成本-计划单位成本)]$$
$$\sum(计划产量\times计划单位成本)$$

$$=583\ 080\times\frac{200\times(1\ 000-986)+200\times(1\ 460-1\ 490)+100\times(620-600)}{555\ 200}$$

$$= -1\ 260(元)$$

$$-1\ 260-(-1\ 200)=-60(元)$$

即产量因素变化影响总成夺降低 60 元。

第三，替代品种结构。

$$替代品种结构 = \sum(实际产量\times计划单位成本)\times\frac{\sum[实际产量\times(实际单位成本-计划单位成本)]}{\sum(实际产量\times计划单位成本)}$$

$$=583\ 080\times\frac{180\times(1\ 000-986)+240\times(1\ 460-1\ 490)+80\times(620-600)}{583\ 080}$$

$$= -3\ 080(元)$$

$$-3\ 080-(1\ 260)=-1\ 820(元)$$

即品种结构因素变化影响总成本降低 1 820 元。

第四，汇总各因素影响值，检查分析正误：

$$单位成本因素影响值+产量因素影响值+品种结构因素影响值$$
$$= -1\ 200-60-1\ 820=-3\ 080(元)$$

经汇总，各因素影响值之和等于总差异，说明分析正确。

第四节　可比产品成本降低计划完成情况的分析

一、可比产品成本降低计划完成情况分析的程序

对可比产品成本降低计划完成情况进行分析，是企业成本费用分析中的一项重要内容。其分析步骤也有以下两步：

第一步，采用对比分析法分析可比产品成本计划完成情况。这主要是通过计算可比产品超计划降低额和降低率两个指标进行的。即：

可比产品成本计划降低额

$$=\sum[\text{计划产量}\times(\text{计划单位成本}-\text{上年单位成本})]$$

可比产品成本实际降低额

$$=[\text{实际产量}\times(\text{实际单位成本}-\text{上年单位成本})]$$

实际超计划降低额 = 可比产品成本实际降低额 = 可比产品成本计划降低额

可比产品成本计划降低率

$$=\frac{\sum[\text{计划产量}\times(\text{计划单位成本}-\text{上年单位成本})]\times 100\%}{\sum(\text{计划产量}\times\text{上年单位成本})}$$

可比产品成本实际降低率

$$=\frac{\sum[\text{实际产量}\times(\text{实际单位成本}-\text{上年单位成本})]\times 100\%}{\sum(\text{实际产量}\times\text{上年单位成本})}$$

实际超计划降低率 = 实际可比产品成本降低率 - 计划可比产品成本降低率

以上例为例说明如下：

可比产品成本计划降低额 = 200 × (986 - 1 060) + 200 × (1 490 - 1 520) = -20 800(元)

可比产品成本实际降低额 = 180 × (1 000 - 1 060) + 240 × (1 460 - 1 520) = -25 200(元)

$$\text{可比产品成本计划降低率}=\frac{-20\ 800}{200\times 1\ 060+200\times 1\ 520}=-4.0310\%$$

$$\text{可比产品成本实际降低率}=\frac{-25\ 200}{180\times 1\ 060+240\times 1\ 520}=-4.5356\%$$

实际超计划成本降低额 = -25 200 - (-20 800) = -4 400(元)

实际超计划成本降低率 = -4.5356% - (-4.0310%) = -0.5046%

第二步，在上一步的基础上采用因素分析法分析影响可比产品成本降低计划完成情况的因素及其影响值。

从上述差异的计算公式中可以看出，形成差异的因素有产量、品种结构、单位成本三个因素。传统的分析方法也就是依据产量、品种结构、单位成本这样的排列顺序进行各因素分析的。即先假定品种结构和单位成本不变，分析产量发生变动对可比产品成本降低计划完成情况的影响值，然后在产量发生变化的基础上再分析品种结构和单位成本变动对可比产品成本降低计划完成情况的影响值。但是在具体分析过程中，可以有不同的具体分析方法。

由于可比产品成本降低计划完成情况的因素分析，包括可比产品成本降低额计划完成情况的分析和可比产品成本降低率计划完成情况的分析两部分。因此，对这两部分进行因素分析可以有以下三种方法：

1. 先进行可比产品成本降低额计划完成情况的因素分析，然后在此基础上再进行可比产品成本降低率计划完成情况的因素分析，即从“额”向“率”进行的分析。

2. 先进行可比产品成本降低率计划完成情况的因素分析，然后在此基础上再进行可比产品成本降低额计划完成情况的因素分析，即从“率”向“额”进行的分析。

3. 上述两种方法相结合，即先就某一因素变化对可比产品成本降低额或降低率计划完成情况的影响值进行分析，然后在此基础上再分析其他因素变化对可比产品成本降低额或降低率计划完成情况的影响值。

本书只讲述第一种方法。

二、从“额”向“率”进行的分析

这种分析又因采用的方法不同，分为连锁替代分析法、差额分析法和指数分析法三种，本书只说明前两种分析方法。现依据上述资料分别说明其分析步骤。

（一）连锁替代分析法

1. 分析对象

降低额差异 − 实际降低额 − 计划降低额 = −25 200 − (−20 800) = −4 400(元)

降低率差异 − 实际降低率 − 计划降低率 = −4.5356% − (−4.031%)

= −0.5046%

2. 列计算公式。

成本降低额 = Σ(产量 × 上年单位成本) × 综合成本降低率

3. 连锁替代分析。

计划：

$$计划成本降低额 = \Sigma(计划产量\times上年单位成本)\times计划综合成本降低率$$

$$= \Sigma(计划产量\times上年单位成本)\times\frac{\Sigma[计划产量\times(计划单位成本-上年单位成本)]}{\Sigma(计划产量\times上年单位成本)}$$

$$=516\ 000\times\frac{-20\ 800}{516\ 000} = -20\ 800(元)$$

替代：

第一，

产量因素变动对可比产品成本降低额计划完成情况影响值

$$= \Sigma(实际产量\times上年单位成本)\times\frac{\Sigma[计划产量\times(计划单位成本-上年单位成本)]}{\Sigma(计划产量\times上年单位成本)}$$

$$=555\ 600\times -\frac{20\ 800}{516\ 000} = -22\ 396.27(元)$$

$$-22\ 396.27-(-20\ 800) = -1\ 596.27(元)$$

第二，

品种结构因素变动对可比产品成本降低额计划完成情况的影响值：

$$= \Sigma(实际产量\times上年单位成本)$$

$$\times \frac{\Sigma[\text{实际产量}\times(\text{计划单位成本}-\text{上年单位成本})]}{\Sigma(\text{实际产量}\times\text{上年单位成本})}$$

$$=555\ 600\times\frac{535\ 080-555\ 600}{555\ 600}=-20\ 520(\text{元})$$

$$-20\ 520-(-22\ 396.27)=1\ 876.27(\text{元})$$

第三，

单位成本因素变动对可比产品成本降低额计划完成情况的影响值：

$$=\Sigma(\text{实际产量}\times\text{上年单位成本})$$

$$\times \frac{\Sigma[\text{实际产量}\times(\text{实际单位成本}-\text{上年单位成本})]}{\Sigma(\text{实际产量}\times\text{上年单位成本})}$$

$$=555600\times\frac{530\ 400-555\ 600}{555\ 600}=-25\ 200(\text{元})$$

$$-25\ 200-(-20\ 520)=-4\ 680(\text{元})$$

汇总各因素影响值，检查分析正误：

产量因素影响值＋品种结构因素影响值＋单位成本因素影响值

$$=-1\ 596.24+1\ 876.27-4\ 680=-4\ 400(\text{元})$$

分析结果与总差异相等，说明分析是正确的。

可比产品成本降低额计划完成情况分析完之后，在此基础上再进行可比产品成本降低率计划完成情况的分析：

1. 单纯产量因素的变化是不会影响可比产品成本降低率脱离计划的。因为在品种结构和单位成本不变的条件下，产量因素无论怎样变化，其变化后的成本降低率仍与原计划数相同，即：

$$\frac{-22\ 396.27}{555\ 600}-(-4.031\%)=0$$

（1）品种结构因素变化对可比产品成本降低率计划完成情况的影响值

$$=\frac{1\ 876.27}{555\ 600}=0.3377\%$$

（2）单位成本因素变化对可比产品成本降低率计划完成情况的影响值

$$=-\frac{-4\ 680}{555\ 600}=-0.8423\%$$

（3）汇总个因素变化对可比产品降低率计划完成情况的影响值

＝产量因素影响值＋品种结构因素影响值＋单位成本因素影响值

$$=0+0.3377\%-0.8423\%=0.5046\%$$

分析结果与总差异相等，说明分析是正确的。

（二）差额分析法

依上述资料简要说明如下：

1. 产量因素变动影响值的计算。

第一，

［（实际产量－计划产量）×年单位成本×计划综合成本降低率］

$$=(555\ 600-516\ 000)\times(-4.031\%)=-1\ 596.276(\text{元})$$

第二，

Σ(实际产量×上年单位成本)×计划综合成本降低率－计划成本降低额

=555 600×(－4.031%)－(－20 800)=－1 596.27(元)

第三，

$$\frac{\Sigma[\text{实际产量}-\text{计划单位成本}\times\text{上年单位成本}]}{\Sigma(\text{计划产量}\times\text{上年单位成本})}\times\text{计划成本降低率}$$

$$=\frac{555\ 600-516\ 000}{516\ 000}\times(-20\ 800)$$

=－1 596.279(元)

2. 结构因素变动影响值的计算。

第一，

Σ[(实际产量－计划产量)×计划单位成本降低额]

－产量因素变动影响值

=Σ[(实际产量－计划产量)×(计划单位成本－上年单位成本)

－产量因素变动的影响值]

=[(180－200)×(986－1 060)+(240－200)×(1 490－1 520)]

－(－1 596.236)=1 876.236(元)

第二，

Σ(实际产量×计划单位成本)－ Σ(实际产量×上年单位成本)

－[Σ(计划产量×计划单位成本)－Σ(计划产量×上年单位成本)

－ 产量因素变动影响值]

=(535 080－555 600)－(495 200－516 000)

－(－1 596.236)=1 876.236(元)

第三，

Σ/[实际产量×(计划单位成本－上年单位成本)]

－Σ(实际产量×上年单位成本)×计划综合成本降低率

=(535 080－555 600)－555 600×(－4.031%)

=1 876.236(元)

3. 单位成本变动影响值的计算。

Σ[实际产量×(实际单位成本降低额－计划单位成本降低额)]

={实际产量×[(实际单位成本－上年单位成本)－(计划单位成本上年单位成本)]}

=Σ[实际产量×(实际单位成本)－计划单位成本]

=Σ(实际产量×实际单位成本)－Σ(实际产量×计划单位成本)

=530 400－535 080=－4 680(元)

当然，每一因素变动的影响值，除了上述计算方法外，还有其他的计算方法，例如它们都可以采用余额法，即将任何两个因素变动的影响值计算出来后，用总差异减这两个因素变动的影响值，剩余部分就是第三个因素变动的影响值等。

第五节　主要产品单位成本变动情况的分析

全部产品和可比产品成本的分析都是概括性的分析，企业还应深入地对产品的单位成本进行具体分析，使综合分析和具体分析相结合，促进产品成本的不断降低。产品单位成本分析一般是根据"主要产品单位成本表"，对单位成本及其各成本项目的实际、计划、上期和历史先进水平进行对比分析，进一步从原材料、工资和费用支出等诸项目及产品的数量、质量、品种等方面进行分析，查明造成单位成本升降的原因。

一、单位产品成本升降情况的一般分析

在对主要产品单位成本分析之前，要对产品单位成本的有关资料进行搜集整理，主要是根据"主要产品单位成本表"对本期实际、计划、上期和历史先进水平的资料进行核实整理，然后进行对比分析。

假定以某企业甲产品为例，说明单位成本分析的方法。

该企业的主要产品单位成本表，如表 10－5 所示。

表 10－5　　主要产品单位成本表

金额单位：元

计划产量：300 台

产品名称：甲产品　　实际产量：280 台

成本项目		行次	历史先进水平	上年实际平均单位成本	本年计划单位成本	本年实际平均单位成本
直接材料		1	311	313	301	292
直接人工		2	37	35	34	36
制造费用		3	162	172	165	152
合 计		4	510	520	500	480
主要技术经济指标	计量单位		用量	用量	用量	用量
1. A 材料	千克	5	240	250	240	245
2. B 材料	千克	6	20	21	20	19
3. 工时	小时	7	140	130	130	125

根据核实整理的上述资料进行对比分析，如表 10－6 所示。

表 10－6　　　　某产品单位成本分析表

金额单位：元

成本项目		本年实际与历史先进水平比		本年实际与上年比		本年实际与本年计划比	
		增减额	增减%	增减额	增减%	增减额	增减%
直接材料		－19	－6.2	－21	－6.7	－9	－3.0
直接人工		－1	－2.7	＋1	＋2.9	＋2	＋5.9
制造费用		－10	－6.2	－20	－11.6	－13	－7.9
合 计		－30	－5.9	－40	－7.7	－20	－4
主要技术经济指标	计量单位	用 量		用 量		用 量	
A 材料消耗	千克/台	＋5	＋2.1	－5	－2.0	＋5	＋2.1
B 材料消耗	千克/台	－1	－5.0	－2	－9.5	－1	－5.0
工时	小时/台	－15	－10.7	－5	－3.8	－5	－3.8

从表 10－6 可以看出其产品的实际单位成本，比历史先进水平、上年实际、本年计划均有不同程度的降低。而从成本项目来看，直接材料和制造费用无论比历史先进水平、上年实际，还是比本年计划，都有所降低。但直接人工费用，本年实际虽比历史先进水平有所降低，但却比上年实际和本年计划超支。从主要技术经济指标来看，除 A 材料消耗比历史先进水平、本年计划有不同程度的增加外，B 材料消耗及工时消耗都较历史先进水平、上年实际、本期计划有所降低，应进一步查明原因，总结经验，巩固成绩，改进工作。

二、单位产品成本的成本项目分析

（一）直接材料成本项目的分析

一般说来，直接材料费用在产品成本中占有很大比重，节约原材料支出，特别是降低产品中原材料单耗，是工业企业降低单位成本的一个重要方面。因此，原材料成本项目的分析，是产品单位成本分析的重点。

当企业生产的产品只耗用一种原材料时，产品成本中原材料项目的费用，是由原材料消耗量及其价格组成的。因此，产品的单位成本中原材料费用的大小，取决于生产该产品时所耗用的原材料数量的多少、消耗该原材料价格的高低，它们的关系可以下列公式表示：

单位成本直接材料成本＝单位产品直接材料消耗量×该直接材料平均单价

由此可知，无论是直接材料耗用量的变动，还是该直接材料平均单价的变动，都会影响单位产品的直接材料成本。在分析直接材料成本变化情况时，首先将各种直接材料的实际成本与计划成本比较，查明差异；其次是分析直接材料成本升降的原因。其计算方法如下：

直接材料耗用量差异对成本的影响（量差）

＝（实际单位耗用量－计划单位耗用量）×直接材料的计划平均单价

直接材料价格差异对成本的影响（价差）

＝（直接材料实际平均单价－直接材料计划平均单价）×实际单位耗用量

现举例说明如表 10－7 所示。

表 10－7　　直接材料成本项目的分析表

材料名称	耗用量（千克）		材料单价（元）		材料成本（元）		差异		
	计划	实际	计划	实际	计划	实际	差异	量差	价差
	(1)	(2)	(3)	(4)	(5)＝(1)×(3)	(6)＝(2)×(4)	(7)	(8)＝[(2)－(1)]×(3)	(9)＝[(4)－(3)]×(2)
A 材料	240	245	0.9	0.8	216	196	－20	＋4.5	－24.5

当企业生产的产品不仅耗用一种原材料时，产品成本中原材料项目的数额，除了上述量差和价差两因素的影响外，还有原材料配比（结构）差异的影响。此时单位产品原材料成本的计算公式如下：

单位产品直接材料成本＝Σ（每种直接材料消耗量×该种直接材料单价）

＝Σ（每种直接材料消耗量×直接材料配比平均单价）

$$=\Sigma[\text{每种直接材料消耗量}\times\Sigma(\frac{\text{某种直接材料单位产品消耗量}}{\text{单位产品各种直接材料消耗总量}}\times\text{该种直接材料单价})]。$$

此时量差、价差、配比差的计算公式是：

直接材料消耗量的影响（量差）＝

（实际消耗量－计划消耗量）×直接材料配比平均单价

直接材料配比的影响（配比差）

＝（按实际配比的平均计划单价－按计划配比的平均配比单价）

×单位产品直接材料实际消耗总量

直接材料单价的影响（价差）

＝（按实际配比的平均实际单价－按实际配比的平均计划单价）

×单位产品直接材料实际消耗总量

$$\Sigma(\frac{\text{某种直接材料单位产品实际规划消耗量}}{\text{单位产量各种直接材料实际消耗总量}}\times\text{该种直接材料计划单价})$$

$$(\Sigma\frac{\text{某种直接材料单位产品计划消耗量}}{\text{单位产量各种直接材料计划消耗总量}}$$

×该种直接材料计划单价）×单位产品直接材料实际消耗总量

$$=\Sigma[\Sigma(\frac{\text{某种直接材料单位产品实际消耗量}}{\text{单位产品各种直接材料实际消耗总量}}\times\text{该种直接材料实际单价})]$$

$$-\Sigma(\frac{\text{某种直接材料单位产品实际消耗量}}{\text{单位产品各种直接材料实际消耗总量}}\times\text{该种直接材料计划单价})$$

×单位产品直接材料实际消耗总量

现举例说明，如表 10－8 所示。

表 10－8　　直接材料成本差异明细表

材料成本	耗用量(千克)		材料单价(元)		材料成本(元)	
	计划	实际	计划	实际	计划	实际
A 材料	240	245	0.9	0.8	216	196
B 材料	20	19	0.6	0.7	12	13.3
合 计	260	264			228	209.3

分析对象：

$$209.3-228=-18.7(\text{元})$$

$$\text{直接材料计划配比的平均计划单价}=\frac{240\times0.90+20\times0.60}{260}=\frac{228}{260}$$
$$=0.8769(\text{元})$$

$$\text{直接材料实际配比的平均计划单价}=\frac{245\times0.90+19\times0.60}{264}==\frac{231.9}{264}$$
$$=0.8784(\text{元})$$

$$\text{直接材料实际配比的平均实际单价}=\frac{245\times0.80+19\times0.70}{264}=\frac{209.3}{264}$$
$$=0.7928(\text{元})$$

因素分析：

分析对象－18.7(元)

量差：

$(264-260)\times0.8769=+3.5$(千克)

价差：

A 材料$(0.80-0.90)\times245=-24.5$(元)

B 材料$(0.70-0.60)\times19=+1.9$(元)

$-24.5+1.9=-22.6$(元)

配比差：

$(0.8784-0.8769)\times264=+0.4$(元)

汇总各因素影响值：

$+3.5-22.6+0.4=-18.7$(元)

由上述分析可见，由于直接材料数量变动影响，使其产品直接材料成本增加了3.5元；由于直接材料价格变动影响，使某产品直接材料成本共降低22.6元；由于直接材料配比变动影响，使某产品直接材料成本增加了0.4元。各因素影响之和使直接材料成本共降低18.7元。

在分析直接材料成本时，还要在上述分析的基础上，进一步分析直接材料消耗量，直接材料平均价格变动差异的原因，以便查明降低直接材料成本的具体途径。

影响直接材料消耗量差异的原因很多，但归纳起来主要有：

1. 工人生产操作技术和操作方法。在生产中，工人的生产操作技术良好、生产操作方法先进，就能节约直接材料，否则就会造成直接材料的浪费。例如，同样的直接材料，生产工人技术好，采用先进的操作方法，不仅可以节约直接材料，而且可以生产为优质产品。如果生产工人技术欠佳，操作不当，不但浪费直接材料，甚至还可能产生废品或次品，从而增加成本。

2. 产品设计。产品设计结构是否合理，或改进产品设计结构，会影响到直接材料的消耗。例如对于机械工业产品而言，其产品零部件的体积、重量就会影响直接材料的消耗；改进产品设计，缩小体积，减轻重量，减少毛坯和加工余料等，在提高产品性能，保证产品质量的前提下，简化产品结构，省去不必要的部件和装置，就可以节约直接材料。

3. 直接材料的质量和规格。生产产品所用的直接材料的好坏，不仅会影响产品质量、性能，而且常常会影响到直接材料的耗用量。例如，矿石品位的高低会影响金属冶炼的矿石消耗。同时，由于直接材料质量不好，就会多出废品，不仅影响产品质量，增加废品损失，也会增加合格品的直接材料耗用量。

4. 下料和工艺技术。生产产品时，利用具有一定长度或直径的直接材料，下料是否合理，直接影响到材料消耗。如果合理下料，大小体套裁，就能充分利用材料，提高材料的利用率，从而节约材料。否则，下料不当，不仅会浪费材料，也会浪费工时。生产工艺技术是否合理、先进，也是决定直接材料耗用量的关键。工艺技术落后，就会多耗用直接材料、燃料、动力，尤其是在化工冶炼行业。例如，一些小化肥厂，由于工艺技术落后，与大型的具有先进工艺技术的化肥厂比较，其直接材料消耗量差距很大。此外，设备性能也是造成直接材料消耗不同的原因。例如，性能好的锅炉，不仅能节约燃料，而且也能提高效益。

5. 生产废品的多少，是节约和消耗直接材料的一个重要方面。同样数量的直接材料消耗，如果生产出的废品多，则合格品就少。这不仅浪费了直接材料，同时也会增加合格品的成本，经济效益就会受到影响。反之，如果生产的废品少，或没有废品，合格品就增加，相对而言就节约了直接材料，降低成本，取得较好的经济效益。所以，改进技术，提高生产管理水平，减少废品或消灭废品，是节约直接材料、降低成本、提高经济效益的重要途径。

6. 使用代用品或新材料。在不影响产品质量的前提下，采用代用品或廉价的新材料也是降低产品成本，取得较好经济效益的途径。

7. 开展综合利用。在生产过程中形成的废品、废料，重新使用，可以降低直接材料的消耗。例如，机械厂铸造废品、废品的回收利用等。直接材料的综合利用，做到物尽其用，从而生产出更多的使用价值，也降低了产品成本。

8. 直接材料的运输和管理。对直接材料合理运输、妥善保管，既能减少路耗，又能避免霉烂变质的损失，相对地就能节约直接材料。如果管理不善、路耗、库耗增大，就会增加成本，影响企业经济效益。直接材料价格变动的原因也很多，一般是由于下列原因引起的：

第一，直接材料采购价格的变动。包括国家规定价格的调整，市场价格的浮动，不同地区的地区差价等变动。

第二，采购地点的变动。采购地点不同，运输远近也就不同，还有地区差价的不同，其运费也就不同程度增加或减少。

第三，运价和运输方式的变动。运价变动是指运输价格的调整，它影响到直接材料价格的高低；运输方式的变动是指直接材料要用何种运输工具运输，一般来讲，汽车较火车运费高，火车较水路运费高，水路运输费用低，但时间长。如果运输条件改变，由原来汽车运输改为火车运输就可以节省运费，从而可以降低直接材料价格。

第四，运输装卸费用的升降。这是指直接材料在运输过程中的装卸费用的变动。这里有两个方面：一是装卸费收费价格标准的升降；二是在运输过程中中转运输工具而增加装卸次数。

第五，直接材料配比的变动。有些企业生产的产品是使用多种直接材料，按一定比例配方投料的。配料的变化影响单位产品直接材料费用，企业应在保证产品质量的前提下，采用最合理、最经济的配方进行投料。

在分析单位产品直接材料费用变化时，应区分两种情况：一是与企业主观努力无直接关系的外部因素，如在直接材料紧缺的条件下，采用代用品或质量不同的原材料，以及国家对直接材料价格的调整等。二是与企业主观努力有直接关系的内部因素，如生产废品的多少、合理下料等。分析中应着重研究主观因素形成的原因，这样既能对企业工作作出正确的评价，又便于针对这些原因，采取改进措施，纠正不合理的现象，杜绝材料的浪费和损失。

(二)工资成本项目的分析

我国生产工人的工资形式基本上有两种：一是计件工资制；二是计时工资制。

采用计件工资制时，其单位产品工资成本是固定的，也就是说，除计件单位工资标准高低，与单位产品工资成本有直接关系外，生产件数的多少，与单位产品工资成本没有直接关系。

采用计时工资制，或计时工资加奖励制的条件下，一般企业产品工资的费用，是按生产工时消耗的比例分配记入每件产品成本中的。

因此，通过工资费用的分析，有利于改善劳动组织，充分利用工时，提高劳动生产率，降低单位产品成本。

单位产品成本中工资费用的高低，取决于单位产品的工时消耗和小时平均工资率两个因素的变动。单位产品的工时消耗反映劳动生产率的高低，劳动生产率越高，单位产品的工时消耗越少，单位产品中的工资费用也就越小。小时工资率则反映平均工资的高低，小时工资率越高，单位产品中的工资费用就越大。所以，在其他条件不变的情况下，单位产品成本中工资成本的变动同小时平均工资成正比，同劳动生产率成反比，提高劳动生产率就会降低单位产品工资成本。产品产量、生产工人工资总额、劳动生产率及小时工资率之间的关系，可用以下公式表示：

$$\text{单位产品工资成本}=\frac{\text{生产工人工资总额}}{\text{产品产量}}$$

$$=\frac{\text{工时消耗总额}}{\text{产品产量}}\times\frac{\text{生产工人工资总额}}{\text{工时消耗总额}}$$

$$=\text{单位产品工时消耗}\times\text{小时工资率。}$$

因此，无论单位产品工时消耗的变化，或是小时工资率的变动，都会影响单位产品的工资成本。分析其因素变动影响值的计算公式如下：

(假定同计划比较)

单位产品工时变动对工资成本的影响

=(单位产品实际工时消耗 - 单位产品计划工时消耗)×计划小时工资率

小时平均工资变动对工资成本的影响

=(实际小时工资率 - 计划小时工资率)×单位产品实际工时消耗

假定某产品有关工资资料表，如表10-9所示。

表 10－9　　某产品有关工资资料表

项目	计划	实际	差异
单位产品工时消耗(小时)	260	250	－10
小时平均工资(元)	0.2615	0.288	0.0265
单位产品工资成本(元)	68	72	+4

表 10－9 中单位产品工资成本增加 4 元(分析对象)。

由于工时消耗变动的影响：

$$(250-260)\times 0.2615=-2.615(\text{元})$$

由于小时平均工资率变动的影响：

$$(0.288-0.2615)\times 250=+6.625(\text{元})$$

合计:4(元)

通过以上分析，可知单位产品的工资成本超支数 4 元，主要是由于小时平均工资增加，使工资成本增加 6.625 元，和单位产品工时消耗降低，使工资成本降低 2.615 元造成的，这说明劳动生产率提高的速度比小时平均工资增加速度慢，应进一步查明原因。

如果分析的目的在于说明单位产品成本与产品产量的关系时，可采用按单位产品分摊工资的分析方法，一般来说，它取决于产品产量和生产工人工资两个因素。产量增长速度超过工资增长速度，工资成本就会下降;反之，工资成本就提高。

现以某产品成本为例分析单位产品工资，说明其分析方法，如表 10－10 所示。

表 10－10　　某产品成本单位产品工资表

项目	计划	实际	差异
1. 生产工人工资总额(元)	20 400	20 160	－240
2. 产品产量(台)	600	560	－40
3. 单位产品工资成本(1÷2)(元)	34	36	+2

产量变动的影响：

$$20\,160/560-20\,160/600=36-33.6=+2.4(\text{元})$$

工资总额变动的影响：

$$20\,160/600-20\,400/600=33.6-34=-0.4(\text{元})$$

合计:2(元)

通过分析，说明生产工人工资增加，产量减少，致使单位产品工资成本增加 2 元。

(三)制造费用成本项目的分析

在工业企业中，虽然制造费用在成本中所占的比重不大，但是勤俭办企业、发扬艰苦奋斗的精神，对于降低单位产品成本，节约一切可以节约的费用，仍有潜力可挖，因此，在成本分析中绝不能忽视制造费用的分析。

在生产一种产品的企业里，其制造费用全部由一种产品负担。也就是说，按制造费用总额和产品产量直接计入单位产品成本中，其计算公式如下：

$$单位产品制造费用成本=\frac{制造费用总额}{产品产量}$$

从公式中可以看到，单位产品成本中制造费用的高低取决于制造费用总额和产量两个因素，从制造费用开支看，制造费用开支减少，单位产品成本就可以降低。由此可见，节约制造费用开支量是降低单位产品成本的又一途径。在生产多种产品的企业里，制造费用是按照一定的标准，通过分配把制造费用摊入单位产品成本去的。分配的方法是按生产工时、生产工人所耗用机器工时等标准进行分配。在采用生产工时分配标准的情况下，其计算公式如下：

$$\begin{aligned}某产品单位产品制造费用成本&=某产品单位产品工时消耗数\times\frac{制造费用总额}{全部产品生产工时总额}\\&=某产品单位产品工时消耗量\times制造费用分配率(即每一工时费用)\end{aligned}$$

由上式可见，单位产品成本中的制造费用的高低，取决于单位产品生产工时耗用数、制造费用分配率两个因素；而费用分配率的大小，又取决于制造费用总额和全部产品生产工时总额的多少。

上式中的制造费用总额与单位产品成本中的制造费用成正比。制造费用总额越大，单位产品成本所分配的制造费用越大；反之，制造费用总额越小，单位产品成本所分配的制造费用就越小。

上式中的单位产品工时消耗与单位产品所分配的制造费用成正比。

上式中产品生产耗用工时总额与单位产品所负担的制造费用成反比。产品耗用的总工时增加，单位产品制造费用成本就减少。但必须注意，产品耗用总工时增加，只有在提高工时利用率以及不降低劳动生产率的情况下，才能降低单位产品成本中的制造费用。

在生产多种产品的企业里，如果不是按照产品耗用工时，而是按其他标准，例如，按生产工人工资为标准分配制造费用，则决定单位产品成本的制造费用的因素，除制造费用总额外，还受单位产品成本中的生产工人工资和生产工人工资总额的影响。如果是按机器耗用工时为标准分配制造费用的，则由单位产品所消耗机器工时和机器发动总工时决定。

制造费用是由许多项目组成的综合性费用。各项制造费用发生增减变动，并不都与上述各种分配标准有直接关系，所以在生产多种产品的企业里，不论采用哪种标准分配制造费用，都带有一定的假定性。

各种制造费用包括的项目较多，主要有：非生产用材料消耗、动力费、折旧费、修理费、运输费、劳动保护费、办公费、差旅费、管理人员工资、材料和产品盘亏等等。而这些制造费用在增减变化时，有的制造费用随着产量的增减而相应地增减变动，这部分制造费用，叫做变动制造费用；有些制造费用的变动与产量不发生直接联系，即不随产量增减而变动，这部分制造费用叫做固定制造费用。因此在分析时，对于变动制造费用，应按产量增减百分比加以核算后，再进行比较，对于固定制造费用，则可用绝对数比较。

假定某企业本期产量计划完成93.33%。按产量计划完成百分比调整后的资料分析，如表10－11所示。

表 10－11　　某企业产量计划完成表

金额单位:元

费用类别	原计划数	调整后的计划数	实际数	节约或超支		制造费用总数的影响%
				金额	%	
	(1)	(2)	(3)	(4)＝(3)－(2)	(5)＝(4)/(2)	(6)＝(4)/∑(2)
变动制造费用	15 000	14 000	13 720	－280	－2.0	－0.82
固定制造费用	20 000	20 000	17 900	－2 100	－10.5	－6.18
合计	35 000	34 000	31 620	－2 380	－7.0	－7.00

上述将制造费用按变动制造费用和固定制造费用分类进行分析，虽然是个概括性的分析，但为分析制造费用细目的超支和节约提供了条件。实际工作中还应根据具体情况，采用不同方法，具体分析各个制造费用细目升降的原因。例如，对消耗性材料分析，有用量差异、配比差异和价格差异因素，如对修理费、劳动保护费的分析，不仅有用量和价格差异的因素，而且还应与设备维修和劳动安全保护联系起来进行分析。既要做到尽可能地节省支出，又要保证设备正常运转和安全生产，不能片面强调节省开支，忽视维修，使设备带病运转，忽视劳动保护等等。

此外，企业中如物资盘亏、罚金支出等损失性费用，若属于经营管理不善造成的，对这些费用应查明原因及责任，以便采取措施，一旦发生，应及时处理。

三、其他因素变动对单位产品成本影响的分析

(一)产量变动对单位成本影响的分析

分析产量变动对单位成本的影响应结合生产费用的开支来进行。

1. 按生产费用总支出分析。产品产量、生产费用支出总额和单位成本之间的关系如下：

产品单位成本＝生产费用支出总额／产品产量

从上式可以看出，当生产费用总额一定时，产量增加，产品单位成本就会降低；产量减少，产品单位成本就会提高。同样，当产品产量一定时，生产费用支出总额减少，产品单位成本就降低，支出总额增加，产品单位成本就必然提高。在实际工作中，产量和费用支出总额总是同时发生变化的，它们对产品成本的影响是交织在一起的，在分析中，我们应结合费用支出对单位成本的影响，来分析产量变动的影响。

产量变动对单位成本的影响，可按下列公式计算：

产量变动对单位成本的影响＝

$$\frac{\text{计划生产费用支出总额}}{\text{实际产量}}-\frac{\text{计划生产费用支出总额}}{\text{计划产量}}$$

生产费用支出总额对于产品单位成本的影响可按下列公式计算：

生产费用支出总额对于产品单位成本的影响＝

$$\frac{实际生产费用支出总额}{实际产量}-\frac{计划生产费用支出总额}{计划产量}$$

例如，某企业生产费用支出总额和产量资料如表10－12所示。

表10－12　　某企业生产费用支出总额和产量资料

项 目	计划数	实际数
产品产量(吨)	1 000	1 100
生产费用支出总额(元)	200 000	209 000
产品单位成本(元/吨)	200	190

从表10－12中可以看出，产品单位成本降低10(200－190)元，现分析如下：

第一，产量变动的影响。产量变动，在生产费用支出总额不变(保持计划)的情况下，产品单位成本能够降低：

$$降低额=\frac{200\ 000}{1\ 100}-\frac{200\ 000}{1\ 000}=-18.18(元)$$

第二，生产费用支出总额变动的影响。由于实际生产费用支出总额比计划增加，因而实际生产的产品，都要多负担一部分费用，使单位产品成本提高：

$$降低额=\frac{209\ 000}{1\ 100}-\frac{200\ 000}{1\ 100}=8.18(元)$$

两个因素变动的影响，总共使单位成本降低了10(18.18－8.18)元，通过分析可以看出，主要是由于产量变动的影响。如果生产费用支出总额不增加，产品单位成本可以降低得更多。为此，应对之作进一步分析。

2.划分变动费用和固定费用的分析。从划分变动费用和固定费用看，产品单位成本的构成，可用下式表示：

$$产品单位成本=产品单位变动费用+\frac{固定费用总额}{产品产量}$$

生产每件单位产品耗费的变动费用，主要取决于生产管理、生产技术、工艺操作，与产品产量的多少无关。但每单位产品负担的固定费用，除取决于固定费用支出总额外，与产品产量的多少有联系。产量增加，单位产品负担的固定费用减少；产量减少，单位产品负担的固定费用则增加。

根据上式，用连锁替代分析法分析有关因素变动对单位产品成本的影响。

如某企业生产某产品有关资料如表10－13所示。

表10－13　　某企业生产某产品有关资料

项 目	计划数	实际数
产品产量(吨)	2 000	2 200
固定费用总额(元)	4 000	4 180
单位产品变动费用(元)	4	3.8

根据上述资料计算产品单位成本如下：

$$计划:4+\frac{4\ 000}{2\ 000}=6(元);$$

$$实际：3.8+\frac{4\ 180}{2\ 200}=5.7(元)$$

实际比计划下降0.3元(5.7－6)，各因素的影响如下：

①单位产品变动费用的影响。单位产品的变动费用，计划为4元，实际为3.8元，节约0.2元，因此，将使产品单位成本降低0.2元。

②产量变动的影响。实际产量比计划产量增加，若固定费用支出总额不变，单位产品负担的固定费用就会减少，计算如下：

$$\frac{4\ 000}{2\ 200}-\frac{4\ 000}{2\ 000}=1.82-2=-0.18(元)$$

3. 固定费用支出变动的影响。实际支出的固定费用总额为4180元，比计划支出增加，这就会使单位产品负担的固定费用增加，增加的数额为：

$$\frac{4\ 180}{2\ 200}-\frac{4\ 000}{2\ 200}=1.9-1.82=0.08(元)$$

三个因素的变动，使单位成本降低0.3(－0.2－0.18＋0.08)元。

以上分析可以看出各因素的影响值中，主要是因为每件产品的变动费用节约，其次是因为产量增加，致使每件产品负担的固定费用减少，但因固定费用实际支出总额超计划，每件产品又多负担一些，使产品成本降低受到影响。

4. 产量增长对单位产品成本降低率的影响。产量增长在一定范围内可以促进产品单位成本降低。这主要表现在以下两个方面：

其一，产量增长通过降低单位产品中的固定费用而降低单位产品成本。其计算公式是：

$$产品成本降低率=计划单位固定费用占全部单位成本\%\times(1-1+\frac{固定费用增长\%}{1+产量增长\%})$$

例如，某企业生产甲产品，计划单位固定费用占单位产品成本12%。根据各项技术经济指标预测产量增加10%，固定费用没有变动，代入上式计算：

$$产品成本降低率=12\%\times(1-\frac{1+0}{1+10\%})=1.09\%$$

其二，产量增长通过提高劳动生产率而降低单位产品成本。其计算公式是：

$$产品成本降低率=生产工人工资成本占全部成本比重\%\times(1-\frac{1+平均工资增长\%}{1+劳动生产率增长\%})$$

例如，某企业生产甲产品，工资及提取福利费占全部产品成本20%。根据技术经济预测分析，劳动生产率增长为10%，平均工资增长6%，据此，产量的增长使产品单位成本降低的比率为：

$$产品成本降低率=20\%\times(1-\frac{1+6\%}{1+10\%})=0.727\%$$

(二)质量变动对单位成本影响的分析

工业产品质量好坏，是衡量其生产技术和管理水平的重要标志，不断提高产品质量是工业企业的重要任务。从产品质量同产品数量及其成本关系上来说，它们之间是对立统一，是相互依存，互为条件的。产品质量的提高，可以延长产品的使用寿命周期，增加产品的使用效能和效率，这就意味着相对增加产量，节约了各种社会资源。从企业来说，提高成品合格率、减少废次品、降低产品的返工返修率，既能促进产量增加，也能节约原材料、工时、费用的消耗，这是降低成本的重要途径。另一方面，产品质量变动对成本的影响有多种情况，产品质量提高，有时使成本降低，有时使成本升高，有时表现为成本不变。

质量和成本的依存关系，可分别依据下列等级系数和废品率两种情况，简要说明如下。

1. 等级系数的变动对成本的影响。划分等级的产品，平均质量水平通常是通过等级系数来表现的。用同样的材料和同样的加工过程，同时获得不同的等级，其等级系数越高，说明有效的总产值越大（统一换算为一级品的产量越大）产品成本水平也就相应地越低，它们的依存关系，举例说明：

假定某制材厂计划中的规定指标如表 10－14 所示。

表 10－14　　产品计划规定指标

级别	产量（m_2）		比价	折合成一级品产量（m_2）		成本
	计划	实际	折合率	计划	实际	（元）
一级品	300	500	1.0	300	500	
二级品	500	500	0.8	400	400	
三级品	200	——	0.5	100	——	
合计	1000	1000	800	900	10000	

根据资料，首先计算计划平均等级系数和实际平均等级系数。

$$\text{计划平均等级系数}=\frac{800}{100}=0.8$$

$$\text{实际平均等级系数}=\frac{900}{1000}=0.9$$

等级系数变动对成本的影响可按下列公式计算

等级系数变动对成本的影响率

$$=\frac{\text{计划等级系数}-\text{实际等级系数}}{\text{实际等级系数}}\times 100\%$$

$$=\frac{0.8-0.9}{0.9}\times 100\% \quad =-11.11\%$$

由于平均等级系数实际比计划提高 0.1，从而使单位成本降低了 11.11%。平均等级系数提高，说明企业生产的产品质量提高。实质上，产品质量变动对产品成本的影响是由折算为一级品的平均单位成本决定的。

折算一级品的计划平均单位成本：

$$=\frac{\text{全部计划等级品成本}}{\Sigma(\text{计划各等级品数量}\times\text{各等级品折合率})}$$

$$=\frac{10000}{300\times 1+500\times 0.8+200\times 0.5}=12.5(\text{元})$$

折算一级品的实际平均单位成本：

全部实际等级品成本

折算一级品的计划平均单位成本：

$$=\frac{\text{全部实际等级品成本}}{\Sigma(\text{实际各等级品数量}\times\text{各等级品折合率})}$$

$$=\frac{10000}{500\times1+500\times0.8}=11.11(\text{元})$$

显然，全部等级品产品的总成本没有变化，而产品质量变动，则受折合为一级品的产量变化影响。本例计划的800m_2。增加为实际的900m_2，所以，按此计算的一级品平均单位成本起了变化，其对成本的影响：

$$\frac{11.11-12.5}{12.5}\times100\%=-11.11\%$$

这样结果与等级系数变动的影响是一致的，因为折合为一级品平均单位成本变动和平均等级分数变动都是产品质量变动的结果。

在实际工作中，掌握等级系数的变动对成本的影响，则可采用下列公式计算：

$$\text{成本降低率}(\%)=\frac{\frac{1}{\text{实际等级系数}}-\frac{1}{\text{计划等级系数}}}{\frac{1}{\text{计划等级系数}}}\times100\%$$

$$=(\frac{\text{计划等级系数}}{\text{实际等级系数}}-1)\times100\%$$

代入本例：

$$\frac{\frac{1}{0.9}-\frac{1}{0.8}}{\frac{1}{0.8}}\times100\%=(\frac{0.8}{0.9}-1)\times100\%=-11.11\%$$

必须指出：上述分析方法只适用于等级品成本按系数法计算因而各等级的单位成本都不相同的企业，但不适用于各等级品的单位成本都相同的企业。

2. 废品率的变动对单位成本的影响。工业企业在生产中产生废品的原因，一般地讲有料废和工废两种情况。料废包括原料本身的质量和配料不当等；工废则包括操作技术、加工方法、工人技术熟练程度、工作责任心以及工具机器、量具的精密度或者图纸错误等。但不论何种原因，产生废品都对单位成本有影响。这是因为废品不记入生产成果，按照目前的规定，次品有的企业也不算产量，而废品、次品的成本（扣除残值）以及可修复的费用，都要记入合格品的成本内。因此，次品、废品损失额越大，对产品成本的影响越大，废品率提高，产品单位成本也要提高，反之则降低。下面举例分析表10－15。

表10－15　　**某企业某产品资料**

	产量（件）	合格率（%）	次品率（%）	废品率（%）
上年实际	300	60	15	25
本年实际	400	80	10	10

假定该产品的成本水平不变，每件次品废品和合格品的成本相等，其单位成本：上年实

际与本年实际都为10元，具体资料如表10－16所示。

表10－16　产品的成本资料

项目	上年实际	本年实际
(1)产品总成本(元)	3 000	4 000
(2)合格品数量(件)	180	320
(3)次品数量(件)	45	40
(4)废品数量(件)	75	40
(5)次品单位价值(元)	6	6
(6)废品单位价值(元)	2	2
(7)扣除次品价值(元)	270	240
(8)扣除废品价值(元)	150	80
(9)合格品总成本(1)－(7)－(8)元	2 580	3 680
(10)合格品单位成本(元)	14.33	11.50

$$\frac{2.33}{14.33}\times 100\% = 16.26\%$$

废品损失对单位成本的影响：

废品造成的损失，一般用废品损失率表示，即废品损失金额在产品成本中所占的比重。

$$\text{废品损失率}(\%) = \frac{\text{废品损失金额}}{\text{产品成本}}\times 100\%$$

废品损失额＝(不可修复废品的全部费用－废品残值)＋可修复废品的追加费用

可用下式测算废品损失降低对产品成本的影响：

产品成本降低率＝废品损失率×废品损失降低百分比。

例如：某企业生产甲产品，废品损失占全部产品成本比重即废品损失率为5%，根据技术措施预测废品损失可降低4%，代入上式得：

产品成本降低率＝5%×4%＝0.2%

(三)品种结构的变动对单位成本影响的分析

由于市场对产品要求的多样性，决定了企业产品生产的多样性，这不仅体现在不同的产品，主要指用途、功能不同，而且对同功能和用途的产品，也有不同规格、型号的要求。这也就决定了同一种产品内部存在一个品种结构的问题。由于结构的变动，同一类型的产品平均单位成本，有时升高，有时降低。在分析单位成本升降时，应考虑到这一因素的影响。

举例说明其分析方法如下：

某产品有关资料如表10－17所示。

表10－17　某产品有关资料

型号	产品产量		总成本		单位成本	百分比%	
	计划	实际	计划	实际		计划	实际
A型	500	500	2 000	2 000	4	50	50
B型	300	200	900	600	3	30	20
C型	200	300	400	600	2	20	30
合计	1 000	1 000	3 300	3 200		100	100

分析对象：$3.2-3.3=-0.1$元。

由于总产量和各类产品的单位成本没有变动，因此它们对平均单位成本升降无影响。影响该产品平均单位成本变动的只有品种结构因素。其影响值的分析如下：

某型号结构变动对平均单位成本的影响

=（实际结构－计划结构）×计划平均单位成本。

则：A 型结构变动对平均单位成本的影响：

$(50\%-50\%)\times 4=0$

B 型结构变动对平均单位成本的影响：

$(20\%-30\%)\times 3=-0.3$（元）

C 型结构变动对平均单位成本的影响：

$(30\%-20\%)\times 2=0.2$（元）

合计可得：$0-0.3+0.2=-0.1$（元）

由以上分析可以看出，实际平均单位成本比计划降低 0.1 元，是由于 B 型产品由原结构 30% 降为实际 20%，及 C 型产品由 20% 上升为 30% 共同影响的结果。通过分析，促进企业在满足市场需求前提下调整产品结构，谋求更好的经济效益。

● 思考与练习

一、单选题

1. 计算产值成本率所采用的分析方法是（　　）。

A. 相关指标比率分析法　　B. 构成比率分析法

C. 对比分析法　　D. 差额计算分析法

2. 主要产品单位成本的一般分析，通常首先采用（　　）进行分析。

A. 对比分析法　　B. 趋势分析法

C. 比率分析法　　D. 连环替代法

3. 对可比产品成本降低率不产生影响的因素是（　　）。

A. 产品品种结构　　B. 产品产量

C. 产品单位成本　　D. 产品总成本

4. 技术经济指标变动对产品成本的影响主要表现在对（　　）指标的影响。

A. 产品成本　　B. 产品总成本

C. 产品单位成本　　D. 产品总成本和单位成本

5. 一定时期销售一定数量产品的产品销售成本与产品销售收入的比例是（　　）。

A. 成本费用利润率　　B. 销售利润率

C. 销售成本率　　D. 产值成本率

6. 采用连环替代法，可以揭示（　　）。

A. 产生差异的因素

B. 实际数与计划数之间的差异

C. 产生差异的因素和各因素的影响程度

D. 产生差异的因素和各因素的变动原因

7. 可比产品成本降低额与降低率之间的关系是（　　）。

A. 成反比　　B. 成正比

C. 同方向变动　　D. 无直接关系

8. 编制产品生产成本表应该做到（　　）。

A. 可比、不可比产品要分别填列

B. 可比、不可比产品可合并填列

C. 可比、不可比产品既可分别填列，也可合并填列

D. 无需划分可比、不可比产品

9. 计算可比产品成本降低率的分母是可比产品按（　　）计算的本年累计总成本。

A. 上年实际平均单位成本　　B. 上年计划平均单位成本

C. 本年实际平均单位成本　　D. 本年计划平均单位成本

10. 企业成本报表（　　）。

A. 是对外报送的报表

B. 是对内编报的报表

C. 由有关部门规定哪些指标对外公布，哪些指标不对外公布

D. 可根据债权人和投资人的要求，确定哪些指标对外公布，哪些指标不对外公布

二、多选题

1. 下列各项中，属于成本报表的有（　　）。

A. 产品生产成本表　　B. 主要产品单位成本表

C. 产品销售费用明细表　　D. 财务费用明细表

2. 工业企业成本报表一般包括（　　）。

A. 产品生产成本表　　B. 主要产品单位成本表

C. 制造费用明细表　　D. 各种期间费用明细表

3. 企业成本报表的编制要求是（　　）。

A. 数字准确　　B. 内容完整

C. 报送及时　　D. 账账相符

4. 主要产品单位成本报表的作用有（　　）。

A. 可以按照成本项目考核主要产品单位成本计划的执行结果

B. 可以分析本期实际单位成本比上年实际、历史先进水平的差距和变化情况

C. 可以分析和考核主要技术经济指标的执行情况

D. 可以查明单位成本变动的具体原因

5. 制造费用明细表一般反映（　　）。

A. 制造费用的本年实际数

B. 制造费用的上年同期实际数

C. 制造费用的本年计划数

D. 制造费用的本月实际数

6. 主要产品单位产品表反映的单位成本包括（　　）。

A. 本月实际　　B. 历史先进水平

C. 本年计划　　D. 上年实际平均

7. 在分析可比产品成本降低任务完成情况时，单纯产量变动会使(　　)。

A. 成本降低额增加　　B. 成本降低额减少

C. 成本降低率增加　　D. 成本降低率不变

8. 下列指标中属相关比率的有(　　)。

A. 产值成本率　　B. 成本降低率

C. 成本利润率　　D. 销售收入成本率

9. 在生产多品种情况下，影响可比产品成本降低额变动的因素有(　　)。

A. 产品产量　　B. 产品单位成本

C. 产品价格　　D. 产品品种结构

10. 生产单一品种情况下，影响可比产品成本降低额变动的因素有(　　)。

A. 产品产量　　B. 产品单位成本

C. 产品价格　　D. 产品品种结构

11. 成本报表分析常用的方法有(　　)。

A. 对比分析法　　B. 比例分析法

C. 因素分析法　　D. 趋势分析法

三、判断题

1. 为了规范企业成本信息的对外披露，国家对成本报表的种类、项目、格式和编制方法均作了统一规定(　　)

2. 根据成本分析的内涵和目的，成本分析主要包括产品成本分析和成本收益分析。(　　)

3. 成本核算贯穿于成本会计的全过程，对充分发挥成本会计的积极作用具有重要意义。(　　)

4. 成本分析的评价标准主要有行业标准和预算标准。(　　)

5. 因素分析法是依据分析指标与其影响因素之间的关系，按照一定的程序和方法，确定各因素对分析指标差异影响程度的一种技术分析方法。(　　)

6. 差额计算法是连环替代法的一种简化形式。(　　)

7. 应用连环替代法时，经济指标体系的组成因素必须是确实能够反映形成该项指标差异的内在构成原因。(　　)

8. 应用连环替代法时，各因素对经济指标差异数的影响，可根据需要选择替换顺序。(　　)

9. 成本分析报告没有固定形式，企业只要说明成本计划的完成情况，不必提出建议。(　　)

10. 作为成本分析评价标准，行业标准是体现全行业先进水平的成本指标，大多数企业可以达到这一标准。(　　)

四、简答题

1. 企业成本费用分析的内容是什么？

2. 说明企业成本费用分析的步骤。

3. 成本分析的方法有哪些？说明因素连续替代法的内容。

4. 比较分析法的比较方式有哪些？

5. 如何分析可比产品成本降低计划的完成情况？

6. 如何分析主要产品单位成本表？

五、业务计算题

习题一

目的：练习成本报表的分析方法。

资料：产品成本动态分析表，如下表所示。

产品成本动态分析表

厂别＼指标	01年指标（元）	02年			03年		
		指标（元）	定基指标（01年＝100）	环比指标（上一年＝100）	指标（元）	定基指标（01年＝100）	环比指标（上一年＝100）
甲厂	100	90			95		
乙厂	150	130			120		

要求：计算定基指数和环比指数，分析甲、乙厂同类产品单位成本的变动情况和变动趋势。

习题二

目的：练习因素连锁替代分析法和因素差额分析法。

资料：材料费用资料如下表所示。

材料费用资料

指 标	单位	计划	实际	差异
产品产量	件	50	52	+2
单位产品材料消耗量	千克	30	28	-2
材料单价	元	6	7	+1
材料费用总额	元	9 000	10 192	+1 192

要求：根据上述资料，分别用连锁替代和差额计算分析法，分析材料费用超支的原因。

习题三

目的：练习产品生产成本表的分析。

资料：全部产品成本计划完成情况分析表，如下表所示

全部产品成本计划完成情况分析表

单位：元

产品名称	计划总成本	实际总成本	实际比计划升降额	实际比计划升降率（%）
一、可比产品：				
甲				
乙				
合 计				
二、不可比产品：				
丙				
全部产品合计				

要求：根据第九章习题填制上表，进行全部产品成本计划完成情况的总括评价。

习题四

目的：练习成本报表的编制和分析

资料：假定某企业某年度生产甲、乙两种可比产品，其有关成本资料如下：

甲乙产品成本资料

产品名称	计量单位	产量		单位成本（千元）			本年累计总成本		
		本年计划	本年实际	上年实际平均	本年计划	本年实际平均	按上年实际单位成本计算	按本年计划单位成本计算	本年实际
可比产品其中：									
甲	件	3	30	700	690	685			
乙	件	4	35	900	850	835			

要求：

（1）填制上表；

（2）计算可比产品成本降低任务完成情况；

（3）采用连环替代法计算分析各因素变动对可比产品成本降低任务完成情况影响。

表 6－14

制造费用分配账

车间名称：基本生产车间　　　　20××年月日 2 月份　　　　金额单位：元

20××年		凭证号数	摘要	机物料消耗	劳动保护费	水电费	工资	福利费	折旧费	保险费	低值易耗品摊费	修理费	办公费	差旅费	运输费	合记
月	日															
12	31	6－4	分配材料费	816	392											1280
		6－5	分配电力费			200										200
		6－6	分配工资				600									600
		6－7	分配福利费					84								84
		6－8	分配折旧费						1200							1200
		6－9	分配长期待摊费费									400				400
		6－10	分配其它费用							500	200	500	450	750	800	3200
		6－13	分配机修费									1256				1256
			月记	816	392	200	600	84	1200	500	200	2156	450	750	800	8148
	31	6－15	分配制造费用	816	392	200	600	84	1200	500	200	2156	450	750	800	8148

读者反馈意见

亲爱的读者：

感谢您对《成本会计》的学习和热爱！为了今后能给您提供更优质的服务，请您抽出宝贵时间填写下面意见反馈表，以便我们更好地对本教材做进一步的改进。同时如果您在使用本教材的过程中遇到了什么问题，或者有什么好的建议，也请您来信、来电告诉我们。

地址：北京市丰台区科学城南极星大厦108室

电话：010－83795649 /83794403

电子邮箱：caikai6223@263.net　QQ：649319527　QQ：1694299827

网址：WWW.KFHWH.CN

教材名称：《成本会计》

个人资料：

姓名：__________年龄：__________所在院校/专业__________

文化程度：__________通讯地址：__________

联系电话：__________电子信箱：__________

您使用本书是作为：□指定教材、□选用教材、□辅导教材

您对封面设计的满意度：

□很满意、□满意、□一般、□不满意　改进建议__________

您对本书印刷质量的满意度：

□很满意、□满意、□一般、□不满意　改进建议__________

您对本书的总体满意度：

从语言质量角度看：□很满意、□满意、□一般、□不满意

从科技含量角度看：□很满意、□满意、□一般、□不满意

本书最令您满意的是：

□指导明确 □内容充实 □讲解详尽 □实例丰富

您认为本书在哪些地方应进行修改？（可附页）

____

____

您希望本书在哪些方面需进行改进？（可附页）

____

____